W0048232

Knaur.

Über den Autor:
Herr Ober war nach seinem Studium zunächst im Gesundheitswesen tätig, bevor er mit 31 in verschiedenen Nobelrestaurants mit dem Kellnern anfing. Aus Gründen der Diskretion möchte Herr Ober als Autor anonym bleiben.

HERR OBER

»DIE RECHNUNG, BITTE!«

Bekenntnisse eines Kellners

Aus dem Amerikanischen
von Susanne Schädlich

Knaur Taschenbuch Verlag

Die amerikanische Originalausgabe erschien 2008
unter dem Titel »Waiter Rant« bei Ecco, New York.

Besuchen Sie uns im Internet:
www.knaur.de

Deutsche Erstausgabe August 2010
Copyright © 2008 by Waiter Rant LLC
Copyright © 2010 für die deutschsprachige Ausgabe
bei Knaur Taschenbuch. Ein Unternehmen der Droemerschen Verlagsanstalt
Th. Knaur Nachf. GmbH & Co. KG, München.
Redaktion: Mareike Fallwickl
Umschlaggestaltung: ZERO Werbeagentur, München
Umschlagabbildung: Corbis / Vadim Vahrameev
Satz: Adobe InDesign im Verlag
Druck und Bindung: GGP Media GmbH, Pößneck
Printed in Germany
ISBN 978-3-426-78313-9

2 4 5 3 1

Dieses Buch ist für meine Mutter, meinen Vater
und jeden, der je gekellnert hat.

INHALT

PROLOG

Ich bin Kellner. Ich bringe das Essen an Tische, und als Gegenleistung bekomme ich Trinkgeld. Auf den ersten Blick sieht das wie ein leichter Job aus. Gepflegt auftreten, freundlich sein, ein wenig Geschäftssinn zeigen und immer schön lächeln. Ziemlich simpel, oder?

In welcher Welt leben Sie eigentlich?

Heute müssen Kellner Spezialisten für Nahrungsmittelallergien sein, Sommeliers, ästhetische Leckerbissen, Beichtväter, Entertainer, Barkeeper, Notärzte, Rausschmeißer, Empfangsdamen, Witzeerzähler, Therapeuten, Linguisten, Prügelknaben, Parapsychologen, Spezialisten fürs Protokoll und Amateurköche. Der Kochsendungswahn hat eine neue Klasse von Kostgängern hervorgebracht, mit übertriebenen kulinarischen Erwartungen und verminderter sozialer Kompetenz. Wirtschaftsexperten behaupten, dass das Restaurantgeschäft ein Frühwarnindikator für die nationale wirtschaftliche Lage ist – ich glaube, es ist auch ein Indikator für den geistigen Zustand Amerikas. Und ich will Ihnen noch etwas sagen: 20 Prozent der Gäste in der amerikanischen dinierenden Öffentlichkeit sind verhaltensgestörte Psychopathen. Wir sollten damit anfangen, Prozac ins Perrier-Mineralwasser zu geben.

Bei einem Kellner eine Bestellung aufzugeben ist eine der selbstverständlichsten Erfahrungen des modernen Lebens. Wir sind selten so sehr wir selbst wie in den Momenten, wenn wir mit der Familie und Freunden essen gehen. Während wir das ele-

9

mentare Ritual des Brotbrechens zelebrieren, sind wir weniger zurückhaltend und sehr viel primitiver. Da die Kunden glauben, der Kellner sei ein ohnmächtiger Trinkgeldsklave, richten sie ihre Primitivität auf die Person, die die Bestellung entgegennimmt. Kellnern sollte eine einfache Arbeit sein. Dem ist nicht so. Es ist aber auch nicht nur deprimierend. Wenn man seine Augen offen hält, sieht man zuweilen einen Krümel menschlicher Anmut vom Tisch fallen. 80 Prozent meiner Kunden sind die nettesten Menschen, die man sich vorstellen kann. Ich befürchte allerdings, dass der Anteil der Leute, die wissen, wie man sich in einem Restaurant benimmt, immer weiter abnimmt.

Während meiner ersten vier Jahre als Kellner habe ich meine Heldentaten in einem Blog namens »Waiter Rant« aufgezeichnet. Angestellt in einem teuren Restaurant namens »The Bistro«, habe ich über Freud und Leid der Arbeit in der Gastronomie berichtet. Die Anonymität erlaubte es mir, mich ohne Angst vor Vergeltung oder ausbleibendem Trinkgeld über das schlechte Benehmen der Gäste auszulassen, aber auch, über die Leute zu schreiben, die sich wunderbar verhielten. Ich hatte Glück. Millionen von Lesern interessierten sich für meine Berichte, ich habe ein paar Preise gewonnen und erntete sogar ein wenig von dem verrückten Zeug, das man Ruhm nennt. Trotz aller Aufmerksamkeit wissen nur sehr wenige Menschen, wer ich bin oder wo das »Bistro« zu finden ist. Nach drei Jahren hat mich nur einmal ein Kunde darauf angesprochen.

Dieses Buch ist die natürliche Folge von »Waiter Rant«. Abgesehen davon, dass ich so einiges über verrückte Kunden, tyrannische Restaurantbesitzer und zugedröhnte Kellner auftische, hoffe ich, Ihnen ein schmerzliches Gefühl davon zu vermitteln, was es heißt, im Amerika von heute als Kellner zu arbeiten. Nachdem Sie dieses Buch gelesen haben, werden Sie jeden Kellner, der Sie bedient, mit anderen Augen sehen, davon bin ich überzeugt. Und vielleicht lernen Sie auch, ein besserer Kunde zu sein. Wie bin ich also Kellner geworden? Warum habe ich angefangen, über die Gastronomie zu schreiben? Wenn ich mich pausenlos über das Kellnern beklage, warum höre ich nicht einfach auf und suche mir einen anderen Job? Was bilde ich mir überhaupt ein?

Fangen wir doch – wie bei allen guten Geschichten – einfach am Anfang an.

»AMICI'S«

Du lässt ihn dir also in den Arsch stecken?«, fragt mich Benny.

»Was ist das denn für eine Frage?«, antworte ich.

»Du bist eine Schwuchtel«, sagt der pummelige Mexikaner. Dabei blickt er grinsend zu seinen Kollegen hinüber. »Das wissen wir doch alle. Du kannst es uns ruhig sagen.«

»Benny …«

»Komm schon. Wir wissen, dass du ein Homo bist.«

Nein, mir rückt keine Gang von liebeshungrigen Insassen in einer Gefängniswäscherei auf den Pelz. Es ist 1999, und ich bin in der Küche des »Amici's«, eines italienischen Restaurants mit 200 Plätzen in einem sehr wohlhabenden Vorort von New York. Zwei Wochen zuvor habe ich meinen Job als Marketingrepräsentant für eine Nervenklinik verloren. Da ich mit sofortiger Verarmung rechnete, bat ich meinen Bruder, der schon lange als Kellner im »Amici's« arbeitete, mir einen Job zu besorgen, damit ich nicht verhungere.

Ich bin ein 31-jähriger blutiger Anfänger, aber ich habe schon festgestellt, dass sich die heißesten Gespräche in der Küche darum drehen, ob ein Kellner schwul ist und mit wie viel Erfolg fremde Objekte in die rektalen Öffnungen anderer Menschen gesteckt werden. Ach, Restaurantküchen – da geht es um Tequila, Sodomie und Peitsche.

»Warum willst'n das wissen, Benny?«, frage ich. »Willst du was von mir?«

»Ich?«, sagt Benny. Dabei entwirrt er ein Bündel halbgarer Spaghetti mit den bloßen Händen. »Ich bin kein *maricón*.«

»Du fragst einen Mann, den du nicht kennst, ob er schwul ist. Kommt dir das nicht komisch vor?«

»Nein«, sagt Benny und starrt mich verdutzt an. »Ich will nur wissen, ob du ihn dir in den Arsch stecken lässt.«

»Ich lass ihn mir nicht in den Hintern stecken«, antworte ich mit einem halben Lächeln. »Aber deine Frau. Bestell ihr schöne Grüße von mir.«

Die Küchenjungs kreischen vor Lachen.

»Oh, Scheiße«, johlt der Mann am Grill.

»Der hat's dir gegeben, Mann«, sagt der Tellerwäscher.

»*Pendejo*«, sagt Benny und läuft rot an.

»Nicht meine Schuld, dass du deine Frau nicht glücklich machen kannst«, sage ich. Dann verschwinde ich lieber schnell. Benny arbeitet mit scharfen Messern.

»Fick dich, *pendejo!*«, ruft Benny mir nach.

»Selber«, rufe ich über die Schulter zurück. »Mistkerl.«

Jetzt, nachdem Sie diesen Schlagabtausch gelesen haben, denken Sie vielleicht, ich bin irgendso ein frauenfeindlicher Homophobiker. Das stimmt nicht. Ich vollziehe lediglich den legitimen Akt der Restaurant-Selbstverteidigung. Mein Bruder gab mir einen unschätzbaren Rat, als ich im »Amici's« anfing: Lass dich in der Küche niemals unter Beschuss nehmen. »Sonst wirst du von den Köchen immer angepisst«, warnte er mich. »Wenn du nur dasitzt und es über dich ergehen lässt, dann tanzen sie dir auf der Nase herum.« Darum habe ich es Benny gegeben. Die meisten Kellner würden es nicht überleben, wenn sie einen Koch vor versammelter Mannschaft so beleidigen, aber ich habe keine Angst, dass ich wegen meiner Unterhaltung mit Benny Probleme bekommen werde. Er ist ein harter Kerl, der jedoch, im Gegensatz zu vielen anderen Köchen, austeilen, aber auch einstecken kann. Außerdem bahnt sich sogar so etwas wie eine Freundschaft zwischen uns an. Benny zeigt mir kleine Küchentricks, zum Beispiel, wie ich mir nicht die Finger absäble, wenn ich den Käse in Scheiben schneide. Und ich helfe ihm bei englischen Wörtern weiter, die er nicht versteht. Natürlich will Benny nur die bizarren Wörter wissen. Gestern fragte er mich, was ein Päderast ist. Ich hätte es ihm sagen sollen. Er versuchte den ganzen Tag lang, das Wort in einen Satz einzubauen.

Sich mit dem Küchenpersonal auf eine obszöne Auseinandersetzung einzulassen bringt nichts. Wenn ein Kellner von der Hintermannschaft respektiert werden will, dann muss er ihr gegenüber Respekt zeigen. Küchenpersonal und Kellner stehen zueinander wie Palästinenser und Israelis – vollkommen verschiedene Nationalitäten, die sich unbequemerweise ein explosives Stück Land teilen.

Ein großer Unterschied zwischen Kellnern und Köchen besteht in den Arbeitszeiten. Kellner arbeiten für gewöhnlich acht bis neun Stunden und gehen danach nach Hause. Die Leute in der Küche allerdings sind oft die Ersten vor Ort und die Letzten, die gehen. Vierzehn-Stunden-Tage sind für sie nicht ungewöhnlich. Wenn spät in der Nacht dichtgemacht wird, werden Sie die Hälfte der Kellner höchstwahrscheinlich in einer nahe gelegenen Bar wiederfinden, wo sie sich betrinken. Die Jungs aus der Küche teilen sich hingegen ein Taxi oder sie warten an einer Haltestelle auf den nächsten Bus nach Hause. Weil sich die meisten guten Speise-Etablissements in Gegenden mit hohen Mieten befinden, kann es sich das Küchenpersonal in den seltensten Fällen leisten, in der Nähe des Arbeitsplatzes zu wohnen. Das bedeutet, dass sie oft einen sehr langen Heimweg haben. Einer der Beiköche kommt jeden Tag aus Queens. Das kann, je nach Verkehr, hin und zurück drei Stunden dauern – und das sechs Tage die Woche, ganz abgesehen von der Vierzehn-Stunden-Schicht, die er dazwischen absolviert. Die Kellner im »Amici's« (zumindest die, die ihren Führerschein nicht wegen Trunkenheit am Steuer verloren haben) besitzen Autos und haben kürzere Anfahrtswege. Sie haben Freizeit. Das Missverhältnis der Freizeitstunden führt oft zu Unmut zwischen den Kellnern und den Köchen. Am Ende des Tages wollen die erschöpften Küchenleute einfach nur nach Hause und das bisschen Freizeit genießen, das ihnen bleibt.

Weil sie oft erschöpft sind, bin ich daran interessiert, es den Köchen nicht schwerer zu machen, als sie es ohnehin schon haben. Das bedeutet, man rennt nicht in die Küche und bettelt den Mann am Grill an, er soll ein neues Steak zubereiten, weil ein Kunde es »medium-rare« bestellt hat und man irrtümlicherweise »well-done« weitergegeben hat. Es ist auch besser, die Ressentiments, die zwischen Küche und Bodenpersonal unterschwellig brodeln, nicht anzuheizen, indem man sich aufführt wie ein arrogantes Arschloch. Während die Jungs in der Küche normalerweise jahrelang an einem Ort arbeiten, sind Kellner eher nomadisch veranlagt. Köche sehen Kellner kommen und gehen. Sie halten sich also für den harten Kern. Kellner dagegen halten sich für das Gesicht eines Restaurants – sie laufen herum und bringen die Einnahmen, von denen die Gehälter bezahlt werden, auch die der Köche. Viele Kellner sehen sich als Elitetruppe an vorderster Front und tun die Köche als unwichtige logistische Truppe ab. Wenn man bedenkt, dass Kellner im Allgemeinen mehr Geld verdienen, weniger Stunden arbeiten und körperlich weniger beansprucht werden, dann versteht man, warum die Angestellten in der Küche von Zeit zu Zeit einen Großmaul-Kellner in die Mangel nehmen wollen.

Die Küchenleute machen ihrem Ärger Luft, indem sie die Bestellungen der Kellner vermasseln, sie verbal angreifen oder ihnen eine sofortige Geschlechtsumwandlung mit einem Fleischmesser androhen. Fast alle Kellner, die ich kenne, haben mindestens eine Messerwerfergeschichte auf Lager. Die Kellner im »Amici's« sind auch keine Heiligen. Immer schieben sie die Schuld für irgendwelche Fehler der Küche in die Schuhe und behandeln die Köche wie schmutzigen Pöbel, der ihnen nicht einmal die Schnürsenkel binden darf. Sie reagieren auf den Hohn des Küchenpersonals mit saftigen Retourkutschen, die vor vulgären Wörtern nur so strotzen.

Hat sich zwischen dem vorderen und dem hinteren Restaurantbereich eine friedliche Koexistenz entwickelt, dann nur, weil ein guter Küchenchef oder Manager das Ruder in der Hand hält. Wenn alle begreifen, dass es eine symbiotische Beziehung ist, dass Koch und Kellner einander auf lange Sicht brauchen, dann hat ein gutes Management das geschafft, was Jimmy Carter in Camp David erreicht hat: einen Waffenstillstand zwischen historischen Gegnern.

Leider gibt Sammy, der Manager des »Amici's«, kein gutes Beispiel dafür ab, wie man ein Restaurant leiten sollte. Sammy, ein kleiner fetter Syrer, der sich wie ein aufgeblasener Cherub aufführt, ist ein herumpöbelnder und machthungriger Perverser – Eigenschaften, die bei Restaurantmanagern nicht gerade selten sind. Weil er unterbezahlt ist und sich darüber ärgert, dass die Kellner mehr Geld mit nach Hause nehmen als er, erpresst er sie. Du willst lukrative Freitags- oder Samstagsschichten? Eine Schicht tauschen? Urlaub nehmen? Sammys Antwort ist die ausgestreckte Hand und die Aufforderung: »Bezahl mich!« Doch Sammy spielt nicht nur seine Macht aus. Obwohl er ein verheirateter Mann ist und Kinder hat, belästigt er die weiblichen Angestellten genüsslich mit anzüglichen Bemerkungen und macht sich an sie heran. Für ein Miteinander von Küche und Servicebereich tut er wenig. Ich glaube sogar, es gefällt ihm, dass alle miteinander im Clinch liegen. »Teile und herrsche« ist Sammys Motto. Er ist ein verabscheuungswürdiger kleiner Mann.

Fluvio, der Chefkoch im »Amici's«, hasst Sammy. Fluvio ist 40 Jahre alt, hat sein langes schwarzes Haar zu einem Althippie-Pferdeschwanz zusammengebunden, seine dicke Brille ist immer fettverschmiert, und sein ausladender Bauch passt nicht zu seinen von den Jahren der Arbeit trainierten muskulösen Beinen.

Seine Muttersprache ist Italienisch, aber er spricht auch fließend Spanisch und ziemlich gut Arabisch und Französisch. Er leitet die Küche sehr professionell, aber von Caesar, dem manipulativen und tyrannischen Besitzer, der jeden, der für ihn arbeitet, wie Vieh behandelt, lässt er sich einschüchtern. Caesar ist ein in Südamerika aufgewachsener Italiener, der so tut, als sei sein Restaurant eine Plantage in der argentinischen Pampa irgendwann im 19. Jahrhundert. Das Küchenpersonal muss ihn mit *patrón* ansprechen, er nennt die Hilfskellner »Bauern« und die Hostessen, die den Gästen die Tische zuweisen, »Huren«.

Ein typisches Beispiel für Caesars Schwachsinnigkeit ist folgendes: Er mag es nicht, wenn die bekleckerten Köche die Toiletten der Gäste benutzen und das Feingefühl der Kunden verletzen. Darum besteht Caesar darauf, dass alle auf die fensterlose Toilette neben der Fritteuse in der Küche gehen. Dieser erbärmliche Abort ist so klein, dass selbst Harry Houdini darin Platzangst bekommen hätte. Auch die Kellner sollen diese Toilette benutzen, aber das tut keiner. Die Hälfte der Köche auch nicht. Das überrascht mich nicht. Rizzo, der Maître im Amici's, nennt dieses heiße, enge, mit Pin-ups dekorierte WC liebevoll »Telefonzelle der Sodomie«. Seit ich dieses miserable Örtchen gesehen habe, verstehe ich, warum sich das Küchenpersonal so viele Gedanken über meine sexuelle Orientierung macht.

Ich lasse also Benny und seine verklemmten Kameraden stehen und betrete den Servicebereich. Es ist erst fünf Uhr nachmittags an einem Samstag, und das Lokal füllt sich schon mit Gästen. Die zugezogenen, an der Börse spekulierenden Neureichen haben diesen einst malerischen Vorort in ein gigantisches Einkaufszentrum im Freien verwandelt. Die unzähligen Boutiquen, Restaurants und Galerien, die vor Hipness nur so triefen, konkurrieren rücksichtslos um die Einkommen der auf den Straßen herumlungernden Yuppies. Das »Amici's«, das mitten im Geschäftsbezirk liegt, zieht die Yuppies an wie ein schwarzes

Loch den Staub eines sterbenden Sterns. Das »Amici's« hat die drei Eigenschaften, die jedes Restaurant zum Überleben braucht: Lage, Lage, Lage.

»Also, bist du bereit, Neuling?«, fragt mich Rizzo, der Maître.

»So bereit, wie es nur geht, glaube ich.«

»Du wirst heute Abend deinen Arsch ganz schön bewegen müssen. Uns fehlen zwei Kellner.«

»Du meinst, wir werden zu viert zweihundert Leute bedienen?«

»So ist es.«

»Wieso?«

»Toomey und Giselle haben gekündigt«, sagt Rizzo. »Sie hatten Sammys Scheiße satt.«

»Seit ich angefangen habe, haben vier Kellner aufgehört.«

»Dieser Ort ist ein Fleischwolf, Junge«, knurrt Rizzo. »Du bist das Fleisch. Gewöhn dich dran.«

»Glaubst du, dass ich es schaffe?«

»Wahrscheinlich nicht.«

»Meine Güte«, sage ich. »Nimm bloß kein Blatt vor den Mund. Spuck's ruhig aus.«

»Nimm's nicht persönlich«, antwortet Rizzo. »In Vietnam habe ich mir nie die Mühe gemacht, mir die Namen der anderen zu merken. Warum sich näherkommen? Würden ja doch sterben.«

»Sehr tröstlich.«

Rizzo starrt mich an. Er ist grauhaarig, langgliedrig und etwa 1,80 Meter groß. Die 30 Jahre, die er sich schon in der Gastronomie plagt, sind ihm ins Gesicht geschrieben. Wenn jedes Restaurant einen nörgelnden Veteranen haben muss, dann einen wie Rizzo. Wie ein Bakterium, das in Säure lebt, oder ein Röhrenwurm, der in der Nähe von hydrothermalen Schloten mehrere tausend Meilen unter dem Meeresspiegel sein Leben fristet, ist Rizzo die Sorte von Kellner, die in einer lebensfeindlichen Umgebung erst aufblüht. Mit seinen ruhigen schwarzen Augen hinter einer rosa Nickelbrille sieht er aus wie eine Kreuzung aus John Lennon und Léon, dem Killer aus Luc Bessons *Der Profi*.

»Du hast Sammy Geld gegeben, damit du heute arbeiten kannst, stimmt's?«, fragt er mich.

»Ja. 50 Mäuse.«

»Das war dämlich. Jetzt wird er dich immer über den Tisch ziehen.«

»Gibst du ihm nie Geld?«

Rizzo blickt mich über den Brillenrand hinweg an. »Ich scheiß drauf«, sagt er. »Vergiss nicht, ich hatte auch mal ein Restaurant. Ich weiß von jedem illegalen Ding, das Sammy und Caesar je gedreht haben.«

»Du weißt also, wie viele Leichen sie im Keller haben.«

»Genau, mein Sohn«, sagt Rizzo. »Und weil sie nicht wollen, dass ich der Steuerbehörde einen Tipp gebe, lassen sie mich lieber in Ruhe.«

Plötzlich kommt ohrenbetäubender Lärm von der Eingangstür. Eine Schar hungrig aussehender Gäste stürmt herein, und das dünne Mädchen am Empfang ist vollkommen überfordert.

»Oh, Mann«, stöhnt Rizzo. »Jetzt wird's lustig.«

Es dauert nicht lange und das Restaurant ist voll. Es ist auch nicht besonders hilfreich, dass mir die magersüchtige, vercrackte Hostess innerhalb von einer halben Stunde in meinem Bereich zwei Achtertische, drei Zweiertische und ein »Rehearsal Dinner« mit 20 Personen besetzt, so nennt man in den USA das feierliche Abendessen nach der Generalprobe für eine Hochzeit. Die Zweiertische sind schnell erledigt. Von Rizzo habe ich gelernt, die Zweier zuerst zu bedienen. Er ist der Ansicht, dass ein Paar an einem Tisch wahrscheinlich verheiratet ist, sich nichts mehr zu sagen hat und darum besonders ungeduldig wird, wenn der Service nicht schnell genug ist.

Natürlich bremst mich ein Achtertisch mit kleinen Kindern aus, die an jeder der Menschheit bekannten Nahrungsmittelallergie leiden. Ich glaube allmählich, dass Yuppie-Eltern ihre Nachkommen anlügen, wenn sie ihnen erzählen, sie hätten eine Allergie. Sie tun das, weil sie ihre aufgedrehten Kinder dazu bringen wollen, alle trendigen Sachen zu essen, die sie zu großen, übermäßig selbstbewussten Händlern von Ramsch-Aktien machen.

»Ich will Pommes«, schreit einer der Zwerge aus psychologisch gesundem Protest.

»Wir haben Pommes, junger Mann«, antworte ich und bemühe mich weiterzulächeln.

»Dylan bekommt keine Pommes frites«, sagt seine Mutter. »Er möchte stattdessen frittierte Zucchini.«

»Wir haben keine frittierten Zucchini«, antworte ich.

Die Fußballermami rümpft ihre operierte Stupsnase. Sie sieht mich an, als sei ich gerade unter einem Felsen hervorgekrochen.

»Der Kellner, der uns das letzte Mal bedient hat, hat welche gebracht«, sagt sie.

Ich möchte »den Kellner, der uns das letzte Mal bedient hat«, zwischen die Finger kriegen und ihm den Hals umdrehen. Diese Dame stiehlt meine Zeit. Ich kann die 20 Augenpaare vom Hochzeitstisch im Rücken spüren. Die Gäste dort knabbern seit 20 Minuten Brot und trinken Wasser. Sie tun mir leid. Wenn es mein Abendessen vor der Hochzeit wäre, wäre ich auch stinksauer. Ich muss da sofort hin.

»Ich frage den Chefkoch, was er tun kann«, sage ich.

»Tun Sie das«, erwidert die Frau schnippisch.

Ich renne in die Küche und frage Fluvio, ob er Zucchini frittieren kann.

»Verschwinde, verdammt noch mal«, schreit er.

Ich kehre an den Tisch zurück. »Es tut mir leid. Der Chefkoch bedauert.«

»Ich möchte mit dem Manager sprechen«, blökt die Frau.

Die letzte Person, mit der ich jetzt zu tun haben will, ist Sammy. Der will wahrscheinlich schon fünf Dollar dafür haben, dass er mit der Frau spricht. Um die Frau aufzuheitern, gehe ich nach hinten und tue so, als holte ich den Manager. Nach einer Minute kehre ich mit schlechten Nachrichten wieder an den Tisch zurück.

»Das ist ja unerhört«, stottert die Mutter.

»Madam …«

»Wir gehen.«

»Madam, ich …«

»Herr Ober!« Ich höre eine laute Stimme vom Hochzeitstisch. »Können wir endlich bestellen?«

»Ich bin gleich bei Ihnen, Sir!«, rufe ich.

Ich trenne mich von der zucchinibesessenen Mami und widme mich dem Zwanzigertisch. Die Gäste reichen mir zwei Flaschen teuren Champagner. Das heißt, dass ich jetzt 20 Champagnergläser auftreiben muss sowie einen Sektkühler, und zwar pronto. Ich haste zur Kaffeestation, dort werden sie aufbewahrt.

»Minnie«, sage ich zu dem süßen iranischen Mädchen, das alle Cappuccini und Espressi zubereitet. »Hast du 20 Champagnergläser?«

»Keine sauberen.«

»Könntest du mir bitte helfen?«, bettle ich. »Mir steht das Wasser bis zum Hals.«

»Das Wasser bis zum Hals« – besser bekannt vielleicht als »in der Scheiße stecken« – ist Kellnersprache und heißt so viel wie, dass man mit der Bewirtung einfach nicht mehr hinterherkommt. Das kann passieren, wenn man neu oder inkompetent ist oder in eine unmögliche Situation gerät. Bei mir kommt alles zusammen.

»Ich helfe dir«, sagte Minnie lächelnd.

»Hey, Achmed«, rufe ich einem der Hilfskellner zu. »Könntest du mir zwei Sektkühler für Tisch sechs holen?«

»Fick dich, *sharmout*«, knurrt Achmed das arabische Wort für »Schwuler«. Offenbar ist die sexuelle Orientierung nicht nur von allergrößtem Interesse für das Küchenpersonal, sondern auch für die Hilfskellner.

»*Elif air ab tizak!*«, rufe ich zurück. So sagt man auf nette Art: »Eintausend Schwänze in deinen Arsch.«

Achmed ist ein absoluter Homophobiker, und meine Worte treffen ihr Ziel. Ich sehe, wie er rot anläuft, und bin dankbar dafür, dass ich mir ein paar arabische Retourkutschen eingeprägt habe. Diese habe ich drei Tage lang geübt. Wenn man in einem Restaurant arbeitet, liegt man mit Bemerkungen über Analverkehr einfach immer richtig.

»Fick dich!«, wiederholt Achmed.

»Achmed«, erwidere ich, »wenn du in Amerika leben willst, dann musst du noch ein paar Wörter mehr lernen als ›fick dich‹.«

»Fick dich!«, schreit Achmed und stürmt davon.

»Wow«, sagt Minnie, während sie mit heißem Dampf ein Glas säubert. »Du sprichst Arabisch?«

»Nur die schmutzigen Wörter.«

»Ich bin beeindruckt.«

Ich schnappe mir einen Sektkühler, fülle ihn mit Eiswürfeln und Wasser und stelle eine Champagnerflasche hinein. Minnie bringt die Gläser an den Tisch, an dem jeweils neun Leute einander gegenüber sitzen. Die Braut und der Bräutigam sind allerliebst nebeneinander an einer Stirnseite plaziert. Als ich mich nähere, schleicht sich Achmed von hinten an mich heran und schubst mich. Der Sektkühler rutscht mir aus der Hand und kracht auf den Tisch. Die Champagnerflasche schießt heraus wie ein Torpedo aus einem U-Boot. Die Flasche schliddert über den Tisch in Richtung Stirnseite – genau auf das Dekolletée der künftigen Braut zu.

»Oh, Scheiße!«, rufe ich aus.

Die aalglatte Flasche prallt am Busen der Braut ab, fällt auf den Boden und rutscht ins Nichts. Alle sind tropfnass vom Eiswasser. Der Gesichtsausdruck der Braut wechselt von Schock zu rasender Wut.

»Sie Idiot!«, schreit sie.

Mich zu entschuldigen ist sinnlos, also schweige ich. Ich drehe mich um. Achmed lacht selbstgefällig.

»Fick dich!«, formt er lautlos mit den Lippen. »Fick dich!«

Sammy kommt angerannt. Wie ein Maschinengewehr spuckt er arabische Wörter aus und befiehlt dem Hilfskellner, den Tisch neu zu decken. Als ich nach der Champagnerflasche suchen will, packt er mich am Ellenbogen.

»Du bist ein Volltrottel«, zischt Sammy. »Bieg die Sache wieder gerade.«

»Ich bin neu und habe 40 Gäste«, flehe ich ihn an. »Ich brauche Hilfe.«

Sammys Blick ist eiskalt. »Schwimm oder geh unter, du Wichser.«

Ich starre Sammy schockiert an. Ich habe schon für richtige Arschgeigen gearbeitet, für Typen, die immer lächeln, aber in Wirklichkeit Dreckskerle sind. Sammy dagegen macht gar keinen Hehl aus seinem Charakter.

»Gut«, sage ich und reiße mich aus seiner Umklammerung. »Ich werde schon damit fertig.«

Ein paar Sekunden später, während ich auf allen vieren nach der fehlgeleiteten Sprudelflasche suche, taucht der Besitzer des »Amici's« auf.

»Was zum Teufel ist hier los?«, schnaubt Caesar.

Man sieht gleich, dass Caesar einmal ein attraktiver und kräftig gebauter Mann war. Ab und zu flackert seine jugendliche Vitalität in seinen schwarzen Augen auf, aber die Zeit und die Verwüstungen durch Alkohol reißen das Gerüst seines einstigen guten Aussehens ein. Er ist fast 70 Jahre alt und noch immer eitel. Seinem schütter werdenden Haar hat er den Kampf angesagt und sich eine Glatze rasiert. Außerdem legt er großen Wert auf seine Garderobe. Heute lässt er sich in einem weißen Seidenhemd mit roter Krawatte, grauer Freizeithose, italienischen Quastenschuhen und einem doppelreihigen blauen Blazer sehen. Würde er sich ein Monokel ins Gesicht klemmen, sähe er aus wie die abgetakelte Version von Oberst Klink.

»Ich suche eine Champagnerflasche, die ich fallen gelassen habe«, antworte ich. »Sie ist unter den Tisch gerollt.«

»Gute Arbeit«, sagt Caesar. »Wirklich.«

»Könnten Sie mir bei der Suche helfen?«, frage ich unschuldig. »Mir läuft die Zeit davon.«

Caesars Augäpfel quellen deutlich hervor. »Du glaubst, dass ich dir helfe?«, zischt er. »Das ist dein Job, *Sklave*.«

Hinter mir höre ich die Leute nach Luft schnappen. Plötzlich wird mir klar, dass ich auf allen vieren vor dem Mann herumkrieche, der nur darauf wartet, seine Angestellten vor den Kunden beleidigen zu können.

»Vergessen Sie's, Caesar«, sage ich. »Ich werd sie schon finden.«

»*Stupido*«, sagt er und geht.

Ich suche weiter nach der Flasche. Sie bleibt verschwunden. Die Leute am Hochzeitstisch rasten aus. Bis heute bin ich davon überzeugt, dass sie ein Gast von einem anderen Tisch geklaut hat. Ich stürze aus dem Restaurant zum nächsten Getränkemarkt. Dort gibt es die gleiche Marke für 80 Dollar. Ich bezahle mit meiner Kreditkarte und renne zurück.

Dass ich von meinem eigenen Geld Ersatz gekauft habe, rührt die Leute an dem Tisch und sie beruhigen sich. Ich bekomme meinen Bereich in den Griff und habe endlich alles unter Kontrolle. Als sich der Sturm gelegt hat, bekomme ich von dem Tisch 200 Dollar Trinkgeld. Es waren nette Gäste. Zwar habe ich 80 Dollar für den Champagner ausgegeben und muss dann noch den Hilfskellnern ihren Anteil vom Trinkgeld auszahlen, trotzdem mache ich Profit.

Endlich neigt sich der Abend dem Ende zu. Die anderen Kellner und ich sitzen an einem Tisch, trinken billigen Weißwein aus

Halbliter-Gläsern und warten auf Sammy, dem wir unsere Einnahmen vorlegen müssen – Bargeld und mit Kreditkarten bezahlte Rechnungen –, die wir im Lauf der Schicht eingesammelt haben. Sammy, der kleinliche Tyrann, lässt niemanden gehen, bevor der Kassensturz auf den letzten Cent stimmt. Nach jeder Schicht isst Sammy erst einmal eine Portion Vanilleeis mit viel Schokoladensauce. Er sieht sich unsere Quittungen erst an, wenn er aufgegessen hat. Dieses Machtspielchen verlängert einen schon langen Tag nochmals um 20 Minuten, weil Sammy absichtlich herumtrödelt und uns so zu verstehen gibt, wer hier das Sagen hat.

»Komm, Sammy«, stöhnt mein Bruder. »Ich bin schon den ganzen Tag da und will nach Hause. Hör auf zu schaufeln.«

»Dafür kommst du jetzt als Letzter dran«, sagt Sammy und lächelt boshaft.

»Verdammt«, sagt mein Bruder und wirft seine Quittungen neben Sammys Eisbecher auf den Tisch. »Ich geh draußen eine rauchen, ruf mich, wenn du fertig bist.«

»Tu dir keinen Zwang an«, kichert Sammy.

»Warte«, sage ich und schnappe mir meine Marlboro Lights. »Ich komme mit.«

»Setz dich«, sagt Sammy. »Ich habe dir nicht erlaubt zu gehen.«

»Was soll das, Sammy?«, erwidere ich zornig. »Sind wir hier beim Militär?«

»Fast«, schnaubt Sammy.

»Was willst du?«

»Caesar war sauer wegen der Sache mit der Champagnerflasche«, sagt Sammy, als mein Bruder außer Hörweite ist.

»Hey, ich hab von meinem eigenen Geld eine neue gekauft.«

»Egal«, sagt Sammy kopfschüttelnd. »Caesar hat gesagt, ich soll der Braut einen Gutschein über 100 Dollar von deinem Geld geben.«

»Wie bitte?« Ich schnappe nach Luft. Die teure Champagnerflasche und der Geschenkgutschein würden bedeuten, dass ich diesen ganzen höllischen Tag praktisch umsonst gearbeitet hätte.

»Das ist der Deal«, sagt Sammy. »Ich hab nichts damit zu tun.«

»Verdammt.«

»Da ist noch was«, sagt Sammy und seine Augen bekommen einen habgierigen Ausdruck.

»Was?«

»Caesar wollte, dass ich dich rausschmeiße. Aus Respekt vor deinem Bruder habe ich es nicht getan.«

»Danke.«

»Also, gib mir 50 Möpse.«

»Das soll wohl 'n Witz sein«, sage ich. »Du willst noch mehr Schmiergeld?«

»Kein Schmiergeld. Sagen wir, ein Geschenk – zum Geburtstag.«

»Das kommt, verdammt noch mal, nicht infrage. Schmeiß mich raus, wenn du willst. Schmiergeld gibt's nicht mehr.«

Sammy sieht mich an, in seinem Gesicht ein verhaltener Ausdruck von Überraschung.

»Wie du willst, Neuer«, sagt er. »Wie du willst.«

Als ich um zwei Uhr morgens nach Hause komme, ist eine Nachricht von Sammy auf dem Anrufbeantworter. Er hat mir alle lukrativen Abendschichten gestrichen und mich für eine Reihe von Mittagsschichten eingeteilt. Das ist noch nicht alles. Am nächsten Tag muss ich den Sonntagsbrunch übernehmen. Das heißt, ich muss in sieben Stunden schon wieder in der Arbeit sein. Ich wälze mich im Bett herum, weil ich in diese Hölle zurückkehren muss und mich eine Frage nicht loslässt:

Was zum Teufel hab ich mir dabei gedacht, Kellner zu werden?

DAS HEILIGE UND DAS PROFANE

Mal ehrlich. Ich hätte nie gedacht, dass ich mit über 30 Kellner werden würde. Als ich 18 war, träumte ich davon, katholischer Priester zu werden. Meine Lebensplanung sah so aus: Mit 25 würde ich zum Priester geweiht werden, mit 30 zum Bischof, mit 40 würde ich auf das Sacred College of Cardinals kommen und bald darauf den weltberühmten Thron Peters besteigen. Ich hatte mir auch schon meinen päpstlichen Namen ausgedacht. Ich wette, dass ich der einzige Teenager im Nordosten war, der, um im Physikunterricht nicht einzuschlafen, Zukunftsvisionen von seinem päpstlichen Wappen in sein Notizbuch kritzelte. Ich war ein religiöser Spießer.

Wenn ich als 31-Jähriger in das Jahr 1986 zurückreisen und diesem Pickelgesicht sagen könnte, er werde einmal, statt der Erzdiözese von New York vorzustehen, in einem Restaurant arbeiten und fragen »Wünschen Sie Pommes dazu?«, so bin ich mir ziemlich sicher, das Kind hätte mich damals exkommuniziert und meine verdorbene Seele eigenhändig in die Hölle geworfen. Sagen wir einfach, der Beruf des Kellners gehörte nicht in die Lebensplanung dieses Jungen.

Voller religiösem Eifer begann ich meinen Ansturm auf den Vatikan, indem ich mich auf einem College einschrieb – zum Vorstudium auf das Priesteramt. Mein College stand unter der Schirmherrschaft einer bekannten katholischen Universität und lag zwischen einem wohlhabenden Vorort sowie einer verfallenen und von Armut gepeinigten Stadt.

Das Priesterseminar war interessant. Intellektuell stimulierend und emotional zermürbend, war es die prägendste Erfahrung meines Lebens. Während sich die anderen Kids auf dem Campus zudröhnten, miteinander schliefen und eine geile Zeit hatten, vertiefte ich mich in die geheimnisvolle Sprache der Metaphysik, lernte, wie man Menschen in schweren Zeiten tröstet, und tauchte in das Kirchenleben ein. Ich verbrachte so viel Zeit mit Beten in der Kapelle, dass meine Seminarbrüder schon flüsterten, ich sei ein Mystiker. Es kam das Gerücht auf, dass ich für theologische Studien nach Rom geschickt werden sollte. Mein Bischof sagte, ich sei für etwas Großes vorgesehen. Ich war ein kirchlicher Senkrechtstarter. Ich war aber auch ein selbstgefälliger kleiner Scheißkerl.

Mädchen waren verboten. Das war in Ordnung, denn ich hatte sowieso Angst vor ihnen. Da ich mein Leben Gott widmen wollte, setzte ich alles daran, die großbusigen Quellen der Versuchung, die auf dem Campus in ihren engen T-Shirts, Leggins und mit auftoupierten Frisuren herumflirrten, zu meiden.

Allerdings triumphiert die Biologie immer über die Theologie, und am Ende des ersten Semesters fand ich meine erste Jugendliebe namens Gwen. Ich war im Priesterseminar, hatte keine Ahnung von Frauen, und so verglühte das Feuer der Beziehung rasch. Ich war am Boden zerstört. Der erste Liebeskummer ist der schlimmste. Irgendwann kam ich darüber hinweg.

Auch das Priesterseminar brach mir am Ende das Herz. Verstehen Sie mich nicht falsch. Ich dachte immer, die Priesterschaft sei voller guter Menschen, die in der Welt wirklich etwas verändern wollen. Das glaube ich auch heute noch. Doch je länger ich im Priesterseminar war, desto offensichtlicher wurde, dass die Institution auch ein Versteck für emotional verkrüppelte Irre darstellte. Die meisten Priester, die ich kennenlernte, strengten sich an, das Richtige in einem unperfekten System zu tun, aber ich habe auch ein paar Individuen getroffen, denen das Priester-

tum eine Möglichkeit bot, ihre sexuellen Vorlieben auszuleben –
egal, ob schwul oder hetero. Als die Kirche in den späten 1990ern
von einem Missbrauchskandal erschüttert wurde, war ich nicht
überrascht. Die Jahre schlechten Karmas und schlechter Kir-
chenpolitik rächten sich. Die Kluft zwischen der Idealvorstel-
lung, die ich vom Priesteramt hatte, und dem, wie es tatsächlich
aussah, war einfach zu groß. Später musste ich einsehen, dass die
Kirche nicht das Monopol für Heuchelei und Dummheit gepach-
tet hatte. Die gibt es überall. Aber ich war noch unerfahren, ich
konnte die ganze Sache nicht nüchtern betrachten und wurde
wütend. Diese Wut, gekoppelt mit der Erkenntnis, dass Keusch-
heit nicht gerade ein angenehmer Lebensweg war, brachte mich
dazu, das Seminar nach vier Jahren Grundstudium zu verlassen.
Das Theologiestudium in der Heiligen Stadt war für mich nicht
vorbestimmt. Auch gut. Als ich mich endlich dazu durchgerun-
gen hatte zu gehen, war ich zu einem zynischen, verbitterten und
wütenden Menschen geworden. Mit meinen Weggang ersparte
ich es den Geistlichen, mich rauszuschmeißen.

Ich habe nicht wie meine Kommilitonen Philosophie oder
Theologie im Hauptfach studiert. Ein klitzekleiner Teil meines
Hirns wusste, ich würde niemals Priester werden, und so machte
ich meinen Abschluss in Psychologie. Nach dem Studium fand
ich einen Job in einer Nerven- und Drogenrehabilitierungsklinik
für die Reichen, Berühmten, Abhängigen und Verwirrten.

Im Wesentlichen war ich der Typ im weißen Kittel. Meine
Hauptaufgabe bestand darin, reiche Menschen festzuschnallen,
wenn sie gewalttätig gegen sich selbst oder andere wurden. (Wie
vermisste ich diese Möglichkeit, als ich Kellner wurde!) Oft waren die weichen Lederschlaufen, die im Krankenhaus zum Fest-
schnallen verwendet wurden, verschwunden. Eine interne Unter-
suchung ergab, dass das Personal sie für perverse Aktivitäten mit
nach Hause genommen hatte. Wenn sie wieder auftauchten, wu-
schen wir sie in heißem Wasser. Zwei Mal.

Wenn ich die Patienten nicht fesselte, begleitete ich sie zur Elektroschocktherapie oder wurde fast verrückt vor Langeweile, wenn ich sie wegen Selbstmordgefährdung stundenlang bewachen musste. Ich spielte Tischtennis im Aufenthaltsraum des Personals, besorgte mir Essen aus der Cafeteria und baggerte die Krankenschwestern an. Außerdem freundete ich mich mit ein paar ewigen Junggesellen vom Personal an, die nur dafür lebten, an die Küste zu fahren, schlecht Golf zu spielen, Ski zu laufen und ihr Geld bei wöchentlichen Pokerspielen auf den Kopf zu hauen oder für Reisen nach Atlantic City zu verschwenden. Sie machten sich zwar über meine Vergangenheit im Priesterseminar lustig, sorgten allerdings für meine Wandlung zum stinknormalen Typen. Auf dem College war ich ja mit anderen Dingen beschäftigt gewesen.

Die Bezahlung war nicht großartig, aber ich fand die Arbeit angenehm. Ich machte sogar meine ersten Ausflüge in den administrativen Bereich des Gesundheitswesens.

Und dann brach das Ganze zusammen.

Das Krankenhaus und das dazugehörige Unternehmen wurden verschiedener krimineller Vergehen beschuldigt. So wurde ihnen vorgeworfen, Patienten gegen ihren Willen zu behalten und die Versicherung zu betrügen. Ein Fehler der Verwaltung sollte zum Selbstmord eines ehemaligen Patienten geführt haben, was für die Journalistin Dianne Sawyer der Anlass war, die ganze komplizierte Geschichte ins Fernsehen zu zerren. Die Gesetzeshüter befassten sich mit der Sache. Nach der Ausstrahlung auf *Prime Time Live* kam ich eines Tages zur Arbeit und FBI-Beamte schleppten kistenweise Dokumente aus den Büros der Verwaltung und interviewten Angestellte. Die Patienten und ihre Familien bekamen das mit, und innerhalb von Wochen fiel die Zahl der Klienten von 270 auf 70. Die Einrichtung war bald nur noch das Skelett von dem, was sie einmal gewesen war. Es kam zu Verhaftungen, Anklagen wurden erhoben, Prozesse angestrengt, und natürlich gab es Entlassungen. Ich war einer der Ersten, der seinen Job verlor.

Die ganze Angelegenheit verunsicherte mich sehr. Es war, als hätte ich mich in dem Glauben gewähnt, für eine Friedenstruppe zu arbeiten, nur um feststellen zu müssen, dass ich in Wirklichkeit unwissentlich der Schlägertyp einer Krankenhausmafia gewesen war. Nach dem Priesterseminar hatte ich gehofft, ich würde ein gesundes und stabiles Umfeld finden, in dem ich herausfinden konnte, was ich werden wollte, wenn ich einmal erwachsen war. Aber ich hatte kein Glück. Es war das zweite Mal in meinem Leben, dass gestörte und korrupte Menschen mir den Boden unter den Füßen wegzogen. Erst die Enttäuschung im Priesterseminar und nun das.

Ich war 24 Jahre alt, als mir das Krankenhaus kündigte. Danach schwebte ich von einem Job zum nächsten. Ich leitete Einrichtungen für betreutes Wohnen von geistig Behinderten und Nachbarschaftsprogramme für traumatisch hirngeschädigte Menschen. Irgendwann war ich leitender Angestellter einer kleinen ambulanten Nervenklinik. In jener Zeit legte ich die Aufnahmeprüfung als Geheimdienstler beim Secret Service ab, spielte mit dem Gedanken, Börsenmakler zu werden oder ein Medizinstudium anzufangen, bewarb mich als Bulle und dachte darüber nach, meinen Master in Psychologie zu machen. Alle diese Versuche blieben ohne Ergebnis. Mein Interesse oder mein Ehrgeiz hielt nicht sehr lange an.

Eines Tages betrat eine hübsche Frau namens Regan die Klinik. Sie wollte im Sommer ein Praktikum machen. Ich verliebte mich Hals über Kopf in sie. Die Sonne ging mit diesem Mädchen auf und unter. Als Regan ihr Praktikum beendete und in ihre drei Bundesstaaten entfernte Schule zurückkehrte, schrubbte ich jedes Wochenende mit dem Auto etliche Meilen herunter, um sie zu sehen. Wenn ich nicht mit ihr zusammen war, lief ich in meinem kleinen Appartement auf und ab und wartete darauf, dass das Telefon klingelte. Ihre Stimme gab meinen Leben einen Sinn. Ich war verrückt nach ihr.

Wir hatten eine Menge Spaß, doch je näher Regans Studienabschluss rückte, desto schlechter wurde die Stimmung zwischen uns, und wir stritten uns immer öfter. Als sie dann auch noch an einer Spitzenschule für soziale Arbeit angenommen wurde, merkte ich, dass ich ein 28-jähriger Mann ohne Aufstiegschancen war, der noch immer nicht wusste, was er einmal werden wollte, wenn er erwachsen war. Das machte ihr Angst. Nicht, weil sie einen reichen Typen wollte, der für sie sorgte, sondern weil sie einen starken, selbstbewussten Mann an ihrer Seite brauchte. Der war ich nicht.

Unsere Beziehung starb. Und als sie in den letzten Zügen lag, wurde bei meinem guten Freund Kevin, einem der Jungs von der wöchentlichen Pokerrunde aus dem Krankenhaus, Bauchspeicheldrüsenkrebs im Endstadium diagnostiziert. Zur selben Zeit liefen Verhandlungen über den Verkauf der Einrichtung, für die ich arbeitete, an ein Gesundheitsunternehmen mit Sitz in einem anderen Teil des Landes. Im März spitzten sich die unlösbaren Probleme zwischen mir und Regan derart zu, dass ich beschloss, die Sache zu beenden. Das war ein entscheidender Moment in meinem Leben. Ich begriff, dass Liebe in einer Beziehung nur eine Zutat von vielen ist, die alle zusammenpassen müssen.

Ich wählte den 27. März für den Tag unserer Trennung. Regan kam zu Ostern nach Hause. Ich sagte ihr, ich würde sie abends im nächsten Imbiss auf ein Bier treffen. (Ich weiß, wirklich stilvoll!) Um die Mittagszeit bekam ich einen Anruf. Kevin, der zu Hause palliativ betreut wurde, war gestorben. Vollkommen benommen erklärte ich meinem Chef, was geschehen war, stieg in mein Auto und fuhr los. Niemals werde ich die Fahrt zu Kevin vergessen. Es war ein schöner Frühlingstag. Shawn Colvins Song »Sunny Came Home« war ein Hit und wurde im Radio rauf und runter gespielt. An diesem Tag, ausgerechnet, kam mir der Text besonders eindringlich vor:

I close my eyes and fly out of my mind ...
The world is burning down

Ich glaube, ich hörte das Stück bis zu Kevins Haus drei Mal. Als ich parkte, trugen die Leichenbestatter den in eine Plastikplane gehüllten Körper meines Freundes zu einem wartenden Leichenwagen. Als die schwarz gekleideten Männer, die die fahrbare Bahre schoben, mich kommen sahen, blieben sie stehen. Ich streckte meinen Arm aus und legte meine Hand auf das blaue Plastik. Ich konnte nicht sagen, ob ich Kevins Arm oder Brustkorb berührte. Der Krebs hatte ihn vollkommen ausgezehrt. Ich wollte einfach nicht glauben, dass er tot war. Nicht mein Freund. Nicht der, mit dem ich Poker spielte. Nicht dieser lebenslustige Typ, der mich auf Partys immer verkuppeln wollte. Das konnte nicht sein. Aber was ich unter der Plane berührte, bewegte sich nicht. Ängstlich zog ich meine Hand zurück. Die Bestatter setzten ihren Weg fort und schoben Kevin in den Leichenwagen. Aus dem Haus vernahm ich das Wehklagen von Kevins Frau. Es war der Tag nach ihrem ersten Hochzeitstag. Der Leichenwagen fuhr ab, und ich erinnerte mich, dass Kevin gesagt hatte, er wolle verbrannt werden. Diese düsteren Männer würden meinen Freund in ein Feuer legen.

Ich ging ins Haus und kondolierte der Witwe hastig. Ihre Schreie werde ich nie vergessen. Ein paar Stunden später fuhr ich, gegen den Rat meiner Freunde, zu dem Restaurant und trennte mich von Regan. Im Nachhinein war das wirklich dumm. Ich muss unter Schock gestanden haben. Und um die Sache noch schlimmer zu machen: Meine ungeschickten Versuche, die Beziehung zu beenden, gipfelten darin, dass Regan zur Toilette rennen musste und ihr Bier erbrach. Als alles vorüber war, fuhr ich nach Hause und betrank mich sinnlos. Ich hatte an ein und demselben Tag meinen Kumpel und meine Freundin verloren.

Kevins Beisetzung fand am darauffolgenden Montag statt. Am Dienstag kam ich früh zur Arbeit. Ich wollte meinen Schmerz unter dem Papierberg, der auf meinem Schreibtisch wartete, begraben. Als ich durch den Flur lief, sahen mich alle komisch an. Zuerst dachte ich mir nichts dabei. Es war ein kleines Büro, und alles sprach sich schnell herum. Sie wussten wahrscheinlich, dass ich schwere Zeiten durchmachte, und hielten respektvoll Abstand. Doch bald stellte sich der wahre Grund für diese merkwürdigen Blicke heraus. Noch bevor ich mir eine Tasse Kaffee geholt hatte, betrat der Chef mein Zimmer und erklärte, die Klinik sei von dem anderen Unternehmen aufgekauft worden und meine Position sei somit überflüssig geworden. Ich sei entlassen.

Professionelle Killer haben ein kleines Manöver, das sie »Mozambique Drill« nennen. Sie schießen einem armen Kerl zwei Mal in die Brust und dann zur Sicherheit noch einmal in den Kopf. Nun, mein Boss hatte gerade den dritten Schuss abgegeben. Ich wurde damit fertig, dass ich meine Freundin verloren hatte. Ich wurde damit fertig, dass ich Kevin verloren hatte. Ich wurde damit fertig, dass ich meinen Job verloren hatte. Aber alles auf einmal, damit wurde ich nicht fertig. Ich ging zu Boden. Ich verließ das Büro und fühlte mich allein gelassen und verloren. Ich dachte, der Song würde wahr werden. *»I close my eyes and fly out of my mind/The world is burning down.«*

Und ich habe wirklich beinahe den Verstand verloren. Ich hatte einen kleinen Nervenzusammenbruch, suchte einen Seelenklempner auf und fing an, stimmungsaufhellende Zoloft-Tabletten zu schlucken, als wären es M & M's. Sechs Monate lang suchte ich vergeblich nach einer neuen Arbeit. Kurz bevor ich keine Arbeitslosenunterstützung mehr bekommen hätte, wurde mir eine Stelle als Marketingdirektor für eine neue ambulante Geriatrieabteilung in einem städtischen Krankenhaus angeboten. Ich hatte keinen blassen Schimmer von Marketing oder davon, wie man eine klinische Abteilung aufbaute, aber es war ein gut bezahlter Job, und ich nahm ihn an. Es war harte Arbeit, aber nach ein paar Monaten hatten der Klinikchef und ich das Ganze hochgezogen. Die Mitarbeiter, die wir einstellten, waren erstklassig, und die Senioren, die wir versorgten, bekamen eine exzellente Behandlung. Das einzige Problem? Es gab nie genug Patienten.

Das Krankenhaus, in dem sich unsere Abteilung befand, lag in einem heruntergekommenen Viertel. Bandenmitglieder stachen vor unserer Notaufnahme am helllichten Tag Kinder nieder. In unmittelbarer Nähe meines Büros befand sich eine billige Go-go-Bar. Nervöse Großmütter dazu zu bringen, zur Behandlung ins Ghetto zu kommen, bedurfte echter Überzeugungsarbeit. Andere Krankenhäuser in der Gegend hatten ähnliche Angebote wie wir. Die Konkurrenz um den kleiner werdenden Medicare-Kuchen war hart, und Betrug war an der Tagesordnung. Skrupellose Vertreter rannten Altersheimen die Türen ein, um ihre Gruppen mit Alzheimerpatienten zu füllen und Bingospiele als Therapie in Rechnung zu stellen. Ich machte bei dem Spiel nicht mit. Und auch nicht meine Therapeuten. Wir waren ehrlich.

Die Belohnung für unsere Aufrichtigkeit war eine niedrige Zahl von Patienten. Wenn man als Marketingfachmann im Gesundheitswesen arbeitet, lebt und stirbt man mit der Patientenzahl. An manchen Tagen hatten wir 20 Patienten, an anderen nur zwei. Stunden verbrachte ich in Wartezimmern und versuchte Ärzte davon zu überzeugen, sich für unsere Klinik zu entscheiden. Ich musste unzählige Treffen mit machthungrigen Geschäftsführern von Altersheimen über mich ergehen lassen, die eigentlich nur teure, aber absetzbare Mahlzeiten herunterschlingen wollten. Irgendwann liefen meine Chefs aufgrund der niedrigen Patientenzahlen Amok. Nach eineinhalb Jahren forderten sie meinen Kopf.

Die Einrichtung, für die ich arbeitete, betrieb eine Reihe von Nervenkliniken in der Region. Wie jedes andere amerikanische Unternehmen im Jahr 1999 mit mehr als fünf Angestellten träumte auch dieses davon, an die Börse zu gehen. Eingelullt vom New-

Economy-Hype leierten die Manager Schlagwörter wie »Best Practice« oder »Due Diligence« herunter wie magische Formeln und waren so damit beschäftigt, von Aktienoptionen und Yachtclubs zu träumen, dass sie so kleine Details wie Moral ganz vergaßen. Der Tropfen, der das Fass zum Überlaufen brachte, war die Forderung eines Direktors, geistig behinderte Patienten in unser Programm aufzunehmen. Das bedeutete im Grunde eine Verletzung des Medicare-Gesetzes. Wie schon im Priesterseminar und bei meinem Arbeitsplatz davor sah ich mich umgeben von gebildeten Leuten, die gut aussahen, das Richtige sagten und unehrlich waren. Die Therapeuten und ich gaben nicht nach, und die Firma beschloss, mich loszuwerden.

Da das Unternehmen aber Angst vor einer Klage hatte, feuerte man mich nicht auf der Stelle, sondern nahm sich viel Zeit, schrieb Abmahnungen, die in meine Personalakte wanderten, und bewies mit einer zynischen Kampagne meine Inkompetenz. Zu dem Zeitpunkt war ich wahrscheinlich auch inkompetent. Ich hatte ein Vorzeigeangestellter sein wollen, aber die Unternehmenspolitik hatte meinen Enthusiasmus gebremst. Wie die Obersten meines Priesterseminars hoffte auch jetzt wieder jeder, ich würde den Anstand besitzen und selbst den Hut nehmen.

Ich hatte eine Menge Zeit, abzuspringen und mir einen anderen Job zu suchen. Stattdessen verkroch ich mich zwei Monate lang in einem kleinen Park, rauchte Zigarren, las Bücher, fütterte Enten und dachte darüber nach, was ich aus meinem Leben machen sollte. Ich kam mir vor wie ein Typ von der Wall Street, der entlassen worden war und Angst davor hatte, es seiner Frau zu sagen. Der einzige Unterschied bestand darin, dass ich meine Zeit mit Rauchen in einem Park vergeudete, statt so zu tun, als führe ich zur Arbeit. Ich wusste, dass ich gefeuert werden würde, also warum sollte ich mich dann nicht bis zur letzten Minute fürs Faulenzen bezahlen lassen? Die Blutsauger ausnehmen. Das war mein Motto.

Aber ich musste Rechnungen begleichen. Ich wollte nicht wieder in der Hölle der Arbeitslosigkeit landen und mir dann eine neue Stelle suchen müssen. Meine innere Stimme sagte mir, wenn ich nicht bald einen Job fand und weitermachte, würde ich depressiv werden. Nur, was tun? Eine Arbeit im Gesundheitswesen konnte ich vergessen. Jeder in diesem engmaschigen Betrieb wusste mittlerweile, dass ich ein Versager war.

Mein Bruder arbeitete in einem gut laufenden Restaurant und ging nebenbei zur Schule. Als ich ihm erzählte, wie schlecht die Dinge für mich standen, sagte er, er könne mir eine Stelle als Kellner besorgen, bis ich wieder auf die Füße käme. Als er mit der Idee ankam, lachte ich ihn aus. Ich? Ein Kellner? Ich dachte immer, das sei eine Arbeit für schlechte Schauspieler, Kokainabhängige und Teenager.

Doch ich musste der harten Realität ins Auge sehen. Ich war ein 30-Jähriger mit einer College-Ausbildung, aber ohne echte Qualifikation. Niemals hatte ich eine Stelle für länger als zwei Jahre behalten. Von der Arbeit in einem Restaurant hatte ich keine Ahnung. Aber es war besser als nichts. Was hatte ich schon zu verlieren? Ich rief also meinen Bruder an und fragte ihn, ob das Angebot noch stünde. Es stand.

Und so, meine Freunde, nahm die ganze Kellnergeschichte ihren Anfang.

FASCHISTEN
UND SÜSSWASSERSTRAUSS

Sammy hat mich reingelegt. Er hat mich für die Brunch-Schicht eingeteilt, und ich muss mich früh zur Arbeit schleppen, um das »Amici's« für das Sonntagmorgen-Volk vorzubereiten. Brunch ist zweifellos das Schlimmste, was einem Kellner passieren kann. Die Leute, die aus der Kirche kommen, sind die schlechtesten Trinkgeldgeber. Manchmal drücken sie dem Kellner eine religiöse Streitschrift statt Geld in die Hand. Oft sind diese Pamphlete voller Beschreibungen des ewigen Höllenfeuers. Glauben Sie mir, sonntags haben die meisten Kellner einen Kater und sind erledigt von Tätigkeiten, für die man ohnehin in die Hölle kommt. Wenn man einem Kellner also eine religiöse Streitschrift gibt, ist es so, als gäbe man Mephisto ein Knöllchen wegen Falschparkens. Wir zerreißen sie und werfen sie auf die Straße.

Übernächtigt schleppe ich die Pellegrino-Sonnenschirme aus dem Abstellraum auf die Terrasse. Ich bin gerade dabei, einen der verrosteten Schirme aufzuspannen, als ich einen müde aussehenden Mann bemerke, der vor der Eingangstür eine Zigarette raucht. Er sieht nicht so aus, als wolle er eintreten und essen.

»Kann ich Ihnen helfen, Sir?«, frage ich.

»Ich suche Arbeit«, erwidert der Mann. Er spricht mit einem starken russischen Akzent.

Ich sehe mir den Mann an. Er sieht aus wie ein Arbeiter. Seine Hände sind voller Schwielen, und seine Schuhe sind schmutzig. Er riecht nach Fisch.

»Der Besitzer kommt bald«, antworte ich. »Den können Sie fragen.«

»Danke.«

Der Mann schützt die brennende Zigarette mit der hohlen Hand vor dem Wind. Ich habe meine osteuropäischen Verwandten schon tausend Mal das Gleiche tun sehen.

»Möchten Sie einen Kaffee?«, frage ich.

Der Russe sieht mich erstaunt an. »Ja«, murmelt er. »Danke schön.«

»Kommen Sie, ich gebe Ihnen eine Tasse.«

Der Russe setzt sich an einen Tisch neben dem Eingang. Ich bringe ihm eine Tasse Kaffee, Zucker und Sahne. Ich lege sogar ein schönes Stück Biscotti dazu.

»Danke«, sagt der Mann.

»Keine Ursache«, sage ich. »Caesar wird in einer Minute hier sein.«

Der Russe macht es sich auf seinem Platz bequem und nippt am Kaffee. Ein trauriges Lächeln umspielt seine Lippen. Mir tut der Mann leid. Er braucht Geld, das sehe ich.

Ich gehe wieder an meine Arbeit. Caesar kommt rein, wie immer schick angezogen, eine italienische Zeitung unterm Arm.

»Wer ist das?«, fragt er mich und deutet auf den Russen.

»Der Mann sucht Arbeit.«

Caesar legt die Zeitung hin und geht auf den Mann zu.

»Sind Sie Jude?«, fragt Caesar.

»Hm?«, erwidert der Russe.

»Sind Sie Jude?«

Der Russe setzt die Tasse ab. Er sieht verwirrt aus. »Ich suche Arbeit«, sagte er.

»Ich wusste es«, sagt Caesar. »Ich kann es an deiner Stimme erkennen. Du bist ein Jude. Ein widerlicher, verdammter, russischer Jude.«

Ich stehe wie angewurzelt da.

»Verschwinde aus meinem Restaurant!«, schreit Caesar, »verschwinde, bevor ich die Bullen rufe und denen sage, dass du ein Dieb bist.«

Der Russe macht, dass er wegkommt. Caesar blickt ihm nach, dann kommt er auf mich zu.

»Wer hat dem Typen eine Tasse Kaffee gegeben?«, will er wissen.

»Ich«, antworte ich.

»Wieso hast du ihn reingelassen?«

»Er hat nach Arbeit gefragt, Caesar.«

»ICH ENTSCHEIDE, WER HIER ARBEITET!«, schreit Caesar, »NICHT DU! DU VERDAMMTER VERSAGER!«

»Is … ist ja gut, Caesar!«, stammele ich. »Du kriegst noch 'nen Herzinfarkt.«

»DU FINDEST DICH WOHL WITZIG, WAS?«, schreit Caesar. »ICH SCHMEISSE DICH UND DEINEN BRUDER RAUS!«

Erst da wird mir klar, dass das Glänzen in seinen Augen keine jugendliche Vitalität ist – sondern Hass. Mein Bruder ist noch in der Ausbildung und braucht diesen Job. Er kann es sich nicht leisten, dass ich Caesar sage, er soll sich seinen Job sonst wohin stecken. Und wenn ich es recht bedenke, kann ich es mir auch nicht leisten.

»Es tut mir leid, Caesar«, murmele ich.

»Verdammte Juden«, knurrt Caesar und stürmt davon.

Ich starre auf den Boden. Wieso lasse ich mir das von so einem Typen bieten? *Weil ich das Geld brauche. Darum.* Ich frage mich, wie vielen Menschen es wie mir geht. Gefangen in Jobs, die sie nicht mögen, und ständig die Angst, die Anstellung zu verlieren, wenn sie ihrem herzlosen Boss die Meinung sagen.

Als Rizzo kommt, erzähle ich ihm die ganze Geschichte.

»Guter, alter Caesar«, seufzt Rizzo. »Er wird sich wohl in absehbarer Zeit nicht mehr ändern.«

»Wie kann er ein Restaurant leiten und so sein?«

»Oh, Caesar nimmt gern dein Geld. Jude, Schwarzer, Schwuler, das ist ihm egal, solange dein Geld echt ist.«

»Jessas«, nuschle ich.

»Ist dir noch nicht aufgefallen, dass es hier keine schwarzen oder schwulen Kellner gibt?«, sagt Rizzo. »Und wenn du Jude sein solltest, dann häng es nicht an die große Glocke.«

»Warum ist er so?«

»Caesar ist in Italien geboren, aber nach dem Krieg in Paraguay aufgewachsen«, sagt Rizzo. »Ich glaube, sein Vater war so ein Mussolini-Typ.«

»Nein!«

»Hast du nicht *The Boys from Brazil* gesehen?«, faucht Rizzo. »Eine Menge von diesen faschistischen Scheißkerlen ist da runtergezogen.«

»Wenn du recht hast«, sage ich, »erklärt das einiges.«

»Willkommen in der Gastronomie.«

Irgendwie überlebe ich diesen verrückten, übernächtigten Tag. Die Woche vergeht, und ein weiterer Kellner, der sich von Sammy nicht ausquetschen lässt, kündigt angeekelt. Das ist meine Chance. Der Pool verfügbarer Arbeitskräfte wird kleiner. Sammy hat keine Wahl, er muss mich für die Dinnerschichten einsetzen. Da ich eine gute Arbeitsmoral habe und pünktlich erscheine, ist Sammy jetzt von mir abhängig.

Die ersten Wochen als Kellner vergehen langsam. Ich stehe sie durch, körperlich und psychisch. Es ist doch erstaunlich, wie die drohende Armut einem dabei hilft, sich an alles zu gewöhnen. Meine Füße tun nicht mehr weh, und ich bestehe meine Probezeit in dem Bereich, für den Rizzo mich eingeteilt hat. An meinem sechsten Samstag habe ich mehr Trinkgeld eingenommen als Rizzo.

Ich bin stolz auf mich. Ich verdiene zu meinem Erstaunen mehr Geld als im Krankenhaus. Dass ich weder eine Versicherung habe noch bezahlten Urlaub, ist nebensächlich. Ich habe mich in die neue Arbeit gestürzt, und es funktioniert. Darum geht es mir gut. Aus den Wochen werden Monate, und meine Angstzustände nehmen ab.

Es ist Rizzos Verdienst, dass ich, während ich die Spielregeln des Kellnerns lernte, nicht den Verstand verloren habe. Er ist ein sonderbarer Mann, der ein äußerst interessantes Leben gelebt hat, und schnell bekomme ich heraus, dass er niemals in Vietnam gewesen ist. »'Nam?«, beichtet er mir. »Mann, ich habe so viel Marihuana geraucht, dass ich mich nicht einmal an Nixons erste Amtsperiode erinnern kann. Ich war nie in der Armee. Den Scheiß erzähle ich nur, um den Kiddies Angst einzujagen.«

Rizzo hat zwar nicht gegen den Vietkong kämpfen müssen, aber dem langen Arm der Steuerbehörde ist er nicht entronnen. In den 1970ern besaß er ein teures Restaurant in Manhattan. »Das Lokal war so populär«, erzählt er mir, »dass Supermodels – *Vogue*-Typen, weißt du? – jeden Tag zum Mittagessen kamen. Die Kellner schnüffelten nachher an den Stühlen.« Mit uneingeschränktem Zugang zu Drogen, Diskotheken und Frauen hat Rizzo, so behauptet er, mehr Eroberungen ins Bett gekriegt als Wilt Chamberlain. »Ich hatte so viele Freundinnen, dass ich meine Wohnung öfter habe renovieren lassen als Neiman Marcus!«, war einer seiner liebsten Sprüche. (Nein, ich weiß auch nicht, was er meinte.)

Allerdings zahlte Rizzo nur ungern Steuern. Ich kenne nicht die ganze Geschichte, aber irgendwann hat er sein Restaurant in Manhattan verkauft und sich aus dem Staub gemacht, obwohl er der Steuerbehörde eine riesige Summe schuldete. Seelisch in einem desolaten Zustand, floh er in eine abgelegene Ecke von Montana, kaufte sich eine 357er Magnum und lebte wie ein Einsiedler in einem herrenlosen Zugwaggon. Er baute Gemüse an, jagte Wild und fing an, sich für Buddhismus zu interessieren. Nachdem er sich ein paar Mal in einem nahe gelegenen buddhistischen Kloster aufgehalten hatte, wurde er zum Halbvegetarier, schaffte sich einen Hund an und lernte alles, was er über Karma lernen konnte. Seine Magnum hat er allerdings behalten. Nach einiger Zeit wurde seine Mutter krank, und Rizzo, dem sein Eremitendasein auf den Geist ging, zog zurück an die Ostküste und pflegte sie. An seinen freien Tagen fuhr er nach Manhattan, kaufte für seine Mutter ein, kochte für sie und leistete ihr Gesellschaft. Vielen Menschen ist die Pflege ihrer alternden Eltern eine Last, Rizzo aber machte das alles mit Freude im Herzen. Etwas von Buddha muss auf ihn abgefärbt haben.

Rizzo wusste, dass ich Priester hatte werden wollen, und wir hatten einige interessante Gespräche über das Thema Religion. Ich für meinen Teil wusste nicht viel über Karma. Ich dachte immer, Karma bedeute, dass die schlechten Dinge, die man im Leben tut, einen irgendwann einholen. Je mehr ich aber mit Rizzo darüber sprach, desto klarer wurde mir, dass es nichts mit Vergeltung zu tun hat, sondern lediglich damit, was *ist*. Um die Sache stark zu vereinfachen: Alle unsere Handlungen wirken sich auf unsere vergangenen, gegenwärtigen und zukünftigen Erfahrungen aus. Wir sind für alles, was wir tun, verantwortlich, auch für den Schmerz und die Freude, die wir anderen bereiten. Je älter ich werde, desto mehr Sinn ergibt dieses Glaubenssystem für mich.

Rizzo war ein bewaffneter Buddhist, wohlgemerkt. Darum fesselten ihn die seltsamen und widersprüchlichen Seiten seines Glaubens. Einerseits war Rizzo sehr spirituell. Andererseits war er knallhart. Er ließ sich von niemandem etwas sagen, und Trottel konnte er nur schwer ertragen. Er schlug verbal auf Chefköche ein, auf Besitzer, Kunden und besonders auf andere Kellner. Das beste Beispiel dafür ist, wie er Wahdi zugesetzt hat, dem miserabelsten Kellner, mit dem ich je arbeiten musste.

Wahdi war ein riesiger, schwitzender Kerl aus Syrien. Er hatte ein Studentenvisum und wurde von Sammy ein paar Monate nachdem ich im »Amici's« angefangen hatte, eingestellt. Ihm mangelte es an sozialer Intelligenz, an Kenntnissen über die amerikanische Kultur und an Geduld. Als Ober war Wahdi absolut ungeeignet. Das Schlimmste aber war, er war ein geiziger Hurensohn. Neue Kellner bekommen anfangs gewöhnlich die schlechtesten Schichten und die weniger guten Tische. Nicht so Wahdi. Weil er Sammy gut kannte, glaubte er, dass er ein Anrecht auf die besten Tische hatte, und schrie die Hostess an, sobald bei ihm weniger Gäste saßen. Bekam er heraus, dass er einen Dollar weniger verdient hatte als irgendein anderer Kellner, fing er an herumzubrüllen, dass wir ihn diskriminierten. Nachdem er uns schon einige Wochen lang auf die Nerven gegangen war, begann Wahdi einen Territorialkrieg mit Rizzo. Schwerer Fehler.

»Hey, Rizzo«, sagt Wahdi gleich zu Beginn eines Freitagabends. »Ich übernehme heute deinen Bereich.«

»'n Teufel wirst du tun«, antwortet Rizzo.

»Ich spreche mit Sammy«, fährt Wahdi fort. »Ich sage, es ist nicht fair, immer hast du die besten Tische. Er denkt auch und gibt sie mir.«

Rizzo schaut über den Brillenrand und wirft Wahdi einen Blick zu, der seine Augen durchdringt, ein Loch in seinen Hinterkopf bohrt und dann weiter durch Fensterscheiben, Mauern, Fußgänger und ein paar geparkte Wagen geht, bevor er sich irgendwo über dem Hudson River verliert. Ich habe schon gesehen, wie Rizzo mit diesem Blick Kunden so einschüchtert, dass sie zittern wie Wackelpudding. Rizzo nennt es seinen »Tausend-Yard-Kellner-Blick«. Er ist absolut wirkungsvoll. Ich muss eines Tages meinen perfektionieren.

»Wenn du dich mit mir anlegst, Wahdi«, knurrt Rizzo, »rufe ich das syrische Konsulat in New York an und sage denen, dass du ein Mossad-Agent bist.«

Wir alle hören, wie Wahdis Schließmuskel »plopp« macht. Die syrischen Geheimdienste sind nicht gerade für ihren Feinsinn bekannt. Als Wahdi sich auf Arabisch beim Manager beschwert, gibt dieser ihm Rizzos Bereich, nur damit endlich Ruhe ist.

Verärgert dreht sich Rizzo zu mir um und sagt: »Es ist an der Zeit, einen kleinen Dschihad gegen Wahdi zu führen.«

Rizzo rennt in die Küche und kommt mit Fluvio im Schlepptau zurück, um uns die Empfehlungen des heutigen Abends mitzuteilen. Als wir damit durch sind, sagt der Chefkoch, er habe noch ein ganz besonderes Gericht vorbereitet.

»Heute haben wir Süßwasserstrauß in einer Dijonsauce«, sagt Fluvio. »Betont den Gästen gegenüber, dass es Süßwasserstrauß ist – nicht Salzwasserstrauß –, vollkommen anders im Geschmack.«

Alle Kellner starren auf ihre Blöcke und tun so, als hätten sie nichts Besonderes gehört. Aufgeregt notiert sich Wahdi die Specials.

»Hast du das auch verstanden, Wahdi?«, fragt Fluvio. »*Süßwasserstrauß.*«

»Ja, verstanden«, sagt Wahdi.

Rizzo und der Chefkoch lächeln sich an. Das wird lustig.

Das Restaurant füllt sich schnell, und Wahdi hat von Anfang an Schwierigkeiten. Weil er scharf auf teure Bestellungen ist, preist er bei seinen Gästen den Süßwasserstrauß an und versteht nicht, warum er ausgelacht wird. Er fängt an, sich mit den Gästen zu streiten. »Natürlich ist der Strauß ein Fisch!«, schreit er. Je wütender er wird, desto langsamer wird er. Die Gäste an seinen Tischen warten eine halbe Stunde auf ein Glas Limonade.

Irgendwann geht einer zu Sammy und beschwert sich. »Dieser Kellner ist ein komplettes Arschloch«, kläfft er. »Ich verlange einen anderen. Er glaubt, dass ein Strauß ein Fisch ist!«

Sammy weiß, was los ist. Er zieht Wahdi zu sich heran und versucht ihn zu beruhigen. Es dauert nicht lange, und die beiden schreien sich auf Arabisch an. Als wir das sehen, schnappen Rizzo und ich uns die unbedienten Tische, und bevor einer auch nur *Baba Ganoush* sagen kann, ist Wahdi seinen Bereich wieder los.

Sammy ist sauer, aber er kann nichts machen. Wahdis Tempe-

rament ist mit ihm durchgegangen. Einer der ägyptischen Hilfskellner fängt an, Wahdi erbarmungslos zu verhöhnen. »Süßwasserstrauß? Du Arsch! Geh zurück nach Syrien!«

Wahdi seinerseits brüllt den Hilfskellner an. Im Hintergrund
höre ich Rizzo krähen: »Hallo? Die Auskunft in Damaskus?
Könnten Sie mir die Nummer der Geheimpolizei geben?«

Wahdi, der endlich mitkriegt, dass man ihn reingelegt hat,
rennt zu Rizzo rüber und schreit: »Du hast mir das angetan!«

Rizzo lächelt und schreit zurück: »Willkommen in Amerika, Drecksau!«

Wahdi bricht zusammen und weint vor Wut. Ein paar Wochen
später wird er gefeuert.

Kurz nach Wahdis Weggang hat Caesar einen schweren Herzinfarkt. Ich weiß, das überrascht Sie nicht, aber ich will Ihnen die
Geschichte trotzdem erzählen. Just an jenem schicksalsschweren
Tag hat die Geschirrspülmaschine ihren Geist aufgegeben. Das
ist für jeden Restaurantbesitzer nervenaufreibend, denn ein ge-
werblicher Geschirrspüler ist eine der teuersten und aufwendigs-
ten Maschinen in der Küche. Paradoxerweise wird sie immer von
einer der schlechtbezahltesten Küchenhilfen betrieben. Da die
Geschirrspüler so teuer sind, leasen viele Lokale ihre Maschinen
und haben Kundendienstverträge.

Ralph, der Vertreter unserer Leasingfirma, kommt also vorbei,
um das Innenleben des Geschirrspülers zu untersuchen. Sobald
er damit fertig ist, informiert er Caesar, dass ein 500 Dollar teures
Ersatzteil bestellt werden muss. Caesars Antwort besteht aus ge-
brüllten Obszönitäten während der geschäftigsten Mittagszeit.
Er jagt Ralph aus dem Restaurant. Entsetzt fliehen einige Gäste,
ohne die Rechung zu bezahlen. Später am Tag wird Caesar im
Eiltempo ins Krankenhaus gefahren, weil er Schmerzen im Brustkorb hat.

Am Morgen nach dem Herzinfarkt beruft Sammy eine dringende Personalsitzung ein und erzählt uns die Neuigkeiten.

»Caesar ist im Krankenhaus«, sagt Sammy und ist den Tränen nahe. »Ich will, dass wir alle für ihn beten.«

Es ist offensichtlich, dass die Kellner den Himmel nicht um Caesars schnelle Genesung anflehen. In Wirklichkeit bitten sie den Herrgott wahrscheinlich genau um das Gegenteil. Rizzo beißt sich auf die Zunge, damit er nicht anfängt zu lachen. Die meisten Kellner lächeln, ohne es zu verbergen.

»Ihr findet das wohl lustig?«, sagt Sammy und erhebt seine Stimme.

»Nein, natürlich nicht«, sagt Rizzo und kann nicht mehr an sich halten.

»Du bist ein Mistkerl, Rizzo.«

Rizzos Gelächter ist ansteckend. Ich ertappe mich auch dabei, wie ich lächle. Ich muss an den russischen Juden denken. Ich erinnere mich daran, wie Caesar mich einen Sklaven genannt hat. Zur Hölle mit ihm.

»Es hätte keinen netteren Kerl treffen können«, sage ich.

Sammy blickt mich schockiert an. »Was hast du gesagt?«

»Du hast mich schon verstanden.«

Sammy stürmt wütend davon. Caesar ist der Quell seiner Macht. Ohne Caesar ist Sammy nur ein fassartiger, impotenter Blutsauger.

»Oh, Mann«, kichert Rizzo.

»Als ob niemand die Herzattacke hätte kommen sehen«, murmle ich.

»Du glaubst, Caesars Ausbruch Ralph gegenüber hatte etwas damit zu tun?«

»Ein Gerinnsel in einer Arterie oder so was muss sich gelöst haben, als er sich die Lunge aus dem Hals geschrien hat«, sage ich. »Es trieb eine Weile herum und dann – wumm!«

»Das war kein Gerinnsel«, sagt Rizzo.

»Was sonst?«

»Das war Karma, Mann«, sagt Rizzo kopfschüttelnd. »Es war das verdammte Karma.«

Der Dalai Lama würde Rizzos theologische Interpretation der Geschehnisse vielleicht nicht teilen, Karma hin oder her. Caesar überlebte jedenfalls seinen Herzinfarkt und kam ein paar Wochen später wieder zur Arbeit.

Fluvio versuchte, ein eigenes Restaurant zu eröffnen. Er tat das im Geheimen, weil Caesar – mit seiner mafiaähnlichen Auffassung von Loyalität – Fluvios Wunsch, etwas Eigenes auf die Beine zu stellen, als einen Verrat angesehen hätte, auf den die Todesstrafe steht. Wenn Caesar jemanden nicht kontrollieren konnte, dann hasste er ihn. Eigentlich hasste er sowieso jeden.

Fluvio aber machte den Fehler, drei Monate bevor sein Restaurant öffnen sollte, eine Stellenanzeige für Kellner aufzugeben. Mein Bruder, der Fluvio noch nie hatte leiden können, meldete sich auf die Anzeige hin, fand heraus, was Fluvio vorhatte, und verpfiff ihn. Kurz danach wurde Fluvio von Caesar gefeuert.

Nun hat ein Restaurant ohne Chefkoch ein Problem. Fluvio hatte Erfahrung, und seine Dienste waren nicht billig. Geizkragen, der er war, beschloss Caesar, es sei an der Zeit, einen weniger erfahrenen und daher billigeren Küchenchef einzustellen.

Der Erste, den Caesar aussuchte, Ray, war eine Katastrophe. Sein Führungsstil bestand darin, die Küchenleute machen zu lassen, was sie wollten – also hatten sie keinen Respekt vor ihm. Sammy erwischte Ray sogar einmal dabei, wie er mit seiner Mutter telefonierte und sie fragte, wie ein Risotto gemacht wird. Ray war ein »Dead Chef Walking«. Nach zwei Wochen nahm ihm Caesar den Bratenwender wieder weg.

Nach Ray tanzte ein ganzes Sortiment von Heiratsschwindlern und Gangstern an, die alle vorgaben, Chefköche zu sein. Wenn man bedenkt, was Caesar ihnen wahrscheinlich zahlte, waren diese unfähigen Bewerber keine Überraschung. Ohne eine starke Führung in der Küche geriet die Sache in eine Schieflage. Vom Gesundheitsamt kam eine Vorladung wegen unhygienischer Zustände. Als Caesar das Problem nicht schnell genug aus der Welt schaffte, machte der zuständige Beamte öffentlich bekannt, das »Amici's« sei ein schmutziges Restaurant. Das Geschäft brach ein.

Schließlich heuerte Caesar einen geradlinigen Typen namens Jeff an. Er würde zwar keine Preise gewinnen, aber er war ein guter Chef. Die Küche war wieder sauber, und das Gesundheitsamt ließ uns in Ruhe. Auch das Geschäft lief wieder. Aber für Caesar musste Jeff ein Weltklasse-Koch für viel weniger als ein Weltklasse-Gehalt sein. Und Jeff war mein Untergang.

Das Ende kommt an einem schönen Junitag. Ich erfreue mich meines einzigen freien Tages, als das Telefon klingelt. Es ist Sammy.

»Zwei meiner Kellner haben sich krankgemeldet«, sagt Sammy mit Panik in der Stimme. »Ich habe nur einen Kellner für die Lunchzeit.«

Ich erwäge, darauf hinzuweisen, dass Sammys Probleme das Kellnerpersonal betreffend vielleicht ein Symptom für einen schwerwiegenderen Fehler im System sind. Das »Amici's« hat Probleme, weil der Besitzer Probleme hat. Ein gutes Restaurant, das gute Produkte anbietet, zieht für gewöhnlich gute Kellner an. Aber in schlechten Restaurants arbeiten auch schlechte Kellner. Vor ein paar Monaten hatte ich das Glück, im »Gramercy Tavern« zu Abend zu essen. Ich war verblüfft, wie *elegant* die Kellner waren. Ich beobachtete, wie sie anmutig durch den vollen Raum liefen, und fühlte mich wie ein Spieler der dritten Liga, der zusehen muss, wie die Yankees das Spielfeld übernehmen. Verglichen mit dem »Gramercy« ist das »Amici's« ein Hot-Dog-Stand. Worin besteht der Unterschied? Ganz einfach: Qualität überträgt sich von oben nach unten. Der Besitzer des »Gramercy«, Danny Meyer, ist ein engagierter, eleganter Mann, der, anders als Caesar, seine Angestellten mit Respekt behandelt. Natürlich hat er die gleichen Probleme wie jeder andere Geschäftsmann auch, aber er löst sie auf professionelle Weise. Meyer und seine Mitarbeiter schenken ihre ganze Aufmerksamkeit den Kunden, und das ist mit ein Grund für ihren Erfolg. Und die Angestellten von Meyer können sich konzentrieren, weil sie zufrieden sind und nicht um ihren Job fürchten müssen – meistens zumindest.

In einem Restaurant, in dem der Manager die Kellner runtermacht und der Besitzer den glorreichen Tagen des Dritten Reichs nachtrauert, sollte man sich nicht wundern, wenn Bedienung und Essen niveaulos sind. Die ganze negative Energie überträgt sich nicht nur aufs Personal, sondern zieht auch verrückte Gäste an wie das Licht die Motten. Die Gäste im »Amici's« sind schrecklich. Zugegeben, im »Gramercy« sitzen vielleicht auch bösartige Gäste, aber in einem Lokal wie dem »Amici's« sind sie déclassé (das ist Französisch für Abschaum). Wenn Besitzer und Manager die Angestellten wie Sklaven behandeln, ist es nicht verwunderlich, dass viele Gäste eine ähnliche Haltung an den Tag legen. *Ein Restaurant bekommt die Gäste, die es verdient.* Ich habe das Bedürfnis, Sammy all das zu sagen. Aber ich halte mich zurück. Er würde es ja doch nicht verstehen.

»Ich soll also an meinem freien Tag kommen?«, antworte ich. »Ich habe heute Abend schon was vor.«

»Ich brauche dich doch nur zum Lunch«, jammert Sammy.

»Ich kenne dich, Sammy. Am Abend lässt du mich dann doch nicht gehen.«

»Ich schwöre bei meinen Kindern, um drei kannst du gehen.«

Ich seufze hörbar. Zwar mag ich Sammy nicht, aber ich bin gut erzogen worden und habe noch so etwas wie eine Arbeitsmoral.

»Ich bin in ein paar Minuten da.«

»Danke«, sagt Sammy. »Du hast was gut bei mir.«

»Vergiss es nicht.«

Ich lege auf und fahre zur Arbeit. Dort geht es zu wie in einem Irrenhaus. Ich rase herum und nehme Bestellungen entgegen, als ich plötzlich Caesar an seinem Stammtisch sitzen sehe. Scheinbar ungerührt trinkt er ein Glas Rotwein, wo er doch in *seinem* Restaurant mithelfen müsste.

»Komm her«, bellt Caesar und winkt mich an seinen Tisch heran.

»Was gibt's, Caesar?«, sage ich ungeduldig. »Ich habe 15 Tische, um die ich mich kümmern muss.«

»Sag dem Küchenchef, ich will zum Mittagessen den Fisch von der Tageskarte.«

»Okay. Geht klar.«

»Sag ihm aber nicht, dass es für mich ist«, flüstert Caesar.

»Warum?«

»Ich will nicht, dass er weiß, dass es für mich ist!«, faucht er ungeduldig zurück. »Frag nicht!«

»Okay, Caesar«, erwidere ich und verdrehe die Augen.

»Führ dich nicht auf wie ein Klugscheißer.«

Ich gebe Caesars Bestellung in den POS-Computer ein. Danach gehe ich in die Küche und sage Jeff, dass es für den Boss ist. Ich widersetze mich dem Befehl des Besitzers, weil ich eine Kardinalregel des Kellnerdaseins beachte – immer auf der Seite des Chefkochs zu stehen. Ein Chefkoch kann über Wohl oder Verderben eines Kellners entscheiden. Er kann dafür sorgen, dass alle ihre Bestellungen bekommen, nur du nicht. Wenn das Küchenpersonal gegen dich ist, dann ist es aus.

Jeff dankt mir für den Tipp. Nach einer Weile wird der streng geheime Seebarsch aufgetischt. Ich bringe ihn Caesar.

»Jeff weiß nicht, für wen es ist?«, fragt Caesar, sein Atem stinkt nach Zwiebeln und Rotwein.

»Er hat keine Ahnung«, lüge ich.

»Gut.«

Ich stürze mich wieder ins Lunchgewimmel. Es geht so drunter und drüber, dass sogar Sammy bedient. Ich renne zu einem Paar mit kleinen Kindern, entschuldige mich, dass es so lange gedauert hat, und nehme ihre Bestellung auf. Während ich die Kiddie-Meals in das POS-System eingebe, packt mich jemand am Oberarm und wirft mich fast um.

»DU SCHWANZLUTSCHER!«, schreit Caesar. Sein Gesicht ist nur zwei Zentimeter von meinem entfernt. »Du lügendes Stück Scheiße!«

»Was …«, erwidere ich fassungslos.

»DU BIST GEFEUERT!«

»Warum?«

»Ich habe dir doch gesagt, der Chefkoch soll nicht wissen, dass das Essen für mich war!«, schreit Caesar.

Ich blicke hinüber zur Küche. Jeff steht in der Tür. Er zuckt unschuldig mit den Schultern und geht zurück in die Küche.

»Caesar, ich …«

»Verschwinde!«, schreit Caesar. »VERSCHWINDE, VERDAMMT NOCH MAL!«

»Ich muss doch sehr bitten«, sagt der Vater an meinem Tisch. »Hier sind Kinder!«

Caesar ignoriert den Mann und packt mich mit beiden Händen am Kragen.

»Verschwinde, du Schwanzlutscher!«, kreischt er und schüttelt mich.

Caesars heißer Speichel sprüht auf meine Wange und meine Lippen. Ich hebe die Hand und will ihn wegwischen. Caesar stößt sie weg.

Sammy kommt angelaufen. »Caesar«, schreit er. »Lass ihn los.«

»Willst du auch gefeuert werden?«, brüllt Caesar, und seine Halsschlagadern treten hervor. »Dich schmeiße ich auch gleich raus, Sammy!«

Sammy zieht den Schwanz ein. Caesar reißt an meinem Hemd.

Meine Augen verengen sich zu Schlitzen. Meine Hände ballen sich zu Fäusten. Ich denke darüber nach, ob ich nicht da anfangen soll, wo Caesars Herzinfarkt aufgehört hat. Doch die jahrelange Erfahrung mit psychisch Kranken hatt mich eines Besseren belehrt. Mir wird bewusst, dass ich kurz davor stehe, einen 70-jährigen Alkoholiker zu verprügeln. Caesar ist es nicht wert, dass ich seinetwegen ins Gefängnis komme. Ich mache mich von ihm los und gehe auf die Tür zu.

»RAUS!«, ruft Caesar und rennt mir hinterher. »RAUS!«

Ich eile auf den Bürgersteig. Caesar kommt schreiend hinter mir her. Ich will nicht gehen, denn ich habe noch Geld, das dem Restaurant gehört, bei mir. Wenn ich abhaue, könnte ich wegen Diebstahls verhaftet werden. Diese Genugtuung gebe ich Caesar nicht.

»Caesar«, warne ich ihn. »Wenn du noch einen Schritt näher kommst, gibt es Ärger.«

Ein Ausdruck reptilischer Vorsicht tritt in seine Augen. Er weicht zurück, wobei er Obszönitäten von sich gibt. Nach ein paar angespannten Sekunden geht er wieder hinein. Sammy steckt vorsichtig seinen Kopf durch die Tür nach draußen. Als er sieht, dass die Luft rein ist, kommt er raus, um mit mir zu reden.

»Danke, dass du ihn nicht umgebracht hast«, sagt Sammy tief betroffen.

»Mit dem Kerl stimmt was nicht«, sage ich und gebe ihm das Geld. »Ich komme an meinem freien Tag, und er behandelt mich so!«

»Es tut mir so leid.«

»Ich hau ab.«

»Ich werde mit Caesar reden«, sagt Sammy. »Vielleicht kann ich ihn überzeugen, dir deinen Job zurückzugeben.«

»Sag ihm, er soll ihn sich in den Arsch schieben.«

Ich gehe zur Rückseite des Restaurants, wo mein Wagen steht. Meine Hände zittern. Ich biege um die Ecke und sehe Jeff. Er steht an der Hintertreppe und raucht eine Zigarette.

»Mann, Jeff«, sage ich. »Was war das denn?«

»Caesar hat mich gefragt, ob du mir gesagt hast, dass der Fisch für ihn ist«, sagt Jeff. »Das hast du und ich hab's ihm gesagt.«

»Mann«, sage ich wie vor den Kopf gestoßen. »Ich wollte dir helfen. Warum hast du mich verpfiffen?«

»Ich sorge für die Nummer eins, Mann«, sagt Jeff und nimmt einen Zug von seiner Zigarette. »Es ist mir scheißegal, was du denkst.«

Das zweite Mal innerhalb von zwei Minuten denke ich darüber nach, ob ich jemandem mit meinen bloßen Händen den Hals umdrehen soll. Kalter Schweiß läuft mir den Rücken hinunter. Mein Herzschlag und mein Atem gehen immer schneller. Ich glaube, ich habe eine Angstattacke. Ich verzichte darauf, Jeff zu erwürgen. In meinem jetzigen geistigen Zustand ist Zurückhaltung mutiger. Ich steige in mein Auto und fahre davon.

Später am Abend ruft mich mein Bruder an. »Was, zum Teufel, ist passiert?«, fragt er.

Ich erzähle ihm alles.

»Caesar ist verrückt«, erwidert mein Bruder mit matter Stimme.

»Danke, dass du mir den Job verschafft hast«, sage ich. »Aber du brauchst ihn mehr als ich. Ich mach einen friedlichen Rückzug.«

»Vielleicht kann Sammy was für dich tun. Er ist dankbar, dass du Caesar nicht bewusstlos geschlagen hast.«

»Ich war nahe dran, das kannst du mir glauben.«

»Mal sehen, was ich machen kann.«

»Okay.«

»Bis später, Brüderchen.«

Sammy ruft mich ein paar Stunden später an. Für 100 Dollar könne er mir meinen Job zurückgeben, sagt er. Nach ein paar gut gewählten Worten lege ich auf. Seine Dankbarkeit hat er schnell vergessen.

Am nächsten Tag suche ich nach einer neuen Arbeit. Wenn man sich in einem Restaurant bewirbt, sollte man in jedem Fall immer persönlich erscheinen und das Management niemals während der Stoßzeiten belästigen. Das schreit nur nach Unerfahrenheit. Hoffnungsvolle Kellner sollten sich vor der Lunchzeit bewerben oder in der Flautezeit vor dem Abend, vorzugsweise mit Termin.

Als ich zu meinem nächsten Interview fahre, klingelt mein Handy.

»Hallo?«

»Ähm, ja, hallo, bist du es?«, sagt eine mir irgendwie vertraute Stimme.

»Wer ist denn dran?«, frage ich.

»Ich bin's, Fluvio.«

»Fluvio«, sage ich. »Wie geht's dir? Wie läuft dein Restaurant?«

»Ganz gut«, sagt er. »Aber mein Manager ist auf und davon.«

»Auf und davon?«

»Er nimmt Drogen, weißt du?«, sagt Fluvio. »Er ist seit drei Tagen nicht gekommen. Keine Ahnung, wo er ist.«

»Das ist dumm.«

»Du bist gefeuert, hm?« fragt Fluvio.

»Hat sich ja schnell rumgesprochen.« Die Restaurant-Gerüchteküche ist schneller als ein Jaguar.

»Sammy is'n Scheißkerl«, sagt Fluvio. »Hör zu, komm zu mir. Dann reden wir.«

»Brauchst du einen Kellner?«

»Ich brauche einen Manager«, sagt Fluvio. »Ich kenne dich nicht besonders gut, aber nach dem, was ich gesehen habe, kann ich dir wohl vertrauen.«

»Obwohl mein Bruder schuld ist, dass du rausgeschmissen wurdest?«, frage ich ungläubig.

»Keine Sorge«, sagt Fluvio. »Warum kommst du nicht morgen, und wir reden.«

»Wie wär's mit zwei Uhr nachmittags?«

»Ist gut, bis morgen.«

Ich lege auf. Ein Lächeln umspielt meine Lippen. Ich weiß, dass Fluvio mich einstellen wird. Ich kichere leise vor mich hin. Ich arbeite erst seit acht Monaten als Kellner und habe schon ein Angebot für einen Posten als Manager. Ich werde ein paar Monate in Fluvios »Bistro« arbeiten, dann ist ein Jahr um, und danach werde ich weitersehen. Ich zerknülle die Liste mit den Restaurants, bei denen ich mich vorstellen wollte, und werfe sie in den Müll.

DER JEDI-KELLNER

O ber!«, jammert mein Gast, ein teuer gekleideter Wall-
Street-Typ. »Warum kann ich denn heute das Pollo Cardinale nicht bekommen?«

»Weil heute Silvester ist, Sir«, antworte ich geduldig. »Wir haben heute eine spezielle Abendkarte.«

»Ich kann also nichts von der normalen Karte bestellen?«

In ein paar Stunden beginnt das Jahr 2006. Seit sechs Jahren arbeite ich in Fluvios Restaurant »The Bistro«. Ich schufte nicht
mehr als Padawan-Kellner im »Amici's«. Ich bin jetzt ein vollwer-
tiger Jedi-Kellner. Mittlerweile habe ich eine beliebte Webseite
namens »Waiter Rant«, auf der ich meine Restaurant-Kriegsge-
schichten zum Besten gebe. Millionen von Menschen kennen mich
als anonymen Internetautor unter dem Namen »The Waiter«.

Aus jahrelanger Erfahrung weiß ich, dass ich mit diesem Gast
vorsichtig umgehen muss. Wenn Leute zum Essen ausgehen,
wollen sie das Wort *Nein* nicht hören.

»Pollo Cardinale ist normalerweise ein Herbstgericht, Sir«, erkläre ich. »Zu Silvester macht der Küchenchef traditionelle Win-
tergerichte, die er als Kind in der Toskana immer gegessen hat.«

»Oh«, sagt der Mann, und sein Gesicht hellt sich auf. »Das
klingt wundervoll.«

Meine Erklärung ist vollkommener Blödsinn. Pollo Cardinale,
ein Hühnergericht mit gerösteten Paprikaschoten, Mozzarella
und Champignons, ist an keine Jahreszeit gebunden. Ich habe
gelogen.

Ich habe gelogen, weil ich nicht jedem Gast erklären kann, dass der Besitzer seine Speisekarte für die Feiertage auf eine Auswahl zusammengestrichen hat, die höchsten Profit verspricht. Dieser unangenehme Beigeschmack der harten Realität würde sich negativ auf mein Trinkgeld auswirken. Da ich aber in die Gourmetsprache ausgewichen bin, in diesen verführerischen Klang der Feinkost-Zeitungen, hat der Typ den Köder, die Schnur und das Blei geschluckt. Mein Trinkgeld ist mir sicher.

»Das Wildschwein ist heute Abend sehr zu empfehlen, Sir«, fahre ich fort. »Sie können es entweder an Porcini-Trüffelsauce oder einer Variation aus weißen Bohnen, Gänseconfit und Kaninchenwurst haben.«

Der Mann starrt mich an, ihm läuft das Wasser im Mund zusammen. Ein guter Ober wird jeden Gast dazu bringen, das zu bestellen, was er gerade verkaufen will. Es ist ein alter Jedi- – ich meine, Ober- – Psychotrick.

»Oh, Gott«, haucht der Mann. »Ich glaube, das nehme ich.«

»Ich empfehle medium-rare, Sir.«

»Ich nehme Ihren Rat gern an, Ober. Sie scheinen Bescheid zu wissen.«

»Ja, Sir. Danke, Sir. Soll es das mit der Pilzsauce oder mit dem Gänseconfit und der Wurst sein?«

»Mit der Gänsefüllung.«

»Sehr gut, Sir.«

Der nächste Tisch bestellt eine 300-Dollar-Flasche Brunello. Ich hole sie aus dem Weinkeller und überreiche sie dem Gastgeber. Nachdem er das Etikett studiert hat, zücke ich meinen teuren schwarzen Hirschhorn-Laguile-Weinöffner, lasse die Schneide herausschnappen, mache einen schnellen vertikalen Schnitt in die Kappe, halte die Flasche am Hals und entferne die Kappe mit einer einzigen fließenden Bewegung. Ich klappe das Messer wieder ein, öffne den Korkenzieher einhändig, stecke die rostfreie Stahlspirale in die Mitte des Korkens und drehe ihn, nicht zu weit, damit keine lästigen Korkenkrümel in den Wein gelangen. Ich setze die Schenkel an den Rand der Flaschenöffnung, so dass sie sie fest umschließen, ziehe den Hebel zu und wieder auf, und der Korken gleitet ohne Ton heraus.

Das alles mache ich, ohne meinem Tun besondere Aufmerksamkeit zu schenken. Ich habe es schon 20 000 Mal gemacht. Es ist mir in Fleisch und Blut übergegangen. Stattdessen höre ich den jungen Leuten am Tisch hinter mir zu. Sie reden darüber, dass sie ein Baby bekommen.

Ich gieße mit einer gekonnten Drehung der Flasche etwas Wein ein. Kein Tropfen geht daneben. Der Gastgeber kostet. Es mundet ihm, ich schenke nach. Den Flaschenrand wische ich mit einer Serviette ab und beantworte Fragen zum Festtagsmenü. Die eingeübten Adjektive kommen mir leicht über die Lippen. Getäuscht von der Maske geheuchelten Interesses, denken die Gäste, dass meine ganze Aufmerksamkeit ihnen gilt. Aber so ist es nicht. Ich höre immer noch dem Paar hinter mir zu. Das Mädchen hat Angst davor, Kinder zu kriegen. Sie hat Angst, dass sie sie genauso im Stich lässt. wie ihre Mutter sie im Stich gelassen hat. Ihr Mann sagt ihr, sie solle sich keine Gedanken machen. Sie sei nicht ihre Mutter. Sie sei vollkommen anders. Sie würde eine wundervolle Mutter sein. Sie würden glücklich sein.

Der Gastgeber des Vierertisches dankt mir. Seine Frau lobt mein Gedächtnis. Wie können Sie sich all das merken? Ich reagiere mit einer geistreichen Antwort. Sie lachen. Dann sage ich, dass ich ihnen ein paar Minuten Bedenkzeit gebe. Ich drehe mich um und blicke zu dem Tisch hinter mir. Das Mädchen hat Tränen in den Augen. Der Junge hält ihre Hand. Zum tausendsten Mal erstaunt es mich, wie viel die Menschen in einem Restaurant von sich preisgeben. Es sollte mich nicht wundern. Wenn sich die Leute vollstopfen, dann entblößen sie sich. Essen ist ein primitiver Akt, der eine Reihe emotionaler Reaktionen hervorruft. Denken Sie bloß an all die Streitereien am Abendbrottisch einer Familie. Nahrung und das Wohlbefinden eines Menschen sind untrennbar miteinander verknüpft. Darum bekommen Kellner oft die unerfreulichen Seiten eines Menschen zu Gesicht. Doch trotz aller Launenhaftigkeit, Wut und Eitelkeit flackert dann und wann ein Fünkchen menschlicher Anmut auf. Ich blicke das Mädchen und den Jungen an. Sie brauchen ihre Privatsphäre. Es ist ein wichtiger Augenblick. Ich gehe weg.

Das »Bistro« ist ein kleines Restaurant mit 50 Plätzen in einer Künstlergegend irgendwo bei New York. Ein langes Rechteck, versteckt in einem alten Gebäude, die Wände sind cremefarben gestrichen, die hohen Decken und das offen liegende Rohwerk sind terracottarot. Fast die gesamte linke Hälfte des »Bistro« macht die Küche aus, die Tische stehen parallel dazu an der rechten Wand des Restaurants. Bilder von italienischen Landschaften im Stil des Impressionismus hängen an den Wänden, und große Deckenventilatoren aus Holz bewegen die Luft. Kerzen flackern in der Mitte der mit Leinentischtüchern bedeckten Tische und bilden einen warmen Gegenpol zu dem gedämpften Licht, wechselnde Muster von Licht und Schatten spielen an den Wänden und auf dem polierten Holzfußboden. Das Bistro bietet norditalienische Küche – toskanische, um genau zu sein: viel Wild, Wildschwein, Geflügel, Fisch, getrocknetes Gemüse und die ewigen Porcinipilze. Von Zagat bewertet und von der *New York Times* besprochen, erfreut sich das Restaurant eines sehr guten Rufs und wird von vielen der Berühmtheiten, die in der Nähe wohnen, besucht. Rechnet man überdurchschnittliche Einkommen und dementsprechende Preise auf der Speise- und Weinkarte zusammen, erkennt man schnell, dass das »Bistro« für einen Kellner eine Goldgrube ist.

Meine Finger gleiten über den Touchscreen des POS-Computers. Dabei beobachte ich die anderen Kellner. In der Nähe des Eingangs sehe ich Inez, unsere peruanische Kellnerin, deren Studentenvisum abgelaufen ist und die Schwierigkeiten hat, mit den anderen Schritt zu halten. Groß, blond und wie eine Athletin gebaut, ist Inez als Kellnerin ein Desaster; sie ist langsam, streitsüchtig und will immer früher nach Hause gehen. Inez und ich gehören zu den Menschen, die einander auf der Arbeit hassen, aber nach Feierabend gut miteinander auskommen. Wenn Inez ihre unweibliche Kellnerinnenkleidung – weiße Bluse, schwarze Hose und schlecht geknotete Krawatte – ablegt, ist sie plötzlich eine andere Frau, hübsch und quirlig. Dann macht es Spaß, mit ihr zusammen zu sein. Im Moment allerdings möchte ich sie erwürgen.

»Louis«, frage ich den Kellner, der darauf wartet, dass ich am Computer endlich fertig bin. »Wie viele Gäste hat Inez heute gehabt?«

»Nicht viele«, grummelt Louis. »Ich kann nicht glauben, dass wir unser Trinkgeld mit ihr teilen müssen.«

Ich kann Louis verstehen. Für die meisten Kellner ist Silvester die größte Geldnacht des Jahres. Letztes Jahr habe ich innerhalb von zehn Stunden fast eine Monatsmiete verdient. Wegen der Menge der Einnahmen will Fluvio, dass wir die Trinkgelder zusammenlegen und dann am Ende der Nacht gerecht teilen. Normalerweise arbeitet jeder Kellner im »Bistro« für sich und behält nur das Trinkgeld, das er von seinen Tischen bekommt. Silvester, Valentinstag und Muttertag sind die wenigen Gelegenheiten im Jahr, wo wir unser Modell des unabhängigen Unternehmers aufgeben und Gemeinschaft spielen. Trinkgelder zusammenzulegen ist in Ordnung – solange jeder seinen Beitrag leistet. Aber eins ist sicher: Inez verdient genauso viel wie die anderen, bedient aber nur halb so viele Kunden.

»Verdammt«, sage ich. »Ich habe schon 400 Dollar Trinkgeld eingenommen.«

»Ich wette, sie hat noch nicht einmal 100«, murmelt Louis. Er ist über 1,80 Meter groß und einer der erfahrensten Kellner, die je im »Bistro« gearbeitet haben. Er hat alles durch, vom Diner bis zum exklusiven französischen Restaurant, und wenn jedes Restaurant mindestens einen schwulen Kellner haben muss, dann ist Louis schwul genug für zwei. Louis, der sich entweder übertrieben schwul oder als eingefleischter Republikaner gibt, ist der Liebling der Kunden.

»Sieh es von der sonnigen Seite«, sage ich. »In ein paar Monaten zieht sie in den Norden.«

»Geht sie zurück zur Schule?«

»Das behauptet sie zumindest«, sage ich. »Sie sagt, sie will dort in einem Restaurant arbeiten.«

Ich logge mich aus dem POS-Computer aus und lasse Louis ran.

»Alles klar?«, frage ich und klopfe ihm auf die Schulter.

»Ich halte durch, Bruder!«

»Noch fünf Stunden.«

»Sobald ich zu Hause bin«, sagt Louis und grinst, »ziehe ich mir erstmal ein Pfeifchen rein.«

»Wenn es dich glücklich macht«, lache ich.

Marihuana scheint für Kellner die Droge ihrer Wahl zu sein. Heute Abend werden gestresste Kellner weltweit 20 Prozent der weltweiten Vorräte aufrauchen. Und ich? Ich bin eher ein Wodka-Mann.

Silvester sollte eigentlich kein stressiger Feiertag sein. Da die Gäste nur zwischen ein paar Hauptgerichten wählen können, ist das Aufnehmen von Bestellungen ein leichtes Spiel. Man muss keine komplizierten Menüs zusammenstellen oder sich lange Listen von Tagesempfehlungen merken. An Silvester gibt es im »Bistro« nur drei Reservierungszeiten – 17.30 Uhr, 19.30 Uhr und 22 Uhr. So können wir die Gäste in einer gesitteten Art und Weise abfertigen. Silvester ist aber dennoch stressig, weil die Kunden große Summen ausgeben und dafür ein exquisites Erlebnis erwarten.

Ich mache ihnen keinen Vorwurf. Jeder Kellner wird Ihnen

aber sagen, dass Feiertage der schlechteste Zeitpunkt zum Ausgehen sind. Durch die bloße Masse von Gästen fällt es den Küchen schwer, ein hochwertiges Produkt herzustellen. Dazu kommen gequälte Kellner und Besitzer, die auf schnellstem Weg viel Geld verdienen wollen. Deshalb wird es meist ein sehr teurer und enttäuschender Abend. Da immer von oben nach unten getreten wird, lassen die Gäste ihren Unmut für gewöhnlich an den Kellnern aus.

Natürlich ist jedes Restaurant anders. Das Küchenpersonal des »Bistro« ist immer mehr als beschäftigt, aber die Qualität des Essens leidet nicht darunter – die Größe der Portionen allerdings schon. Als ich die Teller an meinen ersten Tisch des Abends bringe, sehe ich, dass die Salatbeilagen um die Hälfte zusammengeschrumpft sind und vom Lammrücken ein paar Scheiben fehlen. Die Stammgäste haben es bemerkt und zögern auch nicht, sich zu beschweren. Ich habe das Bedürfnis, ihnen die Meinung zu sagen. »Was haben Sie erwartet? Auf der ganzen Welt ist es heute Nacht das Gleiche.« Leute mit Köpfchen gehen an Tagen, an denen Restaurants voll sind, also samstags und an Feiertagen, nicht aus. He, am besten habe ich immer an ruhigen Dienstag- oder Mittwochabenden in Restaurants gegessen.

Plötzlich tippt mir jemand auf die Schulter. Es ist Saroya.

»Wir haben ein Problem«, sagt sie.

Saroya, eine kurvige 27-jährige Nicaraguanerin mit einnehmendem Lächeln und glänzendem schwarzem Haar, arbeitet, abgesehen von mir, am längsten im »Bistro«. Sie hat eine sehr kluge und freundliche siebenjährige Tochter. Kürzlich ist Saroya wie in einem kleinen romantischen Restaurantdrama mit dem Souschef Armando zusammengezogen. Armando ist der Cousin des Besitzers, und jetzt tut Saroya so, als sei sie befördert worden. Diese Restaurantromanzen bringen immer nur Probleme mit sich. Ich mag Saroya, aber ich weiß auch, dass sich hinter ihrem süßen, lächelnden Äußeren ein knallharter Charakter verbirgt.

Wahrscheinlich muss man hart sein, wenn man im neunten Monat schwanger nach Amerika reist, damit die Tochter als amerikanische Staatsbürgerin zur Welt kommt. Ich rechne es ihr hoch an. Sie passt auf sich auf und hat ein ausgeglichenes Kind. Ich bin fast 40 und noch nicht einmal kurz davor, Vater zu werden.

»Was ist los?«, frage ich.

»Da sind ein Mann und eine Frau in der Damentoilette«, flüstert Saroya mit kaum hörbarem lateinamerikanischem Akzent. »Und sie sind da schon eine ganze Weile.«

»Nett.«

»Einige Damen werden sauer, weil sie die Toilette nicht benutzen können.«

Das »Bistro« hat zwei kleine Toiletten, die jeweils nur von einer Person aufgesucht werden können. Manchmal lässt sich ein betrunkenes Paar von Geilheit übermannen, macht auf dem WC wilde Sachen und benutzt das Waschbecken als wenig stabile Unterlage beim Geschlechtsverkehr. (Ich kenne ein Restaurant, in dem beim Liebesspiel eines Paares das Waschbecken abgebrochen ist.) Die Damentoilette ist ein wenig geräumiger und schöner als das Männerklo, und darum verbringen die meisten Gäste ihre alkoholisierten Schläferstündchen dort.

»Ich kümmer mich drum«, seufze ich. Seit wann gehört es zu meinem Job, das Liebesspiel von irgendwelchen Leuten zu unterbrechen? Ich hatte gedacht, ich hätte das Priesterseminar verlassen.

Ich gehe also rüber zur Damentoilette und treffe auf einige Frauen, die ungeduldig warten.

»Sind sie noch da drin?«, frage ich eine Frau.

»Ja«, sagt sie unglücklich.

Ich horche an der Tür, höre aber nicht die Geräusche, die man normalerweise mit einer sexuellen Vereinigung in Zusammenhang bringt. Vielleicht sind sie fertig. Ich klopfe herrisch.

»Alles in Ordnung?«, frage ich durch die Tür.

»Uns geht es gut«, antwortet eine zitternde Frauenstimme. Ich schwöre, im Hintergrund höre ich, wie ein Hosenschlitz zugezogen wird.

»Hier sind ein paar Leute, die die Toilette benutzen wollen«, sage ich und lasse die Worte im Raum stehen.

»Ich komme«, antwortet die Frau. Ein Wortspiel ist nicht beabsichtigt, da bin ich mir sicher.

Nach wenigen Sekunden öffnet sich die Tür, und ein Mann und eine Frau stolpern heraus. Das Gesicht der Frau ist leicht gerötet, und ihr Cocktailkleid ist zerknittert. Ihr Freund hat stecknadelgroße Pupillen, seine Augen sind gerötet, und geradeaus kann er auch nicht gucken. Er ist total high. Die beiden gehen gesenkten Blickes und beschämt Entschuldigungen murmelnd zurück an ihren Tisch. Bevor ich den Zutritt zur Damentoilette freigebe, werfe ich kurz einen Blick rein. Ich will nur nachsehen, ob alles in Ordnung ist. Manchmal vergessen die Leute, hinter sich sauber zu machen. Zufrieden sehe ich, dass das Waschbecken noch intakt ist, und stelle die Toilette den Gästen wieder zur Verfügung.

»Glaubst du's?«, fragt Saroya.

»Ich glaube es«, antworte ich.

»Was ist denn passiert?«, will Louis wissen.

»Da hatten welche wieder Sex in der Toilette«, sage ich.

»Die beiden?«, prustet Louis. »Ich habe sie vorhin schon zusammen auf der Toilette gesehen.«

»Du meinst, die haben zwei Nummern in der Restauranttoilette geschoben?«

»Nee«, sagt Louis. »Das erste Mal haben sie, glaube ich, Koks geschnupft.«

»Sehr stilvoll.«

Ich blicke auf meine Uhr. Die Bestellungen meiner Gäste müssten fertig sein. Ich schaue zu dem Tisch, an dem das junge Paar sitzt. Die beiden halten noch immer Händchen. Das Mädchen hat aufgehört zu weinen. Zwei Menschen, die einen außergewöhnlichen Augenblick in einem gewöhnlichen Restaurant erleben. Manchmal sind die kleinen Momente die Chance für einen Neuanfang. Dieses junge Paar erlebt gerade einen solchen Moment. Die Augen des Mädchens leuchten. Vielleicht wird sie das Baby jetzt doch bekommen. Wenn man in einem Restaurant arbeitet, mangelt es nie an interessanten Geschichten. Man lernt alles Mögliche über Menschen, wenn man beobachtet, wie sie essen. Ich glaube, ich habe gute Antennen für das, was um mich herum vorgeht. Ich wollte schon immer die *Geschichten* der Leute erfahren. Dieses Bedürfnis entwickelte sich schon früh in meinem Leben. Zu wissen, wie die Leute ticken, half mir, mich vor ihnen zu schützen. Ich konnte die Stimmungen und Gefühle der anderen Menschen einschätzen. Bis heute weiß ich oft, was Leute fühlen, bevor es ihnen selbst klarwird. Als Kind lernte ich, auf den Klang einer Stimme zu achten, der Wortwahl besondere Aufmerksamkeit zu schenken und die Körpersprache zu beobachten, wenn Leute redeten. Ich entwickelte ein Talent dafür, Lügner zu erkennen und emotionale Ausbrüche vorherzusagen. Mein Pfarrer im Priesterseminar sagte, ich könne ganze Horizonte erkennen. Manchmal aber interpretierte ich etwas falsch und bekam Ärger. Dann wieder handelte ich, ohne alle Fakten zu kennen. Meine Zeit auf der Analysecouch hat mich schließlich von diesen dummen Verhaltensweisen abgebracht. Aber wie das Training in einem längst vergangenen Krieg, so ist es mit meinem guten Gehör für Dialoge und meinen Antennen für menschliche Gefühle – ich habe sie nicht verloren. Noch immer will ich die *Geschichten* von Menschen wissen. Es ist wirklich erstaunlich, was man alles sieht, wenn man die Augen offen hält.

Ich steuere auf die Küche zu, muss dabei den Hilfskellnern mit ihren schweren Tabletts voll schmutzigem Geschirr ausweichen und ignoriere die auffordernden und umherschweifenden Blicke der Gäste. Als ich den Vorhang zur Seite schiebe, der die Küche vom Servierbereich trennt, tauche ich in eine andere Welt ein. In der engen Küche lodern die Temperamente, spanische Musik spielt, Schürzen wirbeln herum, Männer brüllen, Wasser spritzt, und das Geschirr klappert wie überdimensionale 10-Cent-Stücke auf den Edelstahl-Arbeitsplatten. Das kontrollierte Chaos.

»Wo ist mein Essen?«, schreie ich.

»Verpiss dich«, ruft Armando von seinem Posten in der Nähe des brütend heißen Heißluftherds. »Siehst du nicht, dass ich zu tun habe?«

Armando ist ein gut aussehender, kräftig gebauter Mann. Er ist gesegnet mit einer schönen römischen Nase und einem schmalen Gesicht, und um seine Lippen spielt immer ein humorvolles Lächeln. Obwohl er sich 60 Stunden die Woche in der Küche abrackert, schafft es Armando irgendwie jeden Morgen ins Fitnesscenter. Dank seiner Disziplin kann er mit Leichtigkeit 180 Kilo stemmen. In einer Welt, in der die Medien unflätige und beleidigende Chefköche umschwärmen, ist Armando noch mit einer angenehmen Persönlichkeit und einem echten Sinn für Professionalität gesegnet. Das ist mein Glück. In all den Jahren, in denen wir zusammenarbeiten, habe ich ihn nur einmal ausflippen sehen. Vertrauen Sie mir, das ist für einen Chefkoch ungewöhnlich.

»Ich habe die Bestellung vor 20 Minuten reingegeben«, rufe ich zurück.

Armando liest den Zettel durch, sieht, dass ich recht habe, und zeigt mir den Stinkefinger.

»Diesmal hast du recht«, ruft er.

Während ich warte, nehme ich mir eine Tasse Kaffee und beobachte Fluvio, der acht Pfannen auf einem Sechsflammen-Herd hin und her schiebt.

»Ich bin ja froh, dass du noch weißt, wie man kocht, Boss«, rufe ich. »Dachte schon, du hast es verlernt.«

Fluvios Gesicht ist eine Maske der Konzentration. Ich weiß

nicht, ob er mich gehört hat. Fluvio kocht selten selbst in seinem eigenen Restaurant. Doch heute Nacht ist so viel los, dass er gezwungen war, sich die Schürze umzubinden und sich ins Schlachtgetümmel zu werfen. Nachdem er sich aus einem sadistischen Umfeld, in dem Chefköche geschmiedet werden, hochgearbeitet hat, überlässt Fluvio die Schwerstarbeit in der Küche lieber anderen. Das ist in der Welt der Gastronomie nicht ungewöhnlich. Haben Sie sich je gefragt, warum die Kittel vieler Küchenchefs von so einem makellosen Weiß sind? Weil sie die meiste Zeit im Servierbereich bei den Gästen verbringen, freundlich mit ihnen plaudern und begierig die Lobpreisungen hören. Noch Jahre nach Anthony Bourdains ironischem Buch *Geständnisse eines Küchenchefs* sind die Leute immer schockiert, wenn sie feststellen, dass ein illegaler Einwanderer namens Ramon alle Speisen zubereitet.

Fluvio ist ein interessanter Typ. Bevor er in die Nähe einer Kochschule kam, war er bei der italienischen Marine, hat als Leibwächter gearbeitet, war in einer Apotheke angestellt und hat sogar sein Glück mit Cluborganisation versucht. Er stolperte in eine schlechte Ehe, bekam zwei Kinder und ließ sich scheiden. Danach verließ er Italien mit dem Kochdiplom, kochte an exotischen Orten wie Saudi-Arabien, Indien, New York und New Jersey. Als er im »Amici's« arbeitete, lernte er Bridget kennen. Nach 18 Monaten heirateten sie, eröffneten ein Restaurant, kauften ein Haus und bekamen ein Baby. All diese Veränderungen in so kurzer Zeit würden jeden anderen zerbrechen. Nicht Fluvio. Jetzt, nach sechs Jahren, wird er unruhig. Vor ein paar Wochen sagte er mir, er denke darüber nach, ein zweites Restaurant zu eröffnen. Das traue ich ihm glatt zu.

Plötzlich läutet die Küchenklingel. Ich balanciere die heißen Teller in den Händen und auf den Armen ins Restaurant, wo ich sie an meinen Tisch bringen will. Auf halber Strecke merke ich, dass ich die Temperatur der Teller unterschätzt habe. Die Hitze des Tellers auf meinem Unterarm brennt sich durch meinen Ärmel. Vor Schmerz beiße ich die Zähne zusammen und muss an die Shaolin-Schüler aus der Fernsehsendung *Kung Fu* denken, die einen kochend heißen Eisenkessel mit den bloßen Händen greifen und sich, bevor sie vollwertige Mönche werden, Tiger und Drachen einbrennen. Wenn die das können, dann schaffe ich das auch.

»Werde eins mit dem Schmerz«, wiederhole ich wie ein Mantra, »werde eins mit dem Schmerz.«

Als ich den Tisch erreiche, schreien meine Schmerzsensoren geradezu danach, den Teller auf den Boden fallen zu lassen. Das aber wäre ein Fiasko, und so ignoriere ich den Schmerz und versuche mein Möglichstes, um mir die Höllenpein, die ich erleide, nicht anmerken zu lassen.

»Ihre Hauptspeisen, meine Damen und Herren«, verkünde ich.

Behutsam serviere ich den Gästen die Teller – Ladies first, dann die Männer. Natürlich ist der Teller, der MADE IN CHINA in Spiegelschrift in meinen Arm einbrennt, der letzte. Ich schwöre, als ich den Teller von meinem Arm nehme, spüre ich, wie sich ein bisschen Haut löst. Meine obere Hautschicht ist wahrscheinlich mit dem Polyesterstoff meines Hemdes verschmolzen.

Ich mache die üblichen freundlichen Bemerkungen, eile dann zur Getränkestation und stecke meinen Arm in einen mit Eiswürfeln gefüllten Sektkühler. Nach einer Minute ziehe ich ihn wieder heraus und kremple den tropfnassen Ärmel hoch. Ich will den Schaden in Augenschein nehmen. Eine rote Quaddel bildet sich auf meinem Arm, so ähnlich, wie wenn man mit einem zu heißen Bügeleisen unvorsichtig umgegangen ist. Aus Erfahrung weiß ich, dass die Verbrennung mehrere Tage zu sehen sein wird – mein ganz eigenes Shaolin-Kellner-Brandzeichen.

Zwangsläufig wird jeder, der in einem Restaurant arbeitet, im Lauf der Zeit ein oder zwei Narben davontragen. Ich habe schon einige.

Die zweite Reservierungsrunde macht sich davon, und die dritte kommt. Das ist das zahlkräftige Völkchen. An einem meiner Zweiertische, wie sollte es anders sein, sitzt ein betrunkener Stammgast in Begleitung einer Hure in einem knappen Kleid, das den Rücken frei lässt und ihren Busen gerade so bedeckt.

»Guten Abend, Sir«, sage ich. »Schön, Sie zu sehen.«

»Bringen Sie mir eine Flasche Dom Perignon«, sagt der Mann. Er ist ein reicher Börsenhändler. Er kann es sich leisten.

»Jawohl, Sir.«

»Was ist denn Dom Perpignoooan?«, will die entzückende Begleitung wissen.

»Champagner, Baby«, sagt der Mann.

»Hä?«, sagt die Frau. Die Arme ist überfordert.

»Ginger Ale mit dem gewissen Etwas«, erkläre ich.

»Ah, gut«, sagt die Hure. »Ginger Ale schmeckt mir.«

Ich hole den teuren Sprudel aus dem begehbaren Kühlschrank und schenke ein. Der Mann hat sich offenbar schon zu Hause medizinisch vorbehandelt. Nach Gin stinkend, schwankt er auf seinem Stuhl hin und her.

Die Hure ist stocknüchtern. Sie liest die Silvesterspeisekarte, und dabei bekommt ihr Gesicht einen Ausdruck mürrischen Unverständnisses.

»Ich weiß nicht, was das alles ist«, sagt sie, Verletzlichkeit in ihrer rauhen Stimme.

Ich blicke die Frau an. Sie ist mindestens zehn Jahre jünger als ich, aber das starke Make-up lässt sie viel älter aussehen. Alle Kellner, die in teuren Restaurants arbeiten, haben von Zeit zu Zeit mit Prostituierten zu tun. Meistens sind es teure Callgirls, die gut in die High Society passen. Diese Frau sieht allerdings so aus, als sei sie auf der Straße aufgelesen worden. Der Börsenhändler könnte sich eine schönere Sexsklavin leisten, aber er mag sie wohl traurig und verzweifelt. Das Mädchen tut mir leid.

»Miss«, flüstere ich. »Was mögen Sie denn?«

»Ich mag Spaghetti mit Fleischklößchen.«

»Wir haben keine Fleischklößchen«, antworte ich. »Aber wir haben Vollkornspaghetti mit Pilzen und Wurst.« Ich meine die Wurst, die wir zusammen mit dem Wildschweinspecial servieren, aber das muss sie ja nicht wissen.

»Mit roter Sauce?«, fragt die Hure.

»Selbstverständlich, Madam.« Das Gericht ist mit weißer Sauce, eine rote zu machen wird aber kein Problem sein.

»Danke«, sagt die Hure. »Wurst mag ich.«

Auch das ist sicherlich kein von ihr beabsichtigtes Wortspiel.

Der Mann und seine Begleiterin essen ihr Dinner. Ich sehe, dass es der Hure schmeckt. Gut. Wenigstens hat sie etwas von dieser schäbigen Angelegenheit. Ihr Begleiter hat die ganze Flasche Dom ausgetrunken und nimmt sich jetzt die Flasche Wein für 700 Dollar vor. Setzte ich ihm eine Leiche zum Schmaus vor, er würde es nicht merken.

Ich treffe viele reiche und erfolgreiche Menschen in meinem Job. Und immer wieder bin ich erstaunt darüber, dass sie einerseits ihr Leben meistern und andererseits absolute Versager sind. Dieser Mann ist ein sehr smarter Finanzexperte – aber er ist auch ein hoffnungsloser Alkoholiker. Und mir tun die Nutten leid, die er mitnimmt. Dieser Typ ist ein Schwein.

Im Handumdrehen ist es Mitternacht. Die Gäste pusten in ihre Papiertröten, drehen ihre Rasseln und rufen aus vollem Hals »Fröhliches neues Jahr«. Ich gehe herum und wünsche allen Kunden an meinen Tischen ein gutes 2006. Die Frau mit den Kunstperlen an Tisch 26 starrt mich nur an. Das ist merkwürdig. Sie hat mich doch, seit sie hier ist, immerzu angelächelt. Bevor ich mir weiter darüber Gedanken machen kann, öffnet Louis eine Flasche Champagner und lässt sie herumgehen.

»Frohes neues Jahr, Mann«, sagt er und bietet mir einen Schluck an.

»Frohes neues Jahr, Louis«, sage ich und nehme ihm die Flasche ab.

»Wie geht es deinem Börsenhändler?«

»Sein Blutalkohol muss bei 25 Prozent liegen«, sage ich und genehmige mir einen Schluck. Bäh. Billiger Fusel. Ich ziehe Veuve Cliquot vor.

»Der fährt doch nicht mehr nach Hause, oder?«

»Nein«, sage ich. »Er nimmt sich immer ein Taxi.«

»Meinst du, der kriegt seinen kleinen Schwanz noch hoch?«

»Wahrscheinlich nicht«, lache ich. Der Hure zuliebe bin ich froh darüber.

Gegen halb zwei gehen die Gäste nach Hause. Natürlich sind der Börsenhändler und die Hure die Letzten. Ich lege dem Mann eine Rechnung über 1500 Dollar vor die Nase. Eine halbe Stunde später hat er sie noch immer keines Blickes gewürdigt und quatscht seine Begleiterin lieber mit Banalitäten voll. Ich beschließe, ein wenig nachzuhelfen.

»Darf ich, Sir?«, frage ich und deute auf die Rechnung. (Das heißt in der Kellnersprache: »Mach, dass du rauskommst.«)

»Oh«, sagt der betrunkene Börsenhändler. Nach ein paar unbeholfenen Sekunden zieht er eine American-Express-Karte aus seiner Brieftasche.

»Ich wette, so eine haben Sie noch nie gesehen«, sagt er und reicht mir die Kreditkarte. Eine schwarze Amex-Karte fühlt sich an wie eine Keramikkachel. Man sagt, damit kann man eine Yacht kaufen. Pro Woche sehe ich mindestens eine.

»Nein, Sir«, schwärme ich. »Das stimmt. Sie sind einmalig.«

»Verdammt richtig«, sagt der Händler und rülpst.

»Bin gleich zurück, Sir.«

Ich ziehe die Karte durch das Lesegerät. Sie wird akzeptiert. Eine Rechnung über 1500 Dollar ist für den Typen eine Kleinigkeit. Ich kehre zum Tisch zurück, der Mann nimmt mir die Mappe mit der Rechnung aus der Hand, trägt die Trinkgeldsumme ein, unterschreibt mit einem Schnörkel und gibt sie mir zurück.

»Was sag'n Sie zum Trinkgeld?«, fragt er und glotzt.

Ich schlage die Mappe auf. Für 1500 Dollar hat der Mann mir 250 Dollar Trinkgeld gegeben. Ungefähr 17 Prozent. Natürlich sind 250 Dollar kein Pappenstiel, aber der Typ ist das ganze Jahr über eine Nervensäge gewesen. Ich will *mehr* haben.

Ich sehe dem Mann in seine versoffenen Augen und setze meinen Tausend-Yard-Kellner-Blick auf. Mit den Jahren habe ich Rizzos Variante perfektioniert. Der Blick ist im »Bistro« legendär und bekannt dafür, dass er Personal, Kellner sowie kleine schreiende Kinder in Angst und Schrecken versetzt und Filmstars zum Stottern bringt. Der Typ hat keine Chance.

»Nein«, sage ich. »Das gefällt mir nicht.«

Der Mann starrt mich mit offenem Mund an. Nach ein paar Sekunden bittet er um die Mappe mit der Rechnung, streicht den Betrag durch und trägt einen neuen ein.

»Bitte schön«, sagt er.

»Ich danke Ihnen, Sir«, erwidere ich.

»Keine Ursache.«

»Madam«, sage ich und wende mich an die Hure. »Ein glückliches und gesundes neues Jahr.«

»Danke, Schätzchen«, sagt die Prostituierte.

»Yeah«, platzt der Börsenhändler heraus. »Frohes neues Jahr.«

Ich gehe in den hinteren Bereich des Restaurants und schlage die Mappe auf. Das neue Trinkgeld? 500 Dollar.

»Sieh dir das an«, sage ich und zeige Louis die Rechnung.

»Heiliger Strohsack«, ruft er aus. »Wie hast du das denn hingekriegt?«

Ich lächle hinterhältig. »Ich kann es einfach nicht lassen, den einen oder anderen Betrunkenen auszunehmen.«

»Du bist unmöglich.«

»Der Typ war das ganze Jahr über eine Nervensäge. Vielleicht will er es auf diese Weise wiedergutmachen.«

»Vielleicht hast du recht.«

»Jetzt muss ich mein Trinkgeld mit Inez teilen«, seufze ich. »Ich habe ungefähr 1200 Dollar gemacht. Und wo steht sie?«

»Bei etwa 500«, sagt Louis.

»Ziege.«

Endlich ist das »Bistro« leer. Weil ich das meiste Trinkgeld eingenommen habe, sitze ich auf meinem Hintern, trinke Champagner und sehe den anderen dabei zu, wie sie saubermachen. Ich sorge dafür, dass Inez besonders schwer arbeiten muss. Als alle fertig sind und jeder sein Trinkgeld bei Fluvio abholt, habe ich schon einen in der Krone. Zwar schrumpfen wegen Inez meine Einnahmen zusammen, trotzdem habe ich immer noch eine Menge Geld verdient. Dann schließt Fluvio ab, und wir ziehen zum nahe gelegenen Nachtclub, weil wir dort ins neue Jahr feiern wollen. Inez und ich vergessen unseren Groll und tanzen Cha-Cha-Cha auf der Tanzfläche. Das ist das Schöne daran, Kellner zu sein – der Ärger von der Arbeit bleibt, wo er hingehört. Leider kann ich überhaupt nicht tanzen.

»Und, was hast du dir für das neue Jahr vorgenommen?«, fragt mich Inez, als wir uns wieder an die Bar begeben.

»Keine Ahnung«, antworte ich.

»Was ist mit deiner Webseite?«, fragt sie. »Wie geht es damit voran?«

»Es macht mir Spaß«, antworte ich. »Und es ist billiger als Psychotherapie.«

Inez muss lachen. »Jeder Kellner sollte mal sein Oberstübchen untersuchen lassen.«

»Du sagst es.«

»Meinst du, das wird was mit der Webseite?«, fragt Inez.

»Was?«

Inez beugt sich zu mir und ist plötzlich sehr ernst.

»Ich habe deine Sachen gelesen«, sagt sie. »Ich finde, dass du gut schreibst.«

»Danke.«

»Vielleicht solltest du darüber nachdenken, das hauptberuflich zu machen.«

»Vielleicht«, erwidere ich leise.

Inez drückt meinen Arm. »Hör auf, Tische zu bedienen! Mit deinem Verstand solltest du etwas anderes machen.«

»Nun«, antworte ich und will das Thema wechseln. »Im Moment will der Verstand sich eigentlich nur betrinken.«

»Versprich mir, dass du es zumindest versuchst«, sagt Inez. »Hör auf, für Fluvio zu arbeiten. Er weiß nicht, was er an dir hat.«

»Ach, komm. Fluvio ist nicht so schlecht.«

»Versprich mir, dass du eines Tages ein Buch schreibst.«

»Das mache ich.«

Der Barkeeper stellt die Drinks vor uns hin.

»Salud«, sagt Inez. »Auf meinen Freund, den Schriftsteller.«

»Er schaut dir in die Augen, Kleines.«

Die Nacht schleppt sich dahin. Ich trinke mich um den Verstand. Als ich nach Hause torkle, dämmert es. Ich schleiche in das verschlafene Gebäude, und das Geräusch des Schlüssels im Schloss hört sich an wie das Weinen eines Kleinkindes. In meiner Wohnung empfängt mich nur der pfeifende Ton aus dem Ventil des alten Heizkörpers. Die Wohnung ist leer. Meine Ex-Freundin Alice hat hier bis vor zwei Jahren mit mir zusammengewohnt. Jetzt teilen wir uns nur noch das Sorgerecht für unseren Hund Buster. Er ist heute Abend auch nicht da. Ich trotte durch die Stille in die Küche und spüle vorsichtshalber zwei Aspirin mit stillem Mineralwasser herunter. Das »Bistro« ist am Neujahrstag geöffnet, und ich muss in acht Stunden wieder dort sein. Ich will nicht dehydriert und mit einem Kater aufwachen.

Ich trinke das Wasser und schaue dabei aus dem Fenster. Die Sonne färbt bereits die grauen Umrisse des kalten Ostküstenhimmels. Ich frage mich, ob ich im nächsten Jahr um diese Zeit immer noch als Kellner arbeiten werde. Dieser Gedanke beunruhigt mich. Das Kellnerdasein sollte vorübergehend sein, bis ich wissen würde, was ich aus meinem Leben machen will. Jetzt beginnt mein siebtes Jahr im Gastgewerbe. Ich vermute, dass es mir immer noch schwerfällt, dahinterzukommen, was ich werden will, wenn ich einmal erwachsen bin.

Ich trinke aus und gehe ins Schlafzimmer. Ich ziehe die nach Knoblauch und Fett riechenden Kleider aus und werfe sie in die Ecke. Eigentlich sollte ich duschen, aber ich bin zu müde. Leicht nach Trüffelöl riechend, krieche ich unter die Decke und lege meinen Kopf aufs Kissen. Kurz bevor ich wegdrifte, erinnere ich mich daran, dass ich vergessen habe, der Dame an Tisch 26 ihren dritten Cosmopolitan zu bringen.

Kein Wunder, dass sie aufgehört hat zu lächeln.

ARMUT

An einem Nachmittag zwei Wochen später: Die Mittagsgäste sind gekommen und gegangen. Ich sitze an einem der hinteren Tische und lese die Zeitung. Da sehe ich Beth, die Lunchkellnerin, die mürrisch auf ihren Kaffee starrt. »Was ist denn los?«, frage ich. »Mieses Trinkgeld?«

»Ich habe den Kopf voller Sorgen«, antwortet Beth missmutig.

»Was Ernstes?«

»Rechnungen«, sagt sie.

»Oh.«

»Das Ende des Monats rückt näher, und ich bin, wie immer, pleite.«

Ich nicke mitfühlend. Das kenne ich. Habe ich auch schon durchgemacht.

»Ich bin so sauer auf mich«, murrt Beth wütend. »Ich habe immer zu wenig Geld, weil ich es für überflüssigen Mist ausgebe.«

Einen Moment lang bin ich versucht, Beth davon zu erzählen, wie ich einmal 500 Dollar in einem Striptease-Club in weniger als 50 Minuten auf den Kopf gehauen habe. Aber was in Atlantic City passiert ist, soll in Atlantic City bleiben.

»Wir haben alle schon Blödsinn mit unserem Geld gemacht«, sage ich stattdessen.

»Ach ja?«, sagt Beth. »Wir blöd ist das denn: Ich habe gestern Abend eine Flasche Wodka für 300 Dollar bei ›Butter‹ gekauft.«

78

»300 Dollar für eine Flasche Wodka?«, sage ich. »In einem Spirituosengeschäft bekommst du den für 40 Dollar.«

»Meine Freunde wollten an einem Tisch sitzen«, sagt Beth. »Und wenn du im ›Butter‹ an einem Tisch sitzen willst, dann musst du eine Flasche kaufen. Man kann nicht einfach Drinks bestellen.«

»Das ist ja Wahnsinn.«

»Das ist New York City«, sagt Beth. »Und jetzt habe ich nicht mehr genug Geld für meine Handyrechnung.«

Ich blicke auf das Handy an Beths Gürtel. Ein schickes Stück Plastik mit Kamera, Internetzugang, MP3-Player und großem Farbdisplay. Mit dem Ding kann man sogar Fernsehsendungen herunterladen. Ein cooles und teures Spielzeug. Ich habe auch einmal ein Handy besessen, es aber wieder abgeschafft, nachdem ich eine exorbitante Rechnung zu viel bezahlt hatte. Meine Freunde, entsetzt darüber, dass sie tatsächlich mit mir reden mussten, statt mir Kurzmitteilungen zu schicken, stichelten, ich sei irgend so ein Technikfeind, der sich nach den Tagen des 19. Jahrhunderts zurücksehnt, in denen man sich Briefe schrieb. Ich tat sie als Technik-Junkies ab, bis mir eins klarwurde: Wenn man herumerzählt, dass man kein Handy besitzt, ist es so, als behaupte man, man sehe nur öffentlich-rechtliches Fernsehen. Zwar bin ich stolz auf meine Lossagung vom modernen Kommunikationszwang, aber ich will auch nicht klingen wie ein Birkenstock-Intellektueller, der jedem sagt, wie fortschrittlich er ist. Jetzt halte ich einfach meinen Mund und spare Geld. 2,50 Dollar für einen Klingelton? Sie rauchen wohl Crack.

»Kannst du nicht einfach übers Festnetz telefonieren?«, frage ich. »Seit Jahren habe ich schon kein Handy mehr und überlebe auch.«

»Ich habe nur dieses eine Telefon«, sagt Beth und streicht beschützend mit ihren Fingern darüber. »Festnetz hatte ich noch nie.«

»Oh.«

»Mein Gott«, seufzt Beth. »Ich hasse es, dauernd pleite zu sein.«

Obwohl Beth schlechte Laune hat, fühle ich mich neben ihr wohl – wahrscheinlich deshalb, weil sie eines der schönsten Mädchen ist, das ich je getroffen habe. Sie ist 23 Jahre alt, brünett, hat dunkle, durchdringende Augen und einen schlanken, anmutigen Körper. Beth hat den Punkt in ihrem Leben erreicht, an dem sie den holprigen Wandel von der Unreife zum Erwachsenendasein vollzieht. Zwar hat sie auch eine wilde und impulsive Seite und brockt sich damit immer wieder Ärger ein, aber sie besitzt eine gewisse Lebensweisheit und Einsicht, die bei Menschen ihres Alters selten ist. Mit 19 verlor sie ihre beste Freundin Alice durch einen Verkehrsunfall. Die trauernden Eltern baten sie, das Totenkleid für Alice auszusuchen. Beth ging noch einen Schritt weiter und schminkte Alice im Beerdigungsinstitut. Es gibt nicht viele Menschen, egal, wie alt sie sind, die so viel Tapferkeit und Zärtlichkeit aufbringen. Als Beth mir erzählte, was sie für ihre Freundin getan hatte, war sie mir sofort sympathisch. Offensichtlich hatte ich sie sofort gern. Sie ist die Erste, bei der ich mir manchmal wünsche, ich wäre zehn Jahre jünger.

Es überrascht mich allerdings nicht, dass Beth finanziell in der Patsche sitzt. Bei Kaffee für drei Dollar und Schnaps für 300 Dollar braucht man kein Buchhalter zu sein, um sich auszurechnen, warum sie blank ist – sie lebt über ihre Verhältnisse.

»Wenn ich knapp bei Kasse bin, dann versuche ich besser zu wirtschaften«, schlage ich sanft vor. »Ich leihe Filme in der Bibliothek aus, esse zu Hause, so was.«

»Ja«, murmelt Beth. »Das sollte ich auch tun.«

»Trink deinen Kaffee hier«, sage ich und deute auf ihr koffeinhaltiges Chemieexperiment. »Denk an all das Geld, das du sparst.«

Beth sieht mich entsetzt an. »Auf meinen doppelten Karamell-Latte kann ich nicht verzichten!«

»Hör zu«, sage ich achselzuckend. »Früher habe ich mir nach der Schicht Cocktails im Café American gegönnt. Eines Tages sah ich ein, dass ich wöchentlich 100 Dollar für Wodka ausgab. Wie mit deinen Lattes, das läppert sich zusammen.«

»Das sind 400 Dollar im Monat!«, japst Beth. »Das ist ja mehr als die monatliche Rate für mein Auto!«

»So ist es«, antworte ich. »Und wie viel gibst du für Kaffee und Nachtclubs aus?«

»Zu viel«, sagt Beth. »Als ich heute Morgen aufgewacht bin, wurde mir klar, dass ich zwei Tage gearbeitet habe, um eine Flasche Wodka zu kaufen.«

»Bescheuert, oder nicht?«

»Ja.«

»Ich gönne mir jetzt einmal die Woche ein paar Drinks. Ich habe mehr Freude dran, und ich spare Geld.«

»Und was tust du dir Gutes am Ende des Tages?«, will Beth wissen.

»Ich habe eine kleine Bar zu Hause.«

Beth lacht. »Wirklich?«

»Das Zeug in einem Spirituosengeschäft zu kaufen, ist billiger«, sage ich. »Es sei denn, du bist Alkoholiker.«

»Du machst dir selber Martinis?«

»Mit Oliven mit Blauschimmel-Käse gefüllt und allem Drum und Dran.«

»Du bist echt schräg«, sagt Beth.

»Ich versuche nur sparsam zu sein.«

»Wirst du jetzt Kellnern auf deiner Webseite Finanzberatung anbieten?«, fragt Beth halb ernst.

»Vielleicht sollte ich das«, erwidere ich. »Kellner sind doch unverantwortlich und pleite.«

Beth kichert, aber nur, weil es die Wahrheit ist. Die meisten Kellner können nicht mit Geld umgehen. Das klingt nach einer fürchterlichen Verallgemeinerung, aber sagen Sie mir doch mal, wie viele Hedgefonds-Manager und Finanzplaner bedienen Tische? Seien wir doch ehrlich, wären Kellner die super Finanztypen, dann wären sie nicht Kellner. Ich schließe mich da nicht aus.

»*Warum* können Kellner denn nicht mit Geld umgehen?«, will Beth wissen. »Hast du darüber schon auf deiner Webseite geschrieben?«

»Noch nicht«, antworte ich. »Aber ich arbeite an einer Theorie.«

»Lass hören.«

»Kellnern ist wie Zocken«, verkünde ich.

»Das ist nicht wahr!«

»Lass mich ausreden«, antworte ich. »Hast du je an einem Spielautomaten gespielt?«

»Klar.«

»Und? Hat es dir Spaß gemacht?«

»Nicht besonders«, sagt Beth. »Ich habe keinen Sinn darin gesehen.«

»Aber ich wette, du hast Hunderte kleine, ältere Damen gesehen, die Eimerweise 25-Cent-Münzen in diese Maschinen werfen.«

»Oh mein Gott«, sagt Beth. »Die waren wie in Trance.«

»Hast du dich je gefragt, warum diese Maschinen so gut bei den Leuten ankommen?«

»Nein, warum?«

»Weil diese Spielautomaten nach dem Prinzip der sporadischen Belohnung arbeiten«, erkläre ich. »Wenn du den Hebel bewegst, dann ist die Wahrscheinlichkeit groß, dass du verlierst. Aber ab und zu bekommst du ein paar Münzen zurück. Wenn du gewinnst, dann fühlst du dich gut. Darum steckst du mehr Geld rein, damit du dieses Glücksgefühl wieder verspürst. Psychologen haben nachgewiesen, dass sich diese Kombination aus Verlust und dem sporadischen Gewinn stark auf das Verhalten auswirkt. Spieler verlieren sich darin und denken, der nächste Würfelwurf, das nächste Blatt beim Kartenspiel, die nächste Runde am Spielautomaten bringt den großen Gewinn. Casinos lieben diesen Mist.«

»Und was hat das mit Kellnern zu tun?«, fragt Beth.

»Ich werde die Frage mit einer Gegenfrage beantworten«, sage ich. »Verdienst du als Kellner dein Geld nach einem berechenbaren System?«

»So gut wie nie.«

»Ich auch nicht«, sage ich. »Denn zu viele Faktoren spielen eine Rolle dabei, wie viel Geld du in einer Nacht verdienen kannst. Das Wetter kann umschlagen, und die Gäste bleiben zu Hause. Ein paar Gäste geben mieses Trinkgeld, Reservierungen werden abgesagt, oder ein Armleuchter von Manager hat zu viele Kellner für eine Schicht eingeteilt. Es gibt Abende, an denen du nicht einmal das Geld für den Busfahrschein verdienst.«

»Von solchen hatte ich schon mehrere«, gibt Beth zu.

»Aber du hattest auch schon Abende, an denen du ein Riesengeschäft gemacht hast«, sage ich.

»Das stimmt.«

»Und kannst du vorhersagen, wann du das große Geld machst?«

»Nie.«

»Ich habe schon erlebt, dass Kellner am Samstagabend 10 Dollar verdienen und an einem Mittwoch beim Lunch 300. Du doch auch.«

»Ja, klar.«

»Siehst du«, erkläre ich. »Kellner sind auch diesen sporadischen Gewinnen ausgesetzt wie bei einarmigen Banditen. Manchmal kriegst du gar nichts, und manchmal hast du Glück.«

»Das stimmt«, murmelt Beth.

»Und Kellner können süchtig nach dieser Dynamik sein, wie ein Typ, der auf Pferde setzt«, sage ich. »Wie oft hast du schon jemanden sagen hören, er würde am liebsten den Restaurantjob an den Nagel hängen, aber er sei scharf aufs Geld.«

»Das bekomme ich dauernd zu hören.«

»Kellner sind nicht süchtig nach dem Geld, das glaube ich gar nicht«, sage ich. »Das Geld ist nicht schlecht, aber es ist auch nicht berauschend. Wir sind aber süchtig danach, *wie* wir das Geld verdienen. Du kannst mehrere beschissene Nächte hintereinander haben, und im letzten Moment verdienst du in einer einzigen Schicht so viel Geld, wie du brauchst. Wir sind gefangen in dem ganzen Drama. Wie ein Glücksspieler glauben wir, dass die *nächste* Schicht, der *nächste* Tisch das große Geld bringen wird.«

»Ich glaube, ich weiß, was du meinst«, sagt Beth.

»Wie oft hattest du schon ein Dutzend Gäste, die dir hintereinander mieses Trinkgeld gegeben haben?«, fahre ich fort. » Die vergisst du aber, weil dir irgendwann ein irrer reicher Typ 500 Dollar gibt.«

»Das habe ich erlebt«, sagt Beth und lächelt wissend.

»Wir alle haben das erlebt«, sage ich. »Wir vergessen die geizigen Kunden und konzentrieren uns auf den großen Gewinn. Kellner meckern darüber, Kellner zu sein, wenn sie kein Geld verdienen, aber sie schwärmen für die Arbeit, wenn sie in Geld schwimmen. Keine Krankenversicherung? Egal. In drei Tagen nur 50 Dollar verdient? Egal. Hast ja gerade 500 bekommen! Zähl Drogenmissbrauch und die Liebe zum Nachtleben dazu, und du weißt, warum manche Kellner für diesen Lebensstil schwärmen.«

»An deiner Theorie ist was dran, glaube ich«, gibt Beth zu.

»Ich feile noch dran«, sage ich. »Aber denk nur an die Kellner, die du kennst, die schon lange vom Aufhören reden und immer noch dabei sind, jahrein, jahraus.«

»Auweia«, sagt Beth. »Hoffentlich geht es mir nicht so.«

»Solange du nicht als Double Dip Dan endest.«

»Als was?«

»Hast du noch nie von Double Dip Dan gehört?«

»Ist das der, der von den Tellern seiner Gäste gegessen hat?«

»Genau der«, antworte ich.

»Ekelhaft.«

»Ich habe mit eigenen Augen gesehen, wie er ein angeknabbertes Steak wieder aus dem Mülleimer gezogen und aufgegessen hat.«

»Igitt!«, sagt Beth schaudernd. »Das ist ja so widerlich.«

»He, wenn du pleite und hungrig bist …«

»Hat Dan denn hier nicht genug verdient?«

»Doch«, sage ich. »Aber er hat sein Geld für Drogen und Huren ausgegeben. Am Ende hat er in der Garage eines Freundes geschlafen und seine Arbeitskleidung im Waschbecken der Vorküche gewaschen.«

»Na, *das* nenne ich pleite«, sagt Beth.

»Du sagst es.«

»So weit ist es bei mir noch nicht.«

»Wenn du weiter Wodka für 300 Dollar kaufst, wird es dir auch so ergehen.«

»Sei doch nicht so ein Arsch«, sagt Beth.

»Das bringt mich zum zweiten Teil meiner Theorie«, sage ich. »Kellner glauben, sie stehen finanziell genauso gut da wie ihre Gäste.«

»Oh nein«, sagt Beth. »Jetzt kommt noch ein Vortrag.«

»Denk nach, Beth«, sage ich. »Wir verbringen eine Menge Zeit unseres Lebens mit gutem Essen und gutem Wein. Es ist ganz normal, dass wir auch auf den Geschmack kommen. Arbeitsrisiko sozusagen, dass wir einen Gänsestopfleber-Geschmack haben, aber mit einem Leberwurstbudget auskommen müssen.«

»Manchmal können wir uns nicht einmal die Leberwurst leisten«, schnaubt Beth.

»Weil wir in einem piekfeinen Restaurant arbeiten und vergessen, wie teuer so ein Gericht eigentlich wirklich ist. Das ist wie in der Bundesdruckerei zu arbeiten und zu glauben, du könnest dir einfach ein paar von den grünen Geldscheinen einstecken.«

»Stimmt.«

»Kannst du es dir leisten, hier zu essen?«

»Nicht sehr oft.«

»Ich habe hier als Gast nur zwei Mal in sechs Jahren gegessen. Geht es dir nicht auf den Geist, wenn du siehst, wie die ein Gericht für 500 Dollar runterschlingen, als sei es eine Pizza für 10 Dollar?«

»Klar, immerzu.«

»Wie wenn ein Kind reicher Eltern ein Spielzeug wegwirft, das du dir so wünschst. Deine Eltern können es sich aber nicht leisten. Kellner schützen nur ihr Ego, glaube ich, wenn sie nicht zugeben, dass einige Dinge einfach unerreichbar für sie sind. Ich meine, wie oft hast du einen Kellner schon herumzetern hören, dass er sich ein Paar neue Arbeitsschuhe kaufen musste. Aber sie geben damit an, dass sie für 300 Dollar essen gegangen sind.«

Beth hebt ihren Fuß und zeigt mir das Loch in ihrem linken Schuh. »Ich bin eine von ihnen«, lacht sie.

»Mach dir nichts draus«, sage ich. »Die Hose, die ich anhabe, hat ein Loch im Schritt.«

»Gut, dass du eine Schürze umhast.«

»Amen.«

»Du gehst abends nicht in Clubs?«, fragt Beth. »Wofür gibst du dein Geld aus?«

»Na ja, nachdem ich den ganzen Abend feine Küche gesehen habe«, erwidere ich, »will ich nur noch einen Cheeseburger und ein Bier.«

»Du bist ein richtiger Jersey-Typ«, sagt Beth.

»He«, antworte ich. »24 Stunden später endet es doch alles am selben Ort.«

Beth lacht. »Danke für den Anschauungsunterricht.«

»Keine Ursache.«

»Sag mal«, sagt Beth und sieht sich im leeren Restaurant um. »Es ist doch tote Hose. Kann ich nicht gehen? Ich wäre gern zu Hause, bevor mein Freund von der Arbeit kommt.«

»Wollt ihr ausgehen und 300 Dollar für Wodka aus dem Fenster werfen?«, frage ich.

»Nein«, lacht Beth. »Wir versuchen, vernünftig zu sein.«

»Braves Mädchen.«

Beth gibt mir das Bargeld. Ich zähle es und denke dabei darüber nach, wie das Lohnsystem zur Armut von Kellnern beiträgt. Die meisten Kellner nehmen das, was sie verdient haben, am Ende der Schicht in bar mit nach Hause. Wenn man also 50 Dollar Trinkgeld in bar verdient hat und 100 Dollar von Kreditkarten und wenn man die Hilfskräfte ausgezahlt hat (Abgabe vom Trinkgeld an die Hilfskellner, den Barkeeper und das Schmiergeld an die Hostess), bleiben einem ungefähr 120 Dollar. Das Geld geht in die eigene Tasche. Und weil es in der Tasche steckt, kann man es auch leicht ausgeben. Mir wird übel, wenn ich daran denke, wie oft ich mein schwer verdientes Geld für schicke Cocktails oder abendliche Snacks ausgegeben habe.

Es gibt einen guten Trick: sich das Geld in 50- und 100-Dollar-Noten geben lassen. Habe ich die Tasche voller Zwanziger, gebe ich sie schneller aus als einen 100-Dollar-Schein. Irgendetwas in Benjamin Franklins Blick lässt uns einen Moment lang verharren. Eine andere Taktik ist, 20 Dollar für Vergnügungen und Benzin abzuzweigen und den Rest auf die Bank zu tragen. Eine Zeitlang habe ich regelmäßig kleinere Summen Bargeld bei meiner Bank eingezahlt. Die Kassiererin verdächtigte mich schon, als exotischer Tänzer in einer dieser Bars zu arbeiten. Als sie mich fragte, in welchem Club ich auftrete, lachte ich sie aus und riet ihr, sich eine neue Brille anzuschaffen. Ich war noch nie Chippendale-Material und werde es auch nie sein.

Gott sei Dank hat Fluvio vor ein paar Jahren sein Lohnsystem geändert. Erst hat er es auch auf die altmodische Weise gehandhabt, aber dann ging er dazu über, uns das Trinkgeld, das wir in bar bekommen hatten, mitnehmen zu lassen, das von den Kreditkarten aber am Ende der Woche per Scheck auszuzahlen. Den Hauptteil der Entlohnung bekamen Fluvios Kellner also als Scheck und liefen so weniger Gefahr, das Geld für Drogen, Schnaps oder anderen Unsinn auszugeben.

Am Anfang beschwerten wir uns alle. Dann erklärte uns Fluvio die Vorteile, und wir mussten zugeben, dass es so besser war. Außerdem stellt die Bezahlung der Kellner auch ein steuerliches Problem dar. Denken Sie nur an das Trinkgeld, das Kellner mit dem Rest des Personals teilen müssen. Wenn ich 100 Dollar bekomme und 20 Dollar abgeben muss, verdiene ich in Wirklichkeit nur 80 Dollar, korrekt? Aber in vielen Restaurants werden mir 100 Dollar versteuert! Ich zahle Steuern für eine Menge Geld, das ich gar nicht behalte. Ich zahle Steuern für die Gehälter der Hilfskellner! Das ist unfair, aber so wird es vielerorts gehandhabt. Die Finanzen von Restaurants sind bekanntermaßen undurchsichtig. Mit Fluvios neuem System zahlten wir nur Steuern auf unseren tatsächlichen Verdienst. Wenn ich also 100 Dollar hatte und 20 Dollar abgab, wurden nur 80 Dollar versteuert. Das macht unheimlich viel aus. Fluvio führte zudem eine transparente Gehaltsabrechnung ein. Jedenfalls so weit es uns Kellner anging. Nach jeder Schicht schreibt ein Kellner seine Trinkgelder in ein Buch, das jeder einsehen kann. Jeder, auch ein Hilfskellner, kann sehen, wie viel jeder andere verdient. Die Hilfskellner wissen, dass sie nicht betrogen werden, und das Personal kann den wöchentlichen Gehaltsscheck noch einmal überprüfen. Wenn einer je unter einer undurchsichtigen Art und Weise der Bezahlung durch einen unehrlichen Restaurantbesitzer gelitten hat, weiß er, dass das, wovon ich jetzt spreche, echt cool ist. Außerdem muss ich seltener zur Bank gehen. Vielleicht enttäuscht das meine kurzsichtige stripperliebende Kassiererin, aber das ist schon in Ordnung so – ich lasse ihr ihre Träume.

Wie immer ist Beths Abrechnung korrekt, und ich lasse sie ziehen.

Louis und Saroya kommen, aber gegen acht Uhr abends wird klar, dass heute Flaute ist. Das »Bistro« ist so gut wie leer, und die Leute, die reserviert hatten, haben schon gegessen und sind gegangen. Louis und Saroya bitten mich, sie nach Hause gehen zu lassen. Wenn es etwas gibt, das die beiden hassen, dann faul herumzustehen.

Da ich sowieso bleiben und später zumachen muss, schicke ich sie weg. Eine halbe Stunde später kommt eine 15-köpfige Gesellschaft zur Tür herein. Sie bestellen die besten Cocktails, ausgezeichneten Wein und teures Essen. Diese freundlichen und wohlerzogenen Menschen sind Traumkunden. Ihre Rechnung ist hoch, und das Trinkgeld beträgt fast 500 Dollar. Nachdem ich die Hilfskellner beteiligt habe, bleiben mir noch 400 von diesem einen Tisch.

Die Hilfskellner und ich freuen uns über unser Glück, räumen auf und machen Feierabend. Während ich abschließe, denke ich, dass ich heute wirklich einen guten Schnitt gemacht habe. Ich kann es gar nicht erwarten, Louis und Saroya zu sagen, was sie verpasst haben. Sie werden vor Neid erblassen. Es ist eine Binsenwahrheit, dass der Kellner, der am längsten bleibt, auch das meiste Geld nach Hause trägt. Heute war ich der Letzte, und die Tischgötter meinten es gut mit mir. Vielleicht sollte ich morgen Lotto spielen. Wenn man heiß ist, ist man heiß.

Auf meinem Weg nach Hause überlege ich, ob ich mich morgen krank melden soll, gebe den Gedanken aber wieder auf. Das ist auch wieder so eine Kellnerdynamik. Haben sie einmal einen großen Zahltag gehabt, wollen sie gleich einen Tag zusätzlich frei nehmen. Statt ihr Geld zu sparen, geben sie es für einen Tag seelisches Wohl aus. Ich kann das verstehen. In diesem Job hat man keinen bezahlten Urlaub.

Aus Erfahrung weiß ich aber, dass mein kleines High nicht lange anhalten wird. Ich werde morgen wieder zur Arbeit gehen, das weiß ich auch. Und ich werde genau das tun, was ich schon seit sieben Jahre tue, und wahrscheinlich, das kommt noch hinzu, werde ich beschissen verdienen. Kellner kriegen fast nie zwei Mal hintereinander ein Bombengeld. Die Tischgötter sind launische Luder.

Ich schüttle den Kopf. Wie armselig ist es doch, sich ein Glaubenssystem zurechtzulegen, das sich auf ein Pantheon imaginärer Restaurantgötter gründet? Vielleicht sind meine Kellnerbinsenwahrheiten ein Verteidigungsmechanismus, mit dem ich meine Angst, mich in einer Einbahnstraße zu befinden, abwehre. Ich gehe auf die vierzig zu. Nur wenigen Menschen gelingt es, als Kellner Karriere zu machen. Irgendwann übernehmen sie einen Managementposten oder machen ein eigenes Restaurant auf. Ich kann mir, ehrlich gesagt, nicht vorstellen, jemals noch etwas anderes im Gastronomiebereich zu tun. Ich muss fürs Alter vorsorgen und glücklich sein mit dem, was ich mache. Ich muss mir etwas einfallen lassen. Aber was?

Eine Zeitlang träumte ich von einem eigenen Café. Keine Starbucks-Kopie, sondern ein elegantes, heimeliges Lokal mit einem echten Kamin, gepolsterten Stühlen, coolem Jazz, wo der Kaffee von echten Menschen zubereitet wird und nicht von Maschinen. Ich habe mich nach Krediten erkundigt, mir ein paar Adressen angesehen und einige Jungunternehmer beobachtet, ihren Erfolg und ihre Niederlagen. Die Niederlagen sind mir an die Nieren gegangen. Ich habe mehrere Läden scheitern sehen, in die die Besitzer ihr ganzes Herzblut gesteckt hatten. In ihre leeren Cafés zu gehen und zuzusehen, wie sie aus dem Fenster starren und um Kunden beten, war schmerzlich. Ich versetzte mich in ihre Lage, stellte mir vor, ich sei derjenige mit den Krediten und den Freunden, die bürgten, nur um am Ende meinen Traum zerbrechen zu sehen.

Aus vielerlei Gründen habe ich vor dem Versagen Angst. Dass ich schon so oft von einem Tag auf den anderen meine Stelle verloren habe, hilft auch nicht. Ich mache mir ernsthafte Sorgen, ob ich je mit irgendetwas erfolgreich sein werde. Das Kellnern im »Bistro« ist der Job, den ich bisher am längsten behalten habe. Was ursprünglich ein sicheres Refugium sein sollte, bis ich wissen würde, was ich aus mir machen wollte, wurde zu einem Beruf. Irgendwann habe ich aufgegeben, etwas anderes zu versuchen. Vor Leuten wie Fluvio kann ich nur meinen Hut ziehen. Wenigstens hatte er den Mut, selbst etwas auf die Beine zu stellen. Meine Mutter und mein Vater meinen, der Blog sei eine Möglichkeit. Sie glauben, ich hätte das Zeug zum Schriftsteller. Vielleicht haben sie ja recht, aber die Verlagswelt rennt mir auch nicht gerade die Türen ein. Um ehrlich zu sein, ich befürchte, mein Blog und die Schreiberei sind auch wieder so eine Sache in meinem Leben, die zu nichts führt.

Meine Geldlaune verfliegt, genau, wie ich es erwartet habe. Auf einmal fühle ich mich einsam und allein. Gereizt überlege ich, ob ich in der Bar an der Ecke einen Cocktail trinken soll. Lieber nicht. Ich brauche etwas, das mich mehr ablenkt als ein Drink. Eine halbe Stunde später betrete ich eine laute Bar, so eine, in der die Barkeeper kurze Hosen tragen und dürftig bekleidete Mädchen, die sich um eine Stange wickeln, für die Unterhaltung sorgen.

Nachdem ich den ersten überteuerten Martini ausgetrunken habe, umzingeln mich die halbnackten Haie. Eine fängt an, meinen Nacken zu streicheln. Bevor ich mich versehe, sitzt sie auf meinem Schoß, und ich kaufe ihr einen Drink.

»Willst du mit nach hinten kommen?«, flüstert sie. Glitzer schimmert auf ihren Wangen.

Ich blicke zur »Champagner Lounge«. Das ist der Ort, an dem die Mädchen für 20 Dollar und die Länge eines Songs so tun, als würden sie dich mögen.

»Ich werde für dich tanzen«, sagt das Mädchen. Es hat einen osteuropäischen Akzent.

»Bist du denn gut?«

Das Mädchen lacht, ihre rot gefärbten Locken fallen ihr ins Gesicht.

»Ich bin die Beste, Baby.«

Das Mädchen ist sehr hübsch. Dann denke ich nach. Sie lebt von Trinkgeld, genau wie ich. Ich überlege, ob ich sie fragen soll, wie sie ihr Geld verwaltet, tue es aber doch nicht. Sie verwaltet ihr Geld, indem sie es in einen Tanga steckt.

»Gehen wir«, sage ich. Mir ist schon alles egal.

Das Mädchen führt mich an der Hand nach hinten. Ich habe Ihnen doch gesagt, dass ich mein Geld für blödes Zeug ausgebe.

DER PRALINENSCHACHTEL-
HEILIGE

Wenn wir schon davon reden, dass man Geld für unsinniges Zeug ausgibt und dann noch nicht einmal flachgelegt wird, warum reden wir dann nicht über den Valentinstag.

Wenn Sie mich fragen, ist der Valentinstag der größte Betrug, den es gibt. Männer, die immer noch irgendwelche Spielereien abbezahlen, die sie ihren Frauen oder Freundinnen zu Weihnachten oder zum Chanukka-Fest gekauft haben, glauben, ihre Liebsten verwandeln sich in frigide Hyänen, wenn sie ihnen zum Valentinstag nicht irgendwelchen Schmuck oder eine Reise auf eine exotische Insel spendieren. Die Restaurants lecken Blut und ersetzen ihre normale Speisekarte durch eine »Special«-Karte – und schon bekommt Wucher einen besseren Klang. Die Gerichte, die in den Küchen an diesem Feiertag zubereitet werden, sind oft die, die es nur zwei Mal im Jahr gibt. Wenn der Chefkoch ein und dasselbe Gericht nicht schon tagein, tagaus gekocht hat, dann schmeckt es wahrscheinlich wie Ossobuco aus Gummi. Hatten Sie je ein mieses Essen am Valentinstag? Dann wissen Sie, dass ich recht habe.

Wie zu Silvester sind die Restaurants an jedem 14. Februar gnadenlos überlaufen. Die Gewinnspannen steigen durch schrumpfende Portionen, es werden billigere Zutaten verwendet, und ein minderwertiges Stück Fleisch oder Fisch wird mit cremigen oder versalzenen Saucen kaschiert. Wenn alles schmeckt, als sei es in schwarzes Trüffelöl getaucht, dann verkauft Sie jemand für dumm.

Ich fange lieber erst gar nicht mit der schrecklichen Tischordnung an. Normalerweise hat jedes Restaurant ein paar Zweiertische. Am Valentinstag ist *jeder* Tisch ein Zweiertisch. Die Raumaufteilung eines Restaurants ist eigentlich nicht dafür geeignet, dem Ansturm romantischer Paare gerecht zu werden. Stellen Sie sich Ihr Esszimmer vor. Tun Sie so, als hätten Sie einen Tisch, an dem acht Leute Platz haben. Zerteilen Sie den Tisch in vier kleine, und versuchen Sie dann, vier Paare zu plazieren. Jetzt stellen Sie sich Kellner vor, Gäste, Hilfskellner und Küchenchefs, die mit ihren fetttriefenden Schuhen über Ihren Teppich trampeln. Ihr Esszimmer ist vollkommen überfüllt, oder nicht? Aha, jetzt fangen Sie an zu verstehen.

Dann ist da noch das niemals endende Drama um den besten Tisch des Hauses. Es gibt in jedem Restaurant nur wenige beste Tische – vor allem am Valentinstag. Eine kluge Alternative wäre, ein paar Tische wegzunehmen. Sicher, das würde die Zahl der zahlenden Gäste verringern, doch wenigstens hätten dann die verliebten Paare Platz zum Atmen. Versuchen Sie doch, das dem Restaurantbesitzer vorzuschlagen. Er wird Sie ansehen, als seien Sie ein bekiffter Trottel. Wenn überhaupt, zwängt er noch *mehr* Tische rein. Jedes Jahr holt Fluvio einige Tische aus dem Abstellraum und klemmt sie in Ecken, in die sie nicht gehören. Jedes Jahr frage ich ihn, ob er auch einen Tisch in die Damentoilette stellen will.

Am Valentinstag sitzt man dicht an dicht mit dem Paar am Nachbartisch. Pech gehabt. Und beschweren Sie sich nicht über Ihren Platz. Wahrscheinlich können Sie von Glück reden, dass Sie überhaupt einen Tisch bekommen haben. Die beste Plätze sind für die reserviert, denen das Geld locker sitzt, für spendable Trinkgeldgeber oder solche, die schon *lange* im Voraus einen Tisch bestellt haben. Die meisten Valentinstagsreservierungen werden aber erstaunlicherweise in letzter Minute gemacht. Haben Sie einen suboptimalen Tisch und wollen mich deshalb dazu nötigen, Ihnen einen am Fenster zu geben, dann hat die Hostess die Handynummern von acht verzweifelten Typen, die sich um Ihren Stuhl reißen, bevor sich die Wärme Ihres Hinterns verflüchtigt hat. Bitte schön – das ist der Valentinstag.

Der Valentinstag war einmal eine einfache, stressfreie Sache. Sie begann vor 2000 Jahren mit einem Essen zu Ehren des christlichen Märtyrers Valentin. Offenbar hatte der heidnische römische Imperator von einem Priester namens Valentin verlangt, seinem Glauben abzuschwören. Der Imperator belohnte Valentins Unnachgiebigkeit damit, dass er ihn bis zur Bewusstlosigkeit schlagen und anschließend köpfen ließ. Während die Gebeine des armen Valentin in den Katakomben verrotteten, wurde er zum Schutzheiligen der Verlobten und Verheirateten erhoben.

Die Zeit verstrich, und wie bei vielen katholischen Traditionen wurde das Valentinsmahl mit der römischen Mythologie vermischt. Irgendwie wurde Amor in die ganze Sache hineingezogen, und die Glückwunschkartenindustrie, die immer eine gute Idee erkennt, wenn sie sich bietet, brachte den Papyrus ins Spiel. Ich weiß, dass die ganze Geschichte um den Valentinstag etwas komplizierter ist, aber mit dem Stammesvater muss man einfach Mitleid haben. Valentin wurde nach Strich und Faden verprügelt, ihm wurde der Kopf abgeschlagen, und was ist die Belohnung? Er wurde der Pralinenschachtel-Heilige.

War der Valentinstag nicht vor 30 Jahren einfacher? In meiner Kindheit bedeutete Valentinstag, dass ich meiner Mutter eine Schachtel mit Süßigkeiten schenkte und jedem Kind in meiner ersten Klasse selbst gemachte Glückwunschkarten mitbrachte. Heutzutage ist der Valentinstag ein wichtiger Umsatzbringer mitten im Winter. Süßwarenunternehmen, Restaurants und Blumengeschäfte sind von diesem Tag abhängig, denn er hält sie in den schwarzen Zahlen. Ein paar Wochen vor dem V-Tag müllen einen die Kaufhäuser schon mit Werbung zu, und überall fangen die Männer an zu glauben, sie seien in der Lage, geschmackvolle Unterwäsche für ihre Frauen auszusuchen. (Das sind Sie nicht. Geben Sie ihr einfach einen Geschenkgutschein.) Restaurants schalten Anzeigen und erinnern die zaudernden Männer an ihre Reservierung, bevor es zu spät ist.

Dagegen habe ich nichts. Ich beklage mich zwar über die Kommerzialisierung des frühzeitigen Ablebens des armen Valentin, aber ich muss auch von irgendetwas leben. Vergessen Sie nicht, ich bin Kellner. Lassen Sie sich von meinen gelegentlichen sentimentalen Ausbrüchen nicht täuschen. Ich kann ein ziemlich geldgieriger Mistkerl sein. In der Zeit zwischen Februar und April ist nicht viel los, und mein Bankkonto ist hungrig. Ich werde alles tun, um die Turteltauben um ihr Geld zu erleichtern.

An diesem schicksalhaften Tag komme ich ein paar Stunden früher ins »Bistro«. Gestärkt von zwei Tassen Kaffee und einem Red Bull, kann ich es kaum erwarten. Ich will bei den Vorbereitungen einen Vorsprung haben und mit der Hostess noch einmal den Sitzplan durchgehen. Ich habe meinen Mantel noch nicht ausgezogen, da klingelt das Telefon.

»Wo ist die Hostess?«, rufe ich. Ich will jetzt nicht ans Telefon gehen.

»Sie ist noch nicht da«, ruft Imelda, eine der Hilfskellnerinnen.

»Sie wollte aber schon mittags hier sein!«

Imelda zuckt mit den Schultern. Das Telefon klingelt immer noch. Ich weiß schon, was der Anrufer will. Ich atme tief durch, seufze und nehme den Hörer ab.

»The Bistro«, sage ich. »Wir kann ich Ihnen helfen?«

»Ich brauche für heute Abend einen Tisch«, sagt ein verzweifelter Mann mit rauer Stimme.

Ich werfe einen Blick in den Computer, wo wir die Reservierungen festhalten. »Ich habe noch einen um 17.30 Uhr, Sir«, sage ich. »Dann wieder um 22 Uhr.«

»Das ist alles?«, antwortet der Mann ungläubig. »Ich brauche einen Tisch so gegen 19 Uhr.«

»Es tut mir leid, Sir«, erwidere ich. »Das ist alles. Wenn Sie mir Ihre Telefonnummer geben …«

»Hören Sie zu«, sagt der Mann, »Sie müssen mich um 19 Uhr unterkriegen.«

»Es tut mir leid …«

»Hier spricht Green«, blafft der Mann. »Erinnern Sie sich? Ich bin ein Freund von Fluvio.«

»Ach Sie, Mr. Green«, lüge ich. »Ja, ich erinnere mich. Warten Sie bitte einen Moment.«

Ich setze Mr. Green in die Warteschleife und rufe seinen Namen im Computer auf. Die Datenbank erlaubt es uns, die Übersicht über sämtliche Geburtstage, Jahrestage, Lieblingskellner und eine unendliche Liste von Extrawünschen und Sonderlichkeiten unserer Kunden zu behalten. Es gibt sogar eine Sparte mit dem Titel »Anmerkungen«. Hier darf das Bedienungspersonal Bewertungen von Gästen und Warnungen eintragen. Manchmal steht da, dass ein Gast immer gutes Trinkgeld gibt, manchmal etwas über Lebensmittelallergien oder den Lieblingsplatz. Dann und wann steht »gibt miserables Trinkgeld«, »braucht ewig, um aufzuessen« oder »Kunde ist ein Arschloch«.

Trotz der kindischen Streiche ist diese Datenbank nicht zu unterschätzen. Im Computer ist so viel sensible Information abgespeichert, ein Datendieb würde einen Steifen kriegen. Da das »Bistro« eine Mailingliste und ein Bonusprogramm verwaltet, ist unser Computersystem eine Fundgrube für persönliche Daten bis hin zur Privatadresse des Kunden und der Kreditkartennummer. Nicht nur in meinem Restaurant ist das so. Reservierungs- und Computersysteme sind in der Gastronomie allgemein verbreitet. Können Sie sich vorstellen, dass eine 19-jährige Hostess über die Nummer Ihrer American-Express-Karte wacht? Sollte ich je in ein Land fliehen müssen, mit dem die USA kein Auslieferungsabkommen hat, dann wäre es ein Leichtes für mich, mir eine neue Identität zuzulegen.

Der Computer sagt mir, dass Mr. Greens Bilanz ziemlich mies ist. Die Einträge bezeichnen ihn als »schwierigen Gast«, der schon des Öfteren sein Essen hat zurückgehen lassen und nicht zahlen wollte. Noch belastender, die Hälfte der Reservierungen, die er gemacht hat, hat er nicht wahrgenommen. Jetzt will er in letzter Minute einen Tisch am Valentinstag? Von wegen, Freundchen. Auf jede Aktion gibt es eine Reaktion.

»Es tut mir *wahnsinnig* leid, Mr. Green«, sage ich. »Ich habe nichts anderes zur Verfügung.«

»Was?«, spuckt Mr. Green. »Aber ich brauche einen Tisch.«

»Es tut mir leid.«

»Ich möchte mit Fluvio sprechen!«

»Wir haben Valentinstag«, antworte ich ruhig. »Und wie Sie sich sicher vorstellen können, hat Fluvio alle Hände voll zu tun.«

»Sie werden mir also keinen Tisch reservieren?«

»Ich fürchte, nein.«

»Meine Frau wird mich umbringen.«

»Das tut mir leid, Sir«, wiederhole ich.

Mr. Green legt kurzerhand auf. Ich lächle vor mich hin. Das Restaurantkarma hat wieder zugeschlagen.

Mr. Green ist der typische Yuppifood-Nazi, der in einem Kokon der Selbstherrlichkeit lebt. Er denkt wahrscheinlich, Kellner auszunutzen und Besitzer zu beleidigen ist sein von Gott gegebenes Recht. Ich war noch nie ein Anhänger der Philosophie vom göttlichen Recht. Heute hat Mr. Green Pech. Ich habe um 19 Uhr einen freien Tisch, aber den hebe ich für einen guten Kunden auf. Leider wird Mr. Green niemals erfahren, dass sein schlechtes Benehmen ihn den Tisch gekostet hat. Es ist keine gute Idee, den Gast wissen zu lassen, dass er den Blitzen eines rachsüchtigen Kellners ausgesetzt ist. Die meisten neigen dann dazu, ungehalten zu werden. Ich stelle mir lieber einen mit geschwollenen Eiern auf seiner Couch liegenden Mr. Green vor, der sich fragt, warum er keinen Tisch bekommen hat. Selten stellen Kunden den logischen Zusammenhang zwischen ihrem Verhalten und der Tatsache her, dass sie nicht bekommen haben, was ihnen ihrer Meinung nach zusteht. Hier ein Tipp: Wenn Sie in Ihrem Lieblingsrestaurant *niemals* den Tisch bekommen, den Sie wünschen, oder wenn eine Reservierung an einem besonderen Tag *unmöglich* scheint, dann gibt es dort jemanden, der Sie nicht leiden kann. Denken Sie darüber nach. Nehmen Sie Ihren Werdegang als Gast unter die Lupe. Geben Sie genug Trinkgeld? Sind Sie ein freundlicher Mensch? Ob Sie es glauben oder nicht, aber Leute weigern sich, mit Leuten Geschäfte zu machen, die sie nicht mögen. Nur weil Sie Geld haben, bedeutet das noch lange nicht, dass Sie tun und lassen können, was Sie wollen. Das ist unlogisch und nicht unbedingt geschäftsfördernd, aber die Wirtschaftswissenschaft lehrt uns, dass es beim Geschäft nicht nur um Zahlen geht. Firmen existieren wegen der Menschen, die dort arbeiten, und manchmal drehen Menschen einfach durch. Denken Sie an Ihren Arbeitsplatz und daran, was für ein unprofessioneller Wirrwarr dort garantiert zeitweise herrscht. Nicht alles, was auf der Arbeit passiert, wird von der Saldozeile diktiert. Es sollte also niemanden wundern, wenn schlechte Kunden auch schlechten Service bekommen. Vielleicht nicht sofort, aber irgendwann ist es so weit.

Zwei Stunden nach Mr. Greens Anruf füllt sich das »Bistro« langsam mit Gästen. Ich sehe auf meine Uhr und seufze. Es ist erst fünf Uhr nachmittags. Mit einem Schlag wird mir bewusst, dass ich die nächsten acht Stunden ununterbrochen auf den Beinen sein werde, und ich bin plötzlich froh darüber, dass ich mir neue Schuhe gekauft habe. Ich gehe in die Küche und gieße mir noch einen Espresso ein. Ich trinke viel zu viel Kaffee. Ich nippe am Mokkatässchen und muss an die Zeit denken, als ich Herzrasen hatte und in der Notaufnahme landete. Der Arzt sagte, alles sei in Ordnung – ich sollte aber den Kaffee weglassen. Er hat wahrscheinlich noch nie Tische bedient.

Celine, die blonde Hostess, die mich an einen Filmstar aus den 1940er Jahren erinnert, steckt den Kopf zur Küchentür rein. »An Tisch 26 wurden Gäste plaziert«, sagt sie. »Kannst du dafür sorgen, dass sie in eineinhalb Stunden wieder gehen?«

»Mein Schatz«, sage ich. »Ich bin König darin.«

»Hoffentlich«, sagt Celine und geht. »Wir sind überbucht.«

»He«, ruft der Chefkoch Armando. »Vergiss nicht, das Dessertspecial an den Mann zu bringen.«

Armando hat ein ganz besonderes Dessert für den V-Tag gezaubert – einen herzförmigen, mit Himbeeren gefüllten Schokoladenkuchen für zwei, mit einer kitschig roten Glasur.

Auf dem Weg zu meinem Tisch rufe ich mir die Empfehlungen von heute ins Gedächtnis. Die ganz normale Speisekarte mit irgendeinem Valentinstagschwindel. Sicher, wir haben ein paar gute Specials – Ossobuco vom Lamm, Wildschweinbraten an Pilzsauce und Heilbutt im Kartoffelmantel. Die Gäste können aber auch im Gegensatz zu Silvester preiswerte Spaghetti al pomodoro bestellen.

Meine neuen Gäste am Tisch 26 studieren die Karte aufmerksam. Ich sehe sofort, dass sie nicht zur gewöhnlichen Klientel des »Bistro« gehören. Der Mann trägt eine Baseballkappe und etwas, das aussieht wie ein Denim-Arbeitshemd. Seine Augen fallen ihm fast aus dem Kopf, als er die Preise sieht. Seine Begleiterin ist eine sehr hübsche Dame, aber ihr Kleid wirkt wie ein Brautjungfernkleid. Das zu dick aufgetragene Make-up verleiht ihrem Gesicht einen verdutzten Ausdruck. Das Paar flüstert sich zu, wie teuer alles ist, und ich gähne schon wieder. Es kommt nicht selten vor, dass Leute an diesem Punkt wieder aufstehen und gehen. Ich erinnere mich noch, wie meine Eltern mich und meinen Bruder aus einem Restaurant schleiften, weil es zu teuer war; meine Eltern waren jung, mühten sich ab und hatten wenig Geld. Verstehen Sie mich nicht falsch. Ich bin nicht in Armut aufgewachsen, aber ich war zu dem Zeitpunkt in einem Alter, in dem man kapiert, dass Eltern nicht allmächtig sind. Mein junges Gehirn fing an zu begreifen, dass Geld wichtig ist und meine Familie nicht so viel davon hat wie andere Menschen. Diesen Augenblick werde ich nie vergessen. Bis heute fühle ich immer mit Gästen mit, die, aus welchen Gründen auch immer, feststellen müssen, dass es über ihre Verhältnisse geht.

»Guten Abend«, sage ich. »Und willkommen im Bistro.«

»Hi«, sagt der Mann. Seine Tischdame sieht mich nervös an.

»Darf ich Ihnen und Ihrer reizenden Begleiterin etwas zu trinken bringen?«, frage ich.

»Ähm«, sagt der Mann. »Wir wissen noch nicht, ob wir hier essen werden.«

»Es ist ein bisschen zu teuer«, sagt seine Freundin.

»Ich verstehe vollkommen, Madam«, sage ich in einem konspirativen Flüsterton. »Selbst ich kann es mir nicht leisten, hier zu speisen.«

Der Mann und die Frau lachen.

»Wenn Sie aber bleiben wollen«, fahre ich fort, »kann ich Ihnen bei Ihrer Wahl behilflich sein.«

Der Mann und die Frau sehen sich über den Tisch hinweg an. Eine Entscheidung wird im Stillen gefällt. Sie bleiben.

»Welches Bier haben Sie?«, will der Mann wissen. Ich sage ihm, welche Sorten wir haben.

»Kein Budweiser?«

»Probieren Sie ein Moretti, Sir«, sage ich. »Das ist ein exzellentes italienisches Bier. Ich trinke es auch.«

»Das nehme ich.«

»Und Sie, Madam?«, sage ich und wende mich der Frau zu.

»Haben Sie Piña Coladas?«, fragt sie schüchtern.

»Leider nein, Madam«, antworte ich. »Das sollten wir, mir schmecken sie auch.«

»Sie schmecken gut«, sagt die Frau.

»Wie wär's mit einem Lemon-Drop-Martini?«, schlage ich vor.

»Was ist das?«

»Wodka, Zitronensaft, Orangenlikör und Zucker.«

»Mmmmm«, sagt die Dame. »Ich probiere einen.«

»Sehr gut«, antworte ich. »Ich bringe Ihnen Ihre Getränke.«

Ich gehe nach hinten und mache die Drinks. Also gut, ich bin nicht der gewinnsüchtige Kellner, für den ich mich halte. Ich stelle mich schützend vor die Kunden, für die ein Essen im »Bistro« eine finanzielle Belastung ist. Sicher, ich kann nicht viel Trinkgeld von ihnen bekommen, aber es ist die seltene Chance, jemandem einen besonderen Abend zu schenken. Jeden Tag habe ich mit Snobs zu tun, die 100 Dollar für ein Abendessen ausgeben wie ein Arbeiterehepaar 10 Dollar bei McDonald's. Für viele wohlhabende Menschen ist es nichts Besonderes, außer Haus zu essen. Wenn Sie wie ich für Ihren Lebensunterhalt arbeiten müssen, dann sind 100 Dollar für ein Dinner eine Menge Geld. Was für manche eine gewöhnliche Mahlzeit ist, ist für andere ein Festgelage.

Ich mache den Martini für die Dame. Auf der Cocktailkarte des »Bistro« ist ein Lemon Drop ein erstklassiges Getränk. Ich buche ein Glas billigen Chardonnay ein. Hoppla, ein Fehler. Ich stecke das Bier des Mannes in einen Eiskübel und bringe die Drinks zum Tisch.

Ich zerbreche mir den Kopf darüber, wie viele Menschen sich eigentlich wirklich ein schönes Abendessen am Valentinstag leisten können, ohne im Armenhaus zu landen. Ich muss alles richtig machen. Wenn ich das Paar so behandle, als bäten sie um Almosen, werden sie sich noch mehr schämen. Ich muss sie so dirigieren, dass sie etwas Günstiges wählen, und ihnen gleichzeitig das Gefühl geben, sie seien gleichwertige Gäste wie alle anderen auch.

Ich gebe den Leuten ihre Drinks und zähle ihnen die Specials auf. Der Mann spitzt die Ohren, als er von der Wildschweinkeule hört.

»Wie teuer ist das?«, fragt er.

»32 Dollar.«

»Wow.«

»Aber es ist eine sehr große Portion, Sir«, sage ich. »Sie könnten es teilen.«

»Wollen wir das machen, Liebling?«, fragt der Mann.

»Wildschwein klingt köstlich«, stimmt die Frau zu.

»Das ist es«, sage ich. »Wir sind berühmt dafür.«

»Gut«, sagt der Mann. »Das nehmen wir.«

»Sehr gut, Sir«, antworte ich. »Möchten Sie noch eine Vorspeise?«

»Ich hebe mir Platz für den Nachtisch auf«, sagt die Dame.

»Sehr gute Entscheidung. Heute haben wir einen tollen Himbeerschokoladenkuchen für zwei.«

»Oh, mein Gott!«, ruft die Dame aus. »Den müssen wir haben.«

»Ich werde einen für Sie vormerken, Madam.«

»Danke schön«, erwidert die Dame.

Ich gehe zum POS-Computer und gebe die Bestellung ein. Ich drücke zwei Haussalate, die sind umsonst, und einmal Wildschwein. Ich stecke meinen Kopf durch die Küchentür und bitte Moises, den Salatmann, die Gratissalate ein bisschen größer zu machen.

»Kein Problem, Papi«, sagt Moises und zeigt zwei Daumen nach oben.

Normalerweise schlage ich den Gästen nicht vor, ein Gericht zu teilen, und ich bestelle ihnen auch keine Gratissalate. Die Augen der Gäste sind meist größer als ihre Mägen. Oft bestellen sie, ohne nachzudenken. Als Kellner unterstütze ich dieses Phänomen. Das Bestellen von mehreren Vorspeisen und Hauptgerichten erhöht die Rechung und bringt höheres Trinkgeld. Obwohl ich weiß, dass die Gäste nicht einmal die Hälfte von dem essen werden, was sie bestellen, animiere ich sie zum Überkonsum, damit ich Dollars verdiene. Aber dieses Valentinstagpaar habe ich unter meine Fittiche genommen. Vielleicht erinnern sie mich an meine Eltern. Vielleicht möchte ich etwas Gutes tun. Oder vielleicht steckt der heilige Valentin dahinter.

Meine Leute essen ihr Abendessen, teilen sich ihr herzförmiges Dessert und zahlen in bar. Sie geben ein gutes Trinkgeld. Während sich die Frau in der Damentoilette nachschminkt, kommt der Mann auf mich zu und gibt mir die Hand.

»Ich danke Ihnen für alles«, sagt er.

»Nichts zu danken«, sage ich. »Kommen Sie bald wieder.«

Ich sehe dem Paar nach, als es Hand in Hand in die Dunkelheit hinaustritt. Draußen sieht die Frau mit leuchtenden Augen ihren Mann an und gibt ihm einen »Danke für das Essen«-Kuss. Irgendetwas sagt mir, dass es das beste Trinkgeld des heutigen Abends sein wird, dass ich Zeuge dieses Kusses geworden bin.

BIG BROTHER

Nach der großen Belagerung am Valentinstag geht es bis zum Frühling mit dem Geschäft in vielen Restaurants erst einmal bergab. Das »Bistro« ist da leider keine Ausnahme. Es ist ein ruhiger Märznachmittag, ich sitze im leeren Restaurant und gebe mich meiner Lieblingsbeschäftigung hin – ich lese. In einem Restaurant ohne Kunden langweilt man sich zu Tode, darum sorge ich dafür, dass ich immer etwas zum Lesen herumliegen habe. Wenn keine Gäste kommen und ich keine Zeitung oder kein Buch habe, werde ich kribbelig. Um das zu vermeiden, habe ich immer ein paar Zeitschriften oder Taschenbücher in Geheimecken im »Bistro« versteckt. Fluvio macht es verrückt, wenn er mich während der Schicht lesen sieht. Seiner Meinung nach sollte ich Weinflaschen abstauben oder so etwas.

Im Moment lese ich Raymond Chandlers *Die simple Kunst des Mordens,* eine Sammlung von Geschichten, die der Autor für Groschenhefte schrieb, bevor er 1939 seinen ersten Roman *Der große Schlaf* veröffentlichte. Ich hatte schon immer ein Faible für Chandler. Chandler, verheiratet mit einer älteren Frau und Veteran aus dem Ersten Weltkrieg, verlor wegen Alkoholismus und Frauengeschichten seine Arbeit als leitender Angestellter einer Ölfirma in Kalifornien. Er war ein Mann in mittleren Jahren, arbeitslos, und weil er sich mit den Spenden wohlhabender Freunde kaum über Wasser halten konnte, verdiente er Geld, indem er während der Weltwirtschaftskrise Schund für einen Cent pro Wort für Zeitschriften wie *Black Mask* und *Dime Detective* schrieb. Liest man seine frühen Arbeiten, kann man erkennen, dass der Autodidakt Chandler seinen hartgesottenen Stil voller Witzeleien, Metaphern und spitzen lyrischen Gleichnissen entwickelte, während er den Charakter vorzeichnete, der seine berühmteste Schöpfung werden würde – der lebensüberdrüssige, aber idealistische Privatdetektiv Philip Marlowe.

Ich habe diese Geschichten schon ein Dutzend Mal gelesen, aber heute sehe ich sie mit anderen Augen. Die Beliebtheit meiner Webseite hat das Interesse eines Literaturagenten geweckt. Jetzt arbeiten wir an einem Exposé für ein Buch, das wir Verlagen anbieten wollen.

Seit »Waiter Rant« populär geworden ist, spiele ich mit dem Gedanken, Autor zu werden. Trotz meines Versprechens an Inez habe ich jedoch nicht viel dafür getan. Und plötzlich, wie aus dem Nichts, bekomme ich die Chance, von der viele nur träumen. Es ist eine großartige Möglichkeit, aber ich fürchte mich. Kann ich wirklich ein Buch schreiben? Werde ich auf die Nase fallen? Meine Aufregung steht gleichzeitig im Schatten des Versagens.

Die Lektüre von Chandler macht mir Hoffnung. Ich will mich nicht mit Chandler vergleichen, aber wenn seine Lehrzeit das Schreiben für Groschenhefte war, vielleicht war die meine das Internet. Wir sind beide Autodidakten und, verdammt noch mal, wenn ein 45-jähriger Mann, der verzweifelt etwas schaffen wollte, Erfolg hatte, warum sollte es dann einem 38-jährigen Kellner nicht auch gelingen? Das erste Mal seit Jahren habe ich das Bedürfnis, konkrete Schritte in diese Richtung zu unternehmen.

Gerade als ich schon vor meinem geistigen Auge mein Foto auf der Rückseite eines Buches sehe, klingelt das Telefon.

»The Bistro«, sage ich. »Wie kann ich Ihnen behilflich sein?«

»Bezahle ich dich fürs Arbeiten oder fürs Lesen?«, fragt Fluvio verärgert.

»Spionierst du mir schon wieder nach?«

»Natürlich.«

Ich blicke zur Videokamera, die von der Decke auf mich herabsieht. Vor zwei Jahren hat Fluvio das Überwachungssystem im »Bistro« installiert. Er behauptet zwar, er habe die Kameras aus Sicherheitsgründen eingebaut, aber ich weiß es besser.

»Was liest du?«

»Ein Buch über einen Mord.«

»Willst du jemanden umbringen?«

»Bring mich nicht auf irgendwelche Ideen, Chef«, grummele ich. »Was gibt's?«

»Ich will Beth rauswerfen.«

»Warum?«, stöhne ich. Fluvio erzählt immer, dass er jemanden rausschmeißen will.

»Sie hat ihre Abendschicht mit Saroya getauscht und mich nicht gefragt.«

»Sie hat es mir gesagt, Boss.«

»Es ist immer noch mein Lokal«, zetert Fluvio. »Ich bin der Chef, nicht du. Sie hat mich anzurufen.«

»Sie ist eine der besten Kellnerinnen, die wir haben.«

»Warum spielst du dich immer als Anwalt des Personals auf?«, rastet Fluvio aus. »Du arbeitest für mich.«

»Sie ist eine gute Kraft, Fluvio. Lass sie in Ruhe.«

»Hör zu, du …« Fluvios Wut wird immer größer.

»Egal, Fluvio«, erwidere ich beiläufig. »Sag mal, hast du schon vom Café Foo Foo gehört?«

»Nein, was denn?«, fragt Fluvio und spitzt die Ohren. Er liebt Klatsch.

»Der Besitzer sagt, du würdest seine Speisekarte kopieren.«

»Das ist doch Schwachsinn«, knurrt Fluvio. »Er kopiert meine.«

Ich halte den Hörer weg von meinem Ohr, während Fluvio sich über den Besitzer des »Café Foo Foo« auskotzt. Mein Job ist erledigt. Ich habe Fluvios Wut dahin gelenkt, wo sie keinen Schaden anrichten kann. Binnen Sekunden hat Fluvio vergessen, dass er Beth feuern wollte, und ich verbringe den Rest des Gesprächs damit, zu versichern, dass unser Essen viel besser ist als das im »Foo Foo«.

Ich weiß, ich bin manipulativ. Na und? Wenn es funktioniert …

Mit seiner Stichelei, ich sei der Anwalt der Belegschaft, liegt Fluvio gar nicht so falsch. Als Fluvio mich vor sechs Jahren einstellte, erklärte er mir, dass ich den Manager spielen solle, den glorifizierten Restaurantleiter, der sein Gehalt auf Stundenbasis als Aufpasser verdiene, wenn er selbst nicht da sei. Im Grunde war das gar keine dumme Idee. Restaurantmanager verdienen oft weniger als die Kellner, die sie beaufsichtigen sollen. Das Letzte, was Fluvio wollte, war ein Manager wie Sammy, der ständig Schmiergeld verlangte. Da ich aber zwischen Fluvio und den Kellnern stand, hieß das, dass ich vom ersten Tag an der Schlichter war. Das war nicht einfach. Die Kluft zwischen Management und Personal kann den Gazastreifen aussehen lassen wie einen Ferienort. Und Fluvio? Er ist manchmal die kulinarische Version von Jassir Arafat.

Fluvio, der Besitzer des »Bistro«, ist nicht dieselbe Person, die ich im »Amici's« kennengelernt habe. Der Stress mit dem eigenen Restaurant förderte eine unbekannte Seite seiner Persönlichkeit zutage – eine ängstliche und zornige. Es wäre eine Untertreibung zu sagen, Fluvio schreit. Viele Chefs toben und schreien, Fluvio ist also in dieser Hinsicht keine Ausnahme. Aber im Eifer des Gefechts kann er wirklich fürchterliche Dinge von sich geben. Zuerst hatte ich Angst, Fluvio würde sich als zweiter Caesar entpuppen, aber schnell stellte ich fest, dass seine Gefühlsausbrüche wie Sommerstürme waren. Sie gingen so schnell vorüber, wie sie kamen. Man kann in einer Minute in einen heftigen Streit mit Fluvio geraten, und in der nächsten spendiert er einem einen

Drink. Seine Anfälle sind so abrupt und heftig, dass er oft Dinge sagt, die er später bereut. Einmal machte er eine besonders derbe Bemerkung über die Frau, mit der ich ausging. Nachdem ich gedroht hatte, ihm die Nase blutig zu schlagen, entschuldigte er sich und kroch mir wochenlang in den Hintern. Das ist Fluvios Vorgehensweise: Er explodiert, und dann will er dein bester Freund sein. Das ist mehr als verwirrend, wie in einer Beziehung, in der dein Partner dich schlägt und dir im nächsten Moment Blumen kauft. Ich sage immer scherzhaft, man sei kein vollwertiges Mitglied der Belegschaft, solange Fluvio einen nicht wenigstens einmal zum Weinen gebracht hat. Wenn Neue eingearbeitet werden, versuche ich, sie auf die unausweichliche Verbalattacke vorzubereiten, indem ich sie behandle, wie Fluvio es täte. Obwohl ich mein Bestes gebe, hören viele trotzdem nach ein paar Wochen auf. Altgediente Mitarbeiter sind auch nicht immun. Erst vergangene Woche hat eine Frau, die jahrelang während der Lunchschichten arbeitete, ihre Schürze hingeschmissen und ist zur Tür hinausgestürmt. Fluvio rannte ihr hinterher und entschuldigte sich, aber sie rief nur: »Du bist abscheulich. Lass mich in Ruhe!«

Mit den Jahren ist mir klargeworden, dass Fluvios Wut und Angst von seiner Befürchtung herrühren, er könnte alles verlieren, wofür er so hart gearbeitet hat. Wie ich schon gesagt habe, für Fluvio ist Misserfolg kein Fremdwort. Er hat ein Dutzend Jobs verloren, bevor er als Chef erfolgreich wurde. Außerdem hat er eine angespannte Beziehung zu seiner Exfrau und seinen Kindern in Italien. Jetzt, mit 46, hat er wieder eine Frau, einen Sohn und ein gut gehendes Geschäft. Fluvio hat eine zweite Chance bekommen und sein Glück gefunden. Nichts soll ihm das kaputt machen, aber ich befürchte, dass seine Angst genau das zerstören wird, was er so sehr bewahren möchte.

Die Sorgen haben aus Fluvio einen nervösen, reizbaren und zornigen Mann gemacht. Wie ein Soldat, der gerade aus dem

Krieg heimgekehrt ist, sucht er den Horizont ständig nach einer drohenden Gefahr ab. Er ist immer unruhig. Wenn man ihm die Hand auf die Schulter legt, wird er starr und geht weg. Weil die Gedanken in seinem Kopf wie Elektronen in einem Teilchenbeschleuniger aufeinanderprallen, kann seine Aufmerksamkeitsspanne in Nanosekunden gemessen werden. Es kann vorkommen, dass man sich mit ihm unterhält, er sich plötzlich grundlos umdreht und geht. Mit den Lieferanten macht er das so, mit dem Personal und sogar mit seinen Gästen. Fluvio kann sehr charmant, freundlich und aufmerksam sein, und am nettesten ist er zu Leuten, die etwas haben, das er will. Fluvio hat nicht die Energie und Lust, freundlich zu Menschen zu sein, die er für nicht ebenbürtig hält. Glauben Sie mir, wenn Sie mit Fluvio arbeiten, dann denkt er, dass Sie weniger wert sind als er.

Sein innerer Zustand spiegelt sich auch in seinem persönlichen Besitz. In seinem Auto herrscht ein einziges Chaos, und sein Büro ist so versaut, dass selbst ein Schweinestall einem sauberer vorkäme. Unter dem Ordnen von Unterlagen versteht Fluvio, die Papiere auf seinem Schreibtisch zu stapeln. Natürlich kann er *nichts* finden.

Fluvios Nervosität macht mich wahnsinnig. Wenn man sich zum Beispiel mit ihm unterhält und das Telefon klingelt, dann springt er von seinem Stuhl und *rennt* hin. Wenn man das Pech hat, gerade neben dem Telefon zu stehen, dann bellt er einen an, »Aus dem Weg«, und stößt einen beiseite, wenn man nicht schnell genug ist. Nimmt er den Anruf entgegen, so ist es ein Gewaltakt. Wie ein Schnorrer, der vor seinen Gläubigern Blut und Wasser schwitzt, denkt Fluvio, dass jeder Anruf der Vorbote einer drohenden Katastrophe ist. Das Klingeln des Telefons erfüllt ihn mit Grauen. Verpasst er einen Anruf, dann versucht er über die Anrufer-ID die Nummer herauszukriegen und zurückzurufen. Fluvio kann es nicht ertragen, wenn er nicht weiß, wer der Anrufer war, weil er, wie alle überängstlichen Menschen, immer das

Schlimmste befürchtet. Damit er keinen Anruf verpasst, trägt er immer mindestens zwei Handys und ein Blackberry mit sich herum. Er muss immer erreichbar sein. Die meisten Menschen nehmen Pillen oder trinken Alkohol, um ihre Dämonen zu besänftigen. Fluvio benutzt die Technik. Das beste Beispiel ist das Videoüberwachungssystem.

In vielen Restaurants werden Kameras eingesetzt, damit die Küche einen Überblick über den Servierbereich behält oder das Management ein Auge auf die Kasse haben kann. Die Gäste wären wahrscheinlich schockiert, wenn sie wüssten, wie oft Big Brother ihnen beim Essen und Trinken zusieht. Aber Fluvio hat in der Küche keine Monitore aufgestellt, die Armando zeigen würden, wie weit ein Tisch mit dem Essen ist – die einzigen Bildschirme befinden sich im Büro im Parterre. Mit den Kameras überwacht Fluvio die Belegschaft. Das Personal des »Bistro« ist unglaublich ehrlich. Fehlender Warenbestand war noch nie ein Problem. Jahrelang kam Fluvio ohne ein Videosystem zurecht, aber seine Nervosität und Angst grenzen schon an Paranoia, und aus ihm ist ein Kontrollfreak geworden.

In gewisser Weise sind die meisten Restaurantbesitzer Kontrollfreaks. Sind sie es nicht, dann stellen sie jemanden ein, der es ist. Fluvios Verhalten zeugt allerdings weniger von Qualitätskontrolle als von Furcht. Immer hält er Ausschau nach Leuten, die ihn übers Ohr hauen wollen. Als er die Kameras installierte, wurde ich fuchsteufelswild. Ich habe einiges über Mundraub und Korruption mitbekommen, als ich noch in der Kirche und in der Geschäftswelt arbeitete. Ich spüre einen eigentümlichen Stolz, weil die Restaurantangestellten, die ich kennengelernt habe, einen besser entwickelten Sinn für Moral und Ehre haben als viele meiner früheren Kollegen. Ich sagte Fluvio, ich könnte die Kameras akzeptieren, wenn wir ein Sicherheitsproblem hätten. Da das aber nicht der Fall sei, sei die Überwachung meines Erachtens für die Leute, die ihm so lange treu gedient hätten, ein Schlag ins Gesicht. Seine Antwort war allzu einfach: »Warum machst du dir Sorgen? Bestiehlst du mich? Hast du etwas zu verbergen? Du lässt dir nichts zuschulden kommen, also brauchst du dir auch keinen Kopf zu machen.«

Das ist verletzend. Bargeld und Waren von Fluvio im Wert von Millionen sind durch meine Hände gegangen. Ich erhebe keinen Anspruch auf Überlegenheit. Man soll nicht stehlen. Aber dass Fluvio glaubt, meine Ehrlichkeit mittels einer Kamera kontrollieren zu müssen, kränkt mich. Hätte ich ihn bestehlen wollen, ich hätte es getan und er hätte es gar nicht bemerkt. Schließlich musste ich einsehen, dass Fluvio sich, selbst wenn Nonnen eingestellt worden wären, immer noch wie Big Brother aufgeführt hätte.

Fluvio ist manchmal unerträglich, aber ich habe ihn trotzdem gern. Abgesehen von seinen Defiziten, ist er im Grunde ein sympathischer und liebenswürdiger Mann. Läuft das Geschäft schlecht, sorgt er dafür, dass jeder genug Arbeitsstunden hat, und niemandem wird gekündigt. Bei ihm sind alle krankenversichert – und das ist bei den wenigsten Kleinunternehmern der Fall. Er hat Leuten Geld geliehen (auch mir), wenn sie knapp bei Kasse waren. Auch zu meiner Familie war er sehr nett, als er meinem Bruder und mir mit dem Preis für die Geburtstagsfeier für meine Mutter, die wir im »Bistro« ausgerichtet haben, entgegenkam. Er kümmert sich gut um seine vielen Kinder und seinen alten Vater. Trotz seiner guten Eigenschaften weiß man bei Fluvio aber nie, wann er in seine Mussolini-Tour verfällt. Man muss also ständig auf der Hut sein. Aus diesem Grund ist es sehr anstrengend, für ihn zu arbeiten. Fluvios Persönlichkeit, das lernte ich schnell, zwang mich, als Puffer zwischen ihm und dem Personal zu fungieren. Wenn er die Angestellten anschreit, dann beruhige ich ihn. Wenn es ihn packt und er jemanden feuern will, dann nutze ich seine ewigen Sorgen aus und lenke ihn ab. Ich habe Gäste, Lieferanten und Personal besänftigt. Unzählige Male habe ich mich in seinem Namen für seine Unhöflichkeit entschuldigt. Es gibt viele Leute, die Fluvio nicht ausstehen können. Üblicherweise gebe ich ihnen auf ihre Lästereien folgende Antwort: »Ja, er kann schwierig sein, aber im tiefsten Inneren ist er ein guter Mann.« Über all die Jahre habe ich mein Bestes getan, um Fluvio vor Fluvio zu schützen.

Die Stunden vergehen. Bald ist Abendessenszeit. Nur eine Handvoll Gäste sitzt am Fenster. Saroya und ich haben ein Auge auf alles. Fluvio allerdings hat ein Auge auf uns.

Das Telefon klingelt. Ich nehme ab. »The Bistro«, sage ich freundlich.

»Wieso sitzt du rum?«, sagt Fluvio.

Ich blicke zur Videokamera. »Fluvio?«, sage ich. »Wo bist du?«

»Kümmere dich nicht darum, wo ich bin«, schreit Fluvio. »Warum sitzt du rum?«

»Es ist nichts los.«

»Ich mag es nicht, wenn du rumsitzt.«

Ich drücke den Hörer an mein Ohr. Ich kann Verkehrslärm im Hintergrund hören. »Fluvio«, sage ich, »fährst du mit dem Auto?«

»Ich bin auf dem Weg zum Flughafen.«

»Du beobachtest uns auf deinem Laptop und fährst dabei Auto?«, schreie ich. »Und dann telefonierst du noch?«

»Ich stehe im Stau.«

»Trotzdem!«

»Hör zu«, sagt Fluvio. »Du arbeitest für mich, und du tust, was ich dir sage.«

»Achte lieber auf die Straße, sonst bringst du noch jemanden um.«

»Verdammt noch mal. Du bist …«

»He, Fluvio«, sage ich und zwinkere Saroya zu. »Ist dein Sohn bei dir?«

»Ja.«

»Du fährst also mit deinem Sohn im Auto und telefonierst übers Handy und blickst auf den Bildschirm deines Laptops? Sag mal, habe ich da etwas falsch verstanden?«

»He.«

»Kumpel«, sage ich. »Die Polizei wird dich am Straßenrand exekutieren, wenn sie dich erwischt.«

»Sie erwischt mich nicht.«

»LEG ENDLICH AUF!«, schreie ich. »ODER ICH SAG'S DEINER FRAU!«

Fluvio legt schnell auf.

»Er beobachtet uns während der Fahrt?«, fragt Saroya. »Kann er das?«

»Er hat eine WLAN-Karte«, antworte ich. »Er kann uns von überall aus beobachten.«

»Er ruft Leute gern unerwartet an. Hat er bei mir auch schon ein paar Mal gemacht«, sagt Saroya. »Dann sagt er: ›Ich sehe, was du tust.‹ Ich finde das gruselig.«

Saroya und ich stehen nicht auf. Fluvio ruft nicht noch einmal an. Es ist so wenig los, dass ich weiter in meinen Geschichten von Raymond Chandler lese. Ich schlage meine Lieblingsstelle auf – die Einleitung, die Chandler Jahre nachdem er berühmt geworden war, geschrieben hat. Seltsamerweise gehört seine Betrachtung darüber, was Philip Marlowe zu einem Helden macht, zum Berühmtesten, was er je geschrieben hat.

Aber durch diese schäbigen Straßen muß ein Mann gehen, der selbst nicht schäbig ist, der eine reine Weste hat und keine Angst … Er ist der Held; er ist schlechthin alles. Er muß ein ganzer Mann sein und ein gewöhnlicher Mann – und zugleich doch ein ungewöhnlicher auch. Er muß, um einen ziemlich abgedroschenen Ausdruck zu gebrauchen, ein Mann von Ehre sein – aus Instinkt, aus innerster Notwendigkeit, ohne Ge-

danken daran, und gewiß ohne Worte darüber. Er muß der
beste Mann auf der Welt sein und ein Mensch, der gut genug
ist für jede Welt.

Einer der Angestellten aus der Küche unterbricht meine Lektüre und fragt, ob er früher nach Hause gehen kann, weil so wenig los ist.

»Kein Problem«, sage ich. »Aber vergiss nicht zu stempeln.«

Ein paar Minuten später kommt der Mann in Zivilklamotten aus dem Keller herauf, er hat die Küche noch einmal kontrolliert. Er meldet sich am Computer ab. Der Drucker spuckt die Bestätigung aus. Der Koch prüft sie. Er verzieht sein Gesicht und kommt auf mich zu. »Kannst du das in Ordnung bringen?«, fragt er.

Ich weiß schon, was der Koch will. Ich sehe mir den Ausdruck an. Darauf steht, dass er 51 Stunden und 55 Minuten gearbeitet hat. Fluvio hat die Leute schon seit Jahren nicht mehr für angefangene Stunden bezahlt. Er wird ihn nur für die 51 Stunden bezahlen – keine Überstunden. Wohin mit den 55 Minuten? Sie sind verloren. Jedes Jahr holt Fluvio aus den Mitarbeitern eine Woche Arbeit umsonst raus. Diese Art von Buchhaltung ist ganz normal für Restaurants.

Ich falte den Stundenzettel des Kochs auseinander und schreibe zehn Minuten dazu. Dann drucke ich den Zettel noch einmal aus.

»Wenn er dir trotzdem was abzieht, dann sag mir Bescheid«, sage ich. Wieder bin ich der Puffer. Dieses Mal verhindere ich die Meuterei des Personals.

»*Gracias*«, sagt der Koch.

Fluvio ist ein Bündel sich widersprechender Impulse. Wenn Not am Mann ist, bezahlt er deine Arztrechnung, gleichzeitig macht er bei der Abrechnung einen Aufstand wegen ein paar Minuten. Die Welt der Gastronomie ist eine böse Welt. Ich bin

überzeugt davon, Fluvio glaubt, dass er das Beste für seine Angestellten tut. Aber ich frage mich auch, ob er merkt, wie alle sich
von ihm abwenden. Nach bald sieben Jahren fängt sein ganzer
Blödsinn an, mich mürbe zu machen.

Ich logge mich aus dem Stechuhr-Programm aus, blicke auf
zum unerbittlichen Auge der Videokamera und zeige fröhlich
den Stinkefinger.

DIE SEITENGASSE
DES WOHLSTANDS

Ein paar Tage später trifft ein verspäteter Wintersturm die Ostküste. Im »Bistro« sind um die Mittagszeit wieder einmal kaum Gäste. Bei Temperaturen im einstelligen Bereich lassen sich die meisten Bürohengste das Essen liefern. Ich wische ein Guckloch ins Glas der beschlagenen Eingangstür und schaue hinaus. Knochentrockene, vom Wind getriebene Schneekörnchen kratzen an Autos und Häuserfassaden und scheuern sie wie ein arktischer Sandsturm glatt. Im »Bistro« bin ich in Sicherheit und im Warmen. Mir knurrt der Magen. Ich schaue auf die Uhr. Zeit fürs Mittagessen. Ich gehe in die Küche und frage nach, was es gibt.

»He, Ernesto«, rufe ich.

»Was denn, *cabrón?*«, erwidert Ernesto, einer der Souschefs, und blickt nicht einmal von der Sauce auf, die er rührt.

»*Tengo hambre*«, jammere ich. »Füttere mich.«

»Worauf hast du Lust?«, fragt Ernesto.

Einer der Vorteile des Managerdaseins: Ich kann alles von der Speisekarte bestellen, was ich will – solange ich nicht übertreibe.

Das ist angenehm, aber nach einer Weile hat man die Nase voll von italienischer Küche. Die Erfahrung hat mich gelehrt, erst einmal herauszufinden, was für spanische Fressalien die Küchenjungs herzaubern.

»Was machst du denn für die Truppe?«, frage ich.

Ernesto hält inne und streicht sich über seinen Bürstenschnitt.

»Ich weiß noch nicht«, antwortet Ernesto, reißt sich vom Herd los und geht zum Kühlschrank. Nachdem er die Lage geprüft hat, sagt er: »Gib mir eine Minute. Ich mach was Leckeres für alle.«

»Tacos?«, frage ich hoffnungsvoll.

»Vielleicht.«

»Mach Tacos und ich werde dich lieben.«

»Du liebst mich nur, wenn ich dich füttere.«

»Und du liebst mich nur, wenn ich früh schließe.«

»Stimmt, *cabrón*«, sagt Ernesto und grinst. »Jetzt hast du's kapiert.«

»Hab ja nur sechs Jahre dazu gebraucht.«

»*Puta!*«, sagt Ernesto ohne Groll. »Raus mit dir.«

Schluss mit dem Geplänkel, ich verlasse die Küche. Die Hilfskellnerinnen Imelda und Lourdes blättern in der spanischsprachigen Ausgabe von *People*. Andere Restaurantmanager hätten sie angebrüllt. Ich lasse sie in Ruhe. Wenn die Mädchen sich hinsetzen, dann sind sie mit ihrer Arbeit fertig. Die Hintermannschaft vom »Bistro« hat die beste Arbeitsmoral, die ich kenne. Und außerdem herrscht tote Hose. Ich setze mich neben sie und blättere in einer Zeitung, die ein anderer Kellner liegen gelassen hat.

»Irgendwas Interessantes in der Zeitung?«, fragt Imelda.

»Immer der gleiche Mist, fürchte ich«, antworte ich.

»Steht irgendetwas über die Einwanderungssache drin?«, will Imelda wissen.

»Welche Einwanderungssache?«, frage ich.

»Über das Gesetz, das besagt, man dürfe keine illegalen Einwanderer einstellen.«

Imelda meint Gesetze, die Arbeitgeber zwingen sollen, den Status eines potenziellen neuen Mitarbeiters gründlicher zu prüfen. Im Moment muss Fluvio nur bestimmte Dokumente verlangen (Sozialversicherungskarte, Führerschein usw.), um die Eignung eines Bewerbers zu verifizieren. Die Echtheit dieser Unterlagen muss er nicht überprüfen. Viele Einwanderer, die eine Arbeit suchen, haben gefälschte Sozialversicherungsnummern, eine falsche Steuernummer oder eine nachgemachte Greencard. Sie wissen, dass die Papiere gefälscht sind, wir wissen es, aber wir und unzählige andere Firmen beschäftigen sie trotzdem. Wenn man Fluvio zu verstehen gäbe, dass die Papiere eines Bewerbers möglicherweise gefälscht sind, würde er standardmäßig erwidern: »Ich arbeite nicht für den Verfassungsschutz.« Nach dem neuen Gesetz sollen die Arbeitgeber auf elektronischem Weg die Echtheit der Papiere feststellen. Über das Internet sollen sie die Gegenprobe bei irgendeiner Datenbank machen. Tun sie es nicht, droht ihnen eine Geldstrafe. Tausende illegale Einwanderer würden nirgends in den USA mehr einen Job finden. Kein Wunder, dass die National Restaurant Association sich gegen diese Pläne wehrt. Ohne die illegalen Einwanderer käme die Gastronomie in diesem Land zum Stillstand.

Manche Leute sähen es gern, wenn alle Einwanderer schon an der Grenze gestoppt und wieder nach Hause geschickt würden. Andere meinen, wir sollten jeden, der sich nach Freiheit sehnt und es über den Zaun schafft, aufnehmen. Ich kenne die Lösung für Amerikas Einwanderungsproblem nicht. Ich weiß aber, dass die illegalen Einwanderer einen großen Anteil an unserer Wirtschaft haben. Die meisten Hausangestellten, Gärtner und Hausmeister *se hablan español*. Restaurants, besonders solche wie »The Bistro«, haben nur eine schmale Gewinnspanne. Wenn sie keine illegalen Einwanderer mehr einstellen können, dann müssten sie »legale« mit einem höheren Gehalt nehmen. Sie müssten die Preise erhöhen, und das Ausgehen würde noch teurer werden. Genau genommen würde es die Preise für viele Konsumgüter in die Höhe treiben, wenn wir uns unserer illegalen Arbeitskräfte entledigten. Wir freuen uns über billiges Hühnerfleisch, weil die Rupfer für wenig Geld in Fabriken schuften, in denen die Besitzer mit Kleinigkeiten wie sicheren Arbeitsgeräten und Krankenversicherungen knausern. Wir freuen uns über die niedrigen Preise in riesigen Supermärkten, weil unternehmerische Erbsenzähler die Geschäftskosten niedrig halten, indem sie Einwanderer ohne Papiere als Hausmeister beschäftigen. Könnten wir wie durch Zauberei jede illegale Arbeitskraft nach Hause schicken, wäre das Leben in den Vereinigten Staaten plötzlich weitaus teurer. Amerikaner mögen es bedauern, dass so viele Einwanderer es über die Grenze schaffen, oder die Misere der Immigranten anprangern, aber wir lieben es, nur 30 Dollar für einen DVD-Player bezahlen zu müssen. Amerika ist süchtig nach billigen Arbeitskräften – egal, ob aus China oder Mexiko.

»Ich glaube nicht, dass das Gesetz durchgebracht wird, Imelda«, antworte ich.

»Warum nicht?«

»Wenn wir euch alle nach Hause schicken, müssen wir mehr Geld dafür bezahlen, dass jemand unsere Rasen mäht«, erwidere ich. »Dazu wird es nicht kommen.«

»Das ist unfair«, mischt sich Lourdes in das Gespräch ein. »Ich arbeite schwer. Ich zahle meine Steuern und werde niemals Rente bekommen. Diese Leute wollen aus mir eine Kriminelle machen.«

»Das stimmt«, sage ich. »Es ist alles Heuchelei. Tausende Amerikaner versuchen jedes Jahr, die Steuerbehörde zu bescheißen.«

»Jawohl!«, sagt Lourdes.

»Anglos nutzen das System aus, Immigranten nutzen das System aus«, fahre ich fort. »Menschen werden ausgenutzt. Es ist ein Chaos.«

»Es ist ein großes Problem«, sagt Imelda kopfschüttelnd.

Nach diesem tiefschürfenden Gespräch brauche ich eine Zigarette. Ich entschuldige mich, nehme meinen schwarzen Wollmantel aus der Garderobe und gehe die paar Stufen ins Untergeschoss hinunter. Der Keller des Gebäudes aus der Zeit der Sezessionskriege ähnelt einem Kaninchenbau mit Gängen und kleinen Räumen. Tische, Gerätschaften und Nahrungsmittelkisten sind in jede nur erdenkliche Ecke gestopft. Die Hitze, die von den Kondensatoren des begehbaren Kühlschranks abstrahlt, heizt das Untergeschoss im Winter, im Sommer ist es unerträglich heiß. Diese Räume erinnern mich an ein U-Boot aus dem Zweiten Weltkrieg, das ich als Kind einmal besichtigt habe.

»*Hola amigos*«, sage ich zu den Jungs in der Vorküche.

»*Hola*«, antwortet Moises, der gerade eine rote Paprika schält. Er sieht mich in meinem warmen Mantel und fragt: »Schneit es draußen immer noch?«

»Ja«, antworte ich. »Ich gehe eine rauchen.«

»Nicht gut, Mann«, sagt Moises kopfschüttelnd. »Nicht gut.«

Moises hat vor einem Jahr mit dem Rauchen aufgehört. Er ist der Patriarch einer vielköpfigen Familie aus El Salvador, hat einen ganzen Stamm Kinder und den Mund voller Goldfüllungen. Er ist schon fast so lange unser Salatmann, wie ich im »Bistro« arbeite. Über die Jahre hat Moises jeden Cent gespart und besitzt jetzt ein Haus außerhalb der Stadt. Wenn ich mich frage, wie es sein kann, dass ich mehr Geld verdiene als unser Salatmann und trotzdem noch in einem kleinen Apartment lebe, dann lautet die Antwort: Moises besitzt dieses gewisse Etwas, das man Disziplin nennt.

Ich gehe durch ein paar Türen und betrete einen langen Gang, der zu den Treppen zur Hintergasse führt. Auf meinem Weg begegne ich Filipe, dem Tellerwäscher, der eine leere Mülltonne auf seiner Schulter trägt. In dem roten Licht des Schildes über der Tür sehen wir aus wie die Besatzungsmitglieder meines Kindheits-U-Boots. Beinahe kann ich das Signal für Gefechtsalarm hören. Ich widerstehe aber meinem Impuls, »Tauchen, tauchen, tauchen« zu rufen.

»Noch immer so kalt draußen?«, frage ich Filipe.

»*Muy frío, jefe*«, sagt er mit vor Kälte zitternder Stimme. »*Muy frío.*«

Ich trete zur Seite und lasse Felipe vorbei. Draußen höre ich den Wind heulen. Bei dem Wetter im Freien eine zu rauchen ist verrückt. Spätestens, wenn man einer Angewohnheit in einer Umgebung frönt, die normale Menschen meiden, weiß man, dass man abhängig ist. Egal. Ich steige die Stufen zur Hintergasse hinauf, schlage meinen Mantelkragen hoch und tue so, als sei ich ein deutscher U-Boot-Kommandeur, der den Kommandoturm betritt.

Der scharfe, eiskalte Wind bläst mir ins Gesicht und reißt mich aus meinem Tagtraum heraus. Ich stelle mich an die Seite der Gasse, wo ich ein wenig geschützter bin, und zünde eine Marlboro Light an. Obwohl es eisig ist, inhaliere ich langsam. Wenn ich die Zigarette wie wild rauche, dann wird mir schwindlig und ich muss mich übergeben.

Ich sehe zu, wie der weiße Qualm zögernd von meiner Zigarette aufsteigt, als die Tür aufgestoßen wird und Eduardo, einer der Beiköche, herausstolpert. Er hat keinen Mantel an, nur seine Kochuniform.

»Kippe? *Por favor?*«, fragt er und macht mit Zeige- und Mittelfinger seiner rechten Hand eine Geste, als rauche er, das Zeichen aller Nikotinabhängigen auf der ganzen Welt.

»Klar doch«, entgegne ich. Routiniert schüttle ich eine Zigarette bis zur Hälfte aus meinem Softpack und biete sie ihm an. Er nimmt sie, ich stecke die Schachtel wieder in meine Tasche, ziehe ein Zippo hervor und gebe ihm Feuer. Der scharfe Benzingeruch steigt mir in die Nase. In der kalten Luft fühlt sich die Wärme des Feuerzeugs in meiner Hand gut an. Eduardo hält seine Hand schützend um die Flamme, beugt sich leicht nach vorn, nimmt einen Zug und beendet die Zigarettenliturgie.

»*Gracias*«, sagt Eduardo.

»*De nada.*«

Eduardo raucht und hüpft in der Kälte von einem Bein aufs andere. »Ay«, sagt er lächelnd. »Este frío.«

»Ja, Mann«, antworte ich. »Wo ist dein Mantel?«

»Brauch ich nicht«, sagt er schnell.

Ich frage mich, ob Eduardo überhaupt einen Wintermantel besitzt, während ich ihm beim Rauchen zusehe. Tagtäglich sehe ich seine Landsleute an Straßenecken dicht zusammengedrängt, wo sie auf Bauunternehmer warten, die sie für einen Tag anheuern. Viele haben in dieser Kälte nur ein Sweatshirt an. Im Geiste mache ich mir eine Notiz, mich zu vergewissern, ob Eduardo einen Wintermantel hat. Hat er keinen, dann wird das Personal zusammenlegen und ihm einen kaufen. In der Hinsicht ist auf sie Verlass.

»Arbeitest du den ganzen Tag?«, frage ich.

»*Como?*«, antwortet Eduardo. Er ist erst seit ein paar Monaten im Land, und sein Englisch ist nicht besonders gut – aber er lernt schnell.

»*Trabaja todo al diá?*«, frage ich.

»*Sí, todo al día.*«

»Oje«, rufe ich aus. Eduardo hat einen 14-Stunden-Tag. Ich mag Eduardo. Er ist erst 18 und kommt aus Iztapalap, einem Vorort von Mexiko-Stadt. Der Junge steht auf Shakira, die heiße Braut aus Kolumbien, die *Hips don't lie* singt. Jeden Morgen steckt er seine Shakira-CD in den Ghettoblaster, lässt sie den ganzen Tag laufen und macht sie sauber, bevor er sie wieder in die Hülle zurücklegt. Er behandelt diese CD wie andere die Heilige Schrift.

»He, Eduardo«, sage ich. »Haben Moises und die anderen nicht langsam genug von Shakira?«

Eduardo versteht mich nicht, aber erkennt das Wort *Shakira*.

»Shakira! Shakira!«, ruft er und macht Faustbewegungen in die Luft.

»*Te gusta* Shakira?«

»*Sí, sí.*«

Ich lache leise. »Shakira's *muy bonita*«, pflichte ich bei.

Eduardo nickt zustimmend, nimmt einen letzten Zug von seiner Zigarette und schnippt sie auf die Straße. »*Esta frío*«, jault er und rast die Treppe runter.

Ich stehe wieder allein in der Kälte und genieße meine Zigarette. Ich muss Eduardo Anerkennung zollen. Er kam zur Welt, als ich meinen Abschluss an der Highschool machte. Jetzt ist er in einem fremden Land und will ein besseres Leben. Als ich in seinem Alter war, war ich im Priesterseminar, versteckte mich in der akademischen Welt und hatte drei Hauptmahlzeiten sicher. Niemals musste ich mir Sorgen um einen Wintermantel machen, wenn es kalt wurde. Eduardo ist viel zäher, als ich es in seinem Alter war. Zum Kuckuck, er ist zäher als die meisten. Als Immigrant muss man das sein.

Und natürlich macht keiner einem Immigranten das Leben so schwer wie andere Immigranten. Caesar, der selbst aus Paraguay kam, hatte so viel Angst, dass ihn seine illegalen Tagelöhner bestehlen könnten, dass er einem seiner Angestellten ein Extrageld dafür bezahlte, jeden auszuspionieren. Im »Amici's« übernahm Rudolfo, unser verhaltensgestörter Salatmann, die Rolle des Undercover-Agenten. Verleitet vom Reiz der Macht und einem klitzekleinen finanziellen Bonus, verwandelte sich Rudolfo über Nacht in einen faschistischen Aufpasser. Natürlich hat dieser kleine Scheißer auch die Kellner überwacht und jeden notiert, der zu spät kam, sowie jede belauschte Kritik am Management aufgeschrieben. Rudolfo hat immer feierlich die Fehltritte und das Fehlverhalten der Kellner in Caesars Ohr geflüstert und maßlos übertrieben. Na gut, wir haben uns schlecht benommen und wir haben Fehler gemacht, aber ich fand es immer erbärmlich, dass Rudolfo seine Seele für ein paar Dollar extra an einen Drecksack wie Caesar verkauft hat.

Rizzo hegte einen besonderen Groll gegen Rudolfo. In jeder

Schicht hat Rizzo eine Flasche Wein getrunken. Rudolfo hat Caesar immer berichtet, dass Rizzo während der Arbeit trinkt. Da Caesar aber vor Rizzo Angst hatte, ist nichts weiter passiert. Dass der Oberkellner gegen diese Machtausübung immun war, hat Rudolfo schier wahnsinnig gemacht. Rizzo hatte besonderen Gefallen daran, auf Rudolfos Machtlosigkeit aufmerksam zu machen, indem er ihn eine »salatschleudernde Onkel-Tom-Hausneger-Drecksau« nannte.

Der Einsatz solcher »Agenten« beschränkt sich nicht auf das »Amici's«. Fluvio hat seine eigenen Spione. Und er hat Spione, die die Spione ausspionieren! Zum Beispiel ruft er mich an und will wissen, wie es im Restaurant läuft. Nachdem er mit mir gesprochen hat, ruft er Max an, den ersten Hilfskellner, und fragt ihn, was *ich* mache. Wenn er mit Max gesprochen hat, ruft Fluvio Armando an und fragt, was *wir beide* machen. Es gibt Zeiten, in denen man glauben könnte, man arbeite in der von der Stasi durchsetzten DDR. Ich nehme einen langen Zug von meiner Zigarette. Es ist Jahre her, seit ich an Rudolfo gedacht habe. Caesar hat ihn schließlich gefeuert. Jetzt hurt er sicherlich in einem anderen Restaurant herum. Eigentlich sollte er mir leidtun, aber ich kann kein Mitgefühl für ihn aufbringen. Die Sucht nach Anerkennung und Respekt kann Leute, die nicht viel zu bieten haben, dazu verleiten, ihre Würde an den falschen Orten zu suchen. Darum verklären Kriminelle ihre idiotische Rohheit und nennen es Ehrenkodex und Respekt. Die Mafia hat die Ausbeutung der italienischen Immigranten damit schöngeredet, dass sie sie beschützen. Omertà – leck mich am Arsch.

Den hinteren Teil des Restaurants bekommen die Gäste nicht zu sehen. Er ist buchstäblich der Mund und der Arsch gleichzeitig. Hier kommen die Lieferungen an, und der Müll geht raus. Hier machen müde Jungs auch mal eine Pause, bevor sie wieder in die ewig gleiche Routine zurückkehren. Manche Restaurants sagen ihren Mitarbeitern, sie sollen den Liefereingang benutzen, wenn sie kommen und gehen. Gott bewahre! Bloß die Gäste nicht die Diener sehen lassen.

Gäste wollen nichts davon wissen, dass illegale Einwanderer ihre Mahlzeit zubereiten oder Tische abräumen. Sie wollen nichts davon wissen, dass das Personal für ein Ungeheuer arbeitet. Es ist ihnen egal, ob die Hilfskellnerinnen genug Geld für den Einkauf haben oder die Kellner genug für die Miete. Sie sehen sich Starköche im Fernsehen an und denken, Restaurants seien ein magischer Ort, an dem sie sich mit ihren Geschmacksnerven einen runterholen können. Sie begreifen nicht, dass Menschen hinter den Kulissen ums Überleben kämpfen. Den meisten Menschen ist es egal, was in den Seitengassen des Wohlstands passiert – ob nun hinter einem Restaurant oder einem Supermarkt.

Ich werfe die Zigarette auf den Boden und trete sie aus. Vielleicht sollte ich mit den Menschen nicht so hart ins Gericht gehen. Aus meinen Tagen im Priesterseminar ist wohl ein gesunder Kern empörter Selbstherrlichkeit übrig geblieben. Wenn ich essen gehe, will ich auch meine Probleme vergessen. Aber ich benehme mich nicht wie ein komplettes Arschloch.

Ich gehe wieder hinein. Von der warmen Luft fangen meine Ohrläppchen an, schmerzhaft zu jucken. Wäre ich noch eine Minute länger draußen geblieben, hätte ich wahrscheinlich Frostbeulen bekommen. Zum tausendsten Mal verfluche ich das Nikotin, von dem ich nicht lassen kann.

Oben gehe ich in die Küche. Während ich mir eine Schüssel Suppe nehme, sehe ich Hackfleisch im Ofen brutzeln, Ernesto schneidet Käse und Tomaten auf einem Brett.

»Tacos?«, frage ich.

Ernesto deutet mit dem Daumen nach oben.

»Bist'n Ass, Ernesto«, sage ich und gehe mit meiner Schüssel in den Speisebereich.

Ich esse meine Suppe und lese die Zeitung weiter. Draußen

heult der Wind. Nach einer Weile kommt Ernesto aus der Küche. Er bringt mir einen Teller Tacos. Endlich. Ich verhungere.

»*Mucho gusto tacos*«, sage ich begeistert.

Ernesto sieht mich an. »Wie lange arbeitest du schon hier?«, will er wissen.

»Sechs Jahre.«

»Dein Spanisch ist immer noch beschissen.«

»Stimmt«, sage ich und nehme mir einen Taco vom Teller. »Wär ich ein Hilfskellner in Mexiko, würde ich es schnell lernen.«

»Dich würde ich zu gern in Mexico sehen«, sagt Imelda und lacht. »Da würdest du die Fresse voll kriegen.«

Ernesto brüllt in Richtung Vorküche, dass das Mittagessen fertig ist. Es ist das reinste Tohuwabohu, als Eduardo, Felipe und die anderen aus der Küche nach oben gelaufen kommen. Alle rennen hin und her, holen sich Limonaden, Tabascosauce, Messer, Gabeln und Servietten, dann setzen sie sich und vertilgen ihr Mittagessen. Jeder ist ausgehungert.

Nach ein paar Minuten herrscht im »Bistro« der angenehme Lärm von Leuten, die gutes Essen und gute Gesellschaft genießen. Und wie sollte es anders sein, die Klingel der Eingangstür bimmelt. Ein Mann und eine Frau kommen herein, der frisch gewienerte Boden wird vom Schneematsch schmutzig.

»Haben Sie geöffnet?«, ruft die Frau.

Ich erhebe mich und gehe nach vorn.

»Ja«, entgegne ich freundlich. »Zwei Personen zum Mittagessen?«

»Ja«, blafft der Mann. »Wir wollen hinten sitzen.«

Da essen die Angestellten. Sie werden sich unwohl fühlen und hastig aufessen, wenn ich die Gäste nach hinten setze.

»Es tut mir leid, Sir«, antworte ich. »Da ist geschlossen. Aber ich habe einen sehr schönen Tisch am Fenster.«

»Wir müssen hinten sitzen«, sagt die Frau und blickt sich beunruhigt um.

Durch meine jahrelange Erfahrung weiß ich, dass Leute, die ihre Ehepartner betrügen, zu ungewöhnlichen Zeiten ein Restaurant aufsuchen. Vielleicht ist das hier der Fall.

»Nun«, sage ich. »Wenn Sie nichts dagegen haben, neben den Angestellten zu sitzen. Sie essen gerade.«

»Wann sind sie fertig?«, fragt der Mann.

Jetzt werde ich sauer. Meine Mitarbeiter haben ein Recht darauf, wie Menschen zu essen.

»Wenn sie fertig sind.«

Der Mann zuckt mit den Achseln, als hätte ich etwas Dummes von mir gegeben. »Wann wird das sein?«

»Wahrscheinlich zu spät für Sie«, entgegne ich schnippisch und setze meinen Tausend-Yard-Kellnerblick auf.

Ohne ein Wort drehen sich die beiden um und gehen wieder hinaus in die eisige Kälte. Den Angestellten beim Essen zuzusehen wäre wohl zu viel Realität für ein Yuppie-Paar. Oder vielleicht habe ich ja auch Recht mit dem Ehebruch.

»Was war denn los?«, will Imelda wissen, als ich mich wieder setze.

Ich blicke über den Tisch. Moises erzählt gerade einen Witz. Pilar, eine weitere Hilfskellnerin, zeigt Lourdes Fotos von ihrem Baby. Felipe sieht müde aus, und Eduardo schaufelt so viele Tacos in sich hinein, wie er kann. Diese Leute haben ohne Pause die Speisen für das Wochenende vorbereitet. Sie haben es sich verdient, sich hinzusetzen und ihr Essen zu genießen. Es sind Männer und Frauen – keine Sklaven. Das hier ist keine Yuppie-Plantage.

Manche meiner Mitarbeiter haben viel auf sich nehmen müssen, um in diesem Land zu überleben, denke ich. Ernesto musste einen Menschenschmuggler bezahlen, einen Schlepper – 10 000 Dollar, damit sein Sohn von El Salvador nachkommen konnte. Moises hat seine Familie irgendwann eingeflogen. Lourdes und Imelda haben im ganzen Land nach Arbeit gesucht, bis sie irgendwann hier gelandet sind. Als jemand, der hier geboren wurde, vergisst man schnell, wofür dieses Land steht. Ja, sicher, die Vereinigten Staaten haben eine Menge Probleme. Arbeitet man aber in einem Restaurant, dann wird einem klar, dass es Millionen von Menschen gibt, die alles dafür riskieren, dem amerikanischen Traum hinterherzujagen.

»Nichts war los, Imelda«, antworte ich. »Überhaupt gar nichts.«

Ich esse fertig. Eduardo steht auf, will seinen Teller zur Spülmaschine tragen. Meinen nimmt er auch.

»Danke, Mann«, sage ich.

»*No ningun problema.*«

Sobald Eduardo außer Hörweite ist, flüstere ich Imelda zu: »He, besitzt Eduardo einen Wintermantel?«

»Ja«, erwidert Imelda.

Schnee wirbelt vor dem Fenster auf. »Gut«, sage ich. »Er wird ihn brauchen.«

TRINKGELD
IST DIE HAUPTSACHE

Es ist der erste Sonntag im April. Das Paar mittleren Alters an Tisch 23 hat Essen und Wein im Wert von 200 Dollar verputzt und um die Rechnung gebeten.

»Bitte sehr«, sage ich und lege die Rechnung in die politisch korrekte Mitte des Tisches.

»Danke schön«, schnurrt die Frau. »Es war großartig.«

»In der Tat«, sagt der Ehemann. »Bitte bestellen Sie dem Chefkoch unser Kompliment.«

»Das werde ich, Sir.«

»Und Sie erst!«, ruft die Frau aus. »Sie sind ein wunderbarer Ober.«

»Ich danke Ihnen, Madam«, entgegne ich und verbeuge mich leicht.

»Es ist Jahre her, dass ich so gut bedient wurde«, schwärmt die Frau weiter. »Ist es nicht so, Andy?«

»Ja, Liebling«, antwortet der Ehemann. »Er ist der beste Ober, den wir seit langem hatten.«

Ein Gefühl des Unbehagens überkommt mich. Nicht, dass ich Lob nicht ertrage – ganz im Gegenteil. Nur weiß ich aus Erfahrung, dass überschwengliches Lob von Gästen meistens auf Kosten des Trinkgelds geht.

Diese Gäste begehen den Denkfehler, mein Vermieter würde Äußerungen wie »gute Arbeit« oder »Sie sind der Beste« statt staatlich garantierter Zahlungsmittel akzeptieren. Sie ordnen ihren Lobeshymnen einen monetären Wert zu und ziehen ihn von meiner Vergütung ab. Wir Kellner nennen das »mündliches Trinkgeld«.

»Hier«, sagt der Mann und reicht mir seine Kreditkarte. »Und noch mal danke.«

»Bin gleich wieder zurück«, sage ich, gehe zur Kasse und belaste die Karte. Mit der Quittung kehre ich an den Tisch zurück.

»Alles erledigt«, sage ich und gebe die Mappe zurück. »Ich wünsche Ihnen noch ein schönes Wochenende, beehren Sie uns bald wieder.«

»Oh, das werden wir«, schwärmt die Frau. »Aber nur, wenn wir *Sie* als Kellner bekommen.«

»Danke.«

»Nochmals danke«, sage der Mann. »Großartige Arbeit, exzellenter Service.«

Das Paar steht auf und geht in Richtung Tür. Auf dem Weg erzählen sie Fluvio, was ich für ein toller Kellner bin. Nach sechs Jahren gemeinsamer Arbeit liegen Fluvio und ich uns oft in den Haaren und sind in vielen Dingen verschiedener Meinung, aber eine Quittung lügt nicht. Ich bin sein bester Kellner. Es bringt ihn um, wenn ihm Gäste das sagen.

Das Paar winkt mir noch einmal zu. Ich setze mein bestes Kellnerlächeln auf und winke zurück. Sobald die beiden zur Tür hinaus sind, eilen Fluvio und ich zum Tisch. Fluvio ist vor mir da und nimmt die Mappe.

»Das Trinkgeld wird beschissen sein«, sagt er grinsend.

»Wahrscheinlich.«

Fluvio schlägt die Mappe auf und kichert. »Es ist beschissen.«

»Das mündliche Trinkgeld hat mal wieder zugeschlagen.«

»Sie haben dir weniger als acht Prozent gegeben.«

»Jessas«, stammele ich. »Das ist schlimmer, als ich dachte.«

In sich hineinlachend, gibt mir Fluvio die Mappe. 15 Dollar hat das Paar gegeben. Lobhudler sind mein Untergang.

»Saftsäcke«, grolle ich.

»Toller Kellner, so'n Scheiß«, krächzt Fluvio.

Ich blicke auf die Rechnung, zucke die Achseln und stecke sie in meine Tasche. Ich kann sowieso nichts ändern. Wenigstens haben diese Leute mein seelisches Wohlbefinden nicht allzu sehr erschüttert.

Nach sieben Jahren als Kellner habe ich meine eigenen Vorstellungen davon, wie und warum Kunden Trinkgeld geben. Ich kann mittlerweile nach ungefähr zehn Sekunden vorhersagen, wie viel Geld ich von einem Gast bekommen werde. Ich sehe sozusagen die Prozentzahlen über ihren Köpfen schweben.

Die Ursprungsgeschichte des Trinkgelds ist irgendwie verlorengegangen. Manche glauben, dass es sich seinerzeit in den Gasthäusern Europas einbürgerte, dass Männer der Barfrau ein paar Münzen zuwarfen, damit das Bier weiter floss. (Sogar damals war es schwer, die Aufmerksamkeit eines Barkeepers auf sich zu ziehen.) Viele Menschen nehmen fälschlicherweise an, das Wort Trinkgeld, im englischen *tips,* sei ein Akronym für *to insure prompt service.*

Nähmen wir das wörtlich, dann sollte der Kunde dem Ober das Trinkgeld geben, *bevor* das Essen serviert wird. Das käme bei der heutigen Kundschaft sicherlich nicht gut an, und im 16. Jahrhundert was das bestimmt auch nicht anders. Die Vermutung, *tips* sei die Abkürzung für *to insure prompt service,* ist ebenso absurd wie der Glaube, *fuck* sei eine Abkürzung für *forbidden unclean carnal knowledge.* Es klingt gut, es haut irgendwie hin, aber es ist unwahr. Es ist eine etymologische Legende. Das Wörterbuch besagt, *tip* komme aus dem britischen Diebesjargon und bedeute so viel wie »von einem zum anderen weitergeben«. Die Begriffe *Börsentipp* oder *Wetttipp* stammen auch daher. Irgendwann bekam das Wort die Bedeutung, die es heute hat: Ein Kunde gibt einem ein Dankeschön für geleistete Dienste. In den Vereinigten Staaten setzte sich das Geben von Trinkgeld nach einigem Protest nach dem Bürgerkrieg durch. Trotz aller Verwirrung über den Ursprung dieser Sitte gilt doch stets eins – Kellner werden beim Trinkgeld oft übers Ohr gehauen.

Wenn Sie beim Trinkgeld geizen, dann bescheißen Sie den Kellner. In den USA bekommen die meisten Kellner *keinen* Stundenlohn. Wir kriegen nicht einmal den Mindestlohn. Abgesehen von ein paar Ausnahmen. Im Staat New York verdienen Kellner mit Trinkgeld 4,60 Dollar pro Stunde. Das liegt unter dem gesetzlich festgelegten Mindestlohn von 7,15 Dollar pro Stunde. Das Trinkgeld und der geringe Stundenlohn sollen zusammen den gesetzlichen Mindestlohn ergeben, das ist der Grundgedanke. In Staaten wie Oregon dürfen Kellner den vollen gesetzlich festgelegten Stundenlohn von 7,80 verdienen *plus* Trinkgeld. (Da will ich hinziehen.) Wenn man allerdings in einem Diner in Nebraska arbeitet, kriegt man nur 2,13 Dollar die Stunde. Die Gesetze unterscheiden sich von Staat zu Staat. Es genügt wohl zu sagen, dass die Kellner das Trinkgeld zum Überleben brauchen. Haben Sie sich schon einmal gefragt, warum ein Ober stinkig wird, wenn Sie ihn um sein Trinkgeld bringen? Stellen Sie sich vor, Ihr Boss würde Ihnen willkürlich Geld von Ihrem Gehaltscheck abziehen, Geld, das Sie für die Ernährung Ihrer Familie benötigen, dann können Sie sich vielleicht eine Vorstellung von der Wut machen, die einen Kellner packt. Kellner haben einen der seltenen Jobs, bei denen die Bezahlung vom Gutdünken der Kunden abhängt.

Und glauben Sie mir, Kellner werden geprellt. Ich weiß nicht, wie oft ich es schon gesehen habe, dass Gäste gehen, ohne einen Cent Trinkgeld zu geben. Wenn mir das passiert, grinse ich einfach nur und ertrage es. Kellner müssen sich das eben gefallen lassen, wenn sie auch einmal ein gutes Trinkgeld haben wollen. Doch nicht alle Kellner haben so viel Geduld wie ich.

Vor ein paar Jahren arbeitete ich an einem Tag, an dem nichts los war, zusammen mit Allie. Damals war sie meine Freundin.

Zwei Frauen wurden in Allies Bereich plaziert. Die Mädels bestellten für 100 Dollar Essen und Wein. Dann baten sie um die Rechnung, stopften ein Bündel Geldscheine in die Mappe und rannten aus dem Restaurant. Allie ahnte schon, dass etwas nicht stimmte, lief zum Tisch und zählte hektisch das Geld.

»Haben sie nicht genug dagelassen?«, fragte ich sie.

»Doch«, sagte Allie und lief rot an vor Wut. »Aber kein Trinkgeld!«

»Verdammt«, sagte ich, stinksauer, weil Allie nun für den Rest des Tages schlechte Laune haben würde. »Wenn sie sich kein Trinkgeld leisten können, dann können sie auch nicht zum Essen ausgehen.«

Allie hörte mir nicht zu. Allie rannte zur Tür.

»Einen Moment«, versuchte Brian sie aufzuhalten, unser ehemaliger zweiter Manager, er stellte sich zwischen die wütende Kellnerin und die Eingangstür.

Allie schob Brian beiseite, öffnete die Tür und lief auf die Straße. Ich folgte ihr und holte sie auf dem Gehweg ein.

»Allie«, flehte ich sie an. »Du wirst noch überfahren, bloß weil dich diese blöden Ziegen geprellt haben.«

Allie sah ihre beiden Kunden fortsprinten. Sie rief ihnen nach: »Vielen Dank, ihr billigen Huren!«

Gesichter erstarrten, jeder Fußgänger starrte Allie an.

»Ihr Geizhälse!«, brüllte Allie. »Lasst euch hier nie wieder blicken!«

Die jungen Frauen lachten, zeigten Allie den Stinkefinger und setzten ihren Weg fort. Ich hielt Allie am Arm, denn ich hatte Angst, dass sie den Mädchen nachlaufen und sie zusammenschlagen würde. Sie war dazu fähig.

»Das ist es nicht wert«, mahnte ich.

»Ich könnte diese Ziegen *umbringen!*«, sagte Allie, und ihre Stimme zitterte. In dem Moment fing sie an, vor Wut zu weinen. Ohne Trinkgeld dazustehen hat für einen Kellner finanzielle Folgen. Aber es nagt auch emotional und seelisch an einem. Kein Trinkgeld zu bekommen ist *verletzend*.

Ich kann Allies Zorn nachvollziehen. Vor ein paar Wochen habe ich, ganz nach der Hausregel, 18 Prozent Trinkgeld auf die Rechnung eines 10er-Tischs aufgeschlagen. Der Gastgeber, der den ganzen Abend über mit dem Service zufrieden zu sein schien, regte sich auf, als er das sah.

»Sie sind keine 18 Prozent wert«, höhnte er.

Die Worte versetzten mir einen Stich. Dieser Mann hat meiner Person einen Geldwert zugeschrieben und war der Ansicht, dass er mir keinen Penny darüber hinaus schuldete. Er muss die Gepflogenheit des Trinkgeldgebens mit dem Bieten bei eBay verwechselt haben. Ich fühlte mich erniedrigt. Meine Haltung habe ich dennoch bewahrt, und ich belehrte den Gentleman, alternative Zahlungsmodalitäten könne er ja dann mit der örtlichen Polizei diskutieren. Der Mann hat es bei den 18 Prozent belassen.

»Lass uns wieder reingehen«, sagte ich zu Allie, die sich an meiner Schulter ausweinte. »Es ist vorbei.«

Nach der Arbeit habe ich sie in eine Bar eingeladen und mit ein paar Gläsern Chardonnay behandelt. Einige Gäste, die Allies Nervenzusammenbruch mitbekommen hatten, kamen und wollten sie trösten. Einer gab uns einen interessanten Hinweis – unsere Mädels seien Kellnerinnen in einem nahe gelegenen Restaurant. Seufz. Nur deinesgleichen tut dir so etwas an.

Kellner erinnern sich nicht immer an gute Trinkgeldgeber. Aber die schlechten vergessen wir nie. Die Scham brennt einem das Gesicht eines solchen Kunden ein – wie bei einem traumatischen Verkehrsunfall die trivialsten Details dem Opfer für immer im Gedächtnis bleiben.

Als ich im »Bistro« anfing, hatte ich einen Gast, der mir immer acht Prozent Trinkgeld gab. Es lag nicht an mir, ich machte auch nichts falsch – er gab allen Kellnern acht Prozent. Irgendwann war das Fass voll, und ich stellte ihn zur Rede.

»Entschuldigen Sie, Sir«, sagte ich. »Hatten Sie etwas auszusetzen?«

»Nein«, antwortete der Mann. »Warum fragen Sie?«

»Sie haben mir nur acht Prozent Trinkgeld gegeben«, entgegnete ich. »Üblich sind 15 Prozent. Darum nahm ich an, dass ich etwas falsch gemacht habe.«

»Mensch, Papa«, sagte seine Tochter, ein Teenager, und blickte verlegen.

Der Mann sah mich wütend an, wie ein Rüpel, der gerade gemerkt hat, dass die Person, auf der er herumhackt, einen schwarzen Gürtel in Karate hat.

»Es tut mir leid«, sagte der Mann und zog hastig seine Brieftasche aus seiner hinteren Hosentasche. »Ich habe mich wohl verrechnet.« Der Mann ließ ein paar Dollar auf den Tisch fallen und erhöhte mein Trinkgeld auf 13 Prozent. Das akzeptierte ich.

Am nächsten Tag erhielt Fluvio eine aufgebrachte Mail von dem Gast. Er behauptete, ich hätte ihn vor seiner Tochter und allen anderen Gästen bloßgestellt. Ihm missfiel es einfach, dass sein wahrer Charakter ans Licht kam. Fluvio und ich hatten deswegen eine heftige Auseinandersetzung. Langer Rede kurzer Sinn, Fluvio erließ folgende Anordnung: Jeder Kellner, der sich wegen des Trinkgelds bei einem Gast beschwerte, würde auf der Stelle entlassen. Natürlich hatte Fluvio recht. Es ist eine Situation, in der man nicht gewinnen kann. Die Gäste hinterlassen ihr spezielles Markenzeichen namens Geiz in der Folge einfach nur in einem anderen Restaurant. Seither spreche ich Gäste nicht mehr auf ihre Knickerigkeit an. Es sei denn, sie bitten mich darum.

Einmal bediente ich abends ein Paar. Sie hatten ihr erstes oder zweites Rendezvous. Der Mann, so ein Macher-Typ, bestellte jede Menge teures Essen und eine kostspielige Flasche Wein. Die beiden bekamen einen guten Service. Dann sah ich die neun Prozent Trinkgeld und war ein bisschen irritiert. Als das Paar gehen wollte, entschuldigte sich der Mann und suchte die Herrentoilette auf. Sobald der Mann außer Sichtweite war, winkte mich seine Begleiterin zu sich an den Tisch heran.

»Darf ich Sie etwas fragen?«, sagte die Frau, eine sehr attraktive Rothaarige.

»Selbstverständlich, Madam.«

»Hat mein Freund Ihnen genug Trinkgeld gegeben?«

Lächelnd schlug ich die Mappe mit der Rechnung auf und zeigte sie ihr.

Die Frau wurde röter als ihr Haar. Sie griff in ihre kleine Handtasche und drückte mir einen zerknitterten 20-Dollar-Schein in die Hand.

»Es tut mir leid«, sagte sie.

»Danke, Madam«, erwiderte ich und steckte den Geldschein in die Hosentasche.

Der Mann kam beschwingten Schrittes zurück. Der blöde Arsch war wohl fest davon überzeugt, er würde heute Abend Glück haben. Ich wusste es besser. Sobald die beiden vor der Tür standen, sagte das Mädchen etwas zu ihm und ging mit vor der Brust verschränkten Armen davon. Der Typ stand mitten auf dem Bürgersteig und sah aus, als sei ihm gerade eine Granate auf dem Kopf explodiert. Er hatte es verdient.

Hört zu, Jungs – manchmal erkundigt sich ein Mädchen, wie viel Trinkgeld ihr gegeben habt. Das ist eine Art Test. Frauen denken nämlich, wenn ihr dem Kellner gegenüber nicht großzügig seid, dann seid ihr es auch dem Mädchen gegenüber nicht – ob die Freigiebigkeit nun finanzieller oder emotionaler Natur ist. Außerdem sind schlechte Trinkgeldgeber auch schlecht im Bett.

Warum geben die Leute nun dieses oder jenes Trinkgeld? Warum sind manche großzügig? Warum manche nicht? Von Soziologen durchgeführte Studien belegen, dass die Qualität des Service nicht den größten Ausschlag für die Höhe des Trinkgelds gibt.

Zu etwa 70 Prozent bestimmt die gesellschaftlich festgelegte Norm die Höhe des Trinkgelds. 15 bis 20 Prozent, so hat die Gesellschaft festgelegt, sind das Mindeste. Da der Mensch ein Herdentier ist, stehen die Chancen gut, dass 70 Prozent aller Restaurantgäste die gesellschaftlich akzeptierte Summe hinlegen. Jeder Kellner, der einen Kunden schlecht bedient, aber dennoch ein gutes Trinkgeld bekommt, weiß um diese Eigendynamik. Beruhten Trinkgelder einzig auf der Qualität der Bedienung, wären Kellner schon lange ausgestorben.

Ich weiß, was Sie denken. 70 Prozent der Arbeit eines Kellners ist schon getan, bevor wir uns einem Tisch überhaupt nähern. Warum also beschwere ich mich über mieses Trinkgeld? Ich beschwere mich, weil da immer noch die restlichen 30 Prozent sind. Steht 70 Prozent unter einer Klausur, dann ist das eine 4. Lassen nur 70 Prozent der Gäste ein durchschnittliches Trinkgeld da, dann ist es, als bekäme man eine 4. Ein Ober muss von 80 bis 90 Prozent seiner Gäste 15 bis 20 Prozent Trinkgeld kriegen. Dafür muss er gegen alle Eventualitäten, die die Höhe des Trinkgeldes beeinflussen, gerüstet sein.

Vor ein paar Jahren hieß es in einer Studie, wenn Kellner gewisse raffinierte nonverbale Taktiken anwendeten, könnten sie ihr Trinkgeld aufbessern. Als da wäre: ein Smiley auf die Rechnung kritzeln, die Schulter des Gastes sanft berühren oder am Tisch knien, angeblich, um auf Augenhöhe mit den Dinierenden zu sein.

Die Hand auf der Schulter eines Gastes und niedliche Illustrationen auf der Rechnung funktionieren nur bei Kellnerinnen – blonden mit großem Titten. Ja, die Cornell School of Hotel Administration hat viel Geld für eine Studie ausgegeben, die beweist, dass blonde Kellnerinnen mit wenig Körperfett und einer beeindruckenden Körbchengröße mehr Geld verdienen als ihre weniger gut ausgestatteten Gegenspielerinnen oder männlichen Kollegen. Und außerdem: Wenn ein Mann ein Smiley auf eine

Rechnung zeichnet, dann ist das einfach nur gruselig. Diese Scheiße funktioniert garantiert nicht in einem teuren Lokal. Können Sie sich einen Kellner in der Hocke vor dem Tisch von »Gordon Ramsey's« in London vorstellen? Gordon würde dem Kerl die Eier abreißen.

Die anderen 30 Prozent des Trinkgelds hängen davon ab, wie die Kunden sich selbst sehen. Halten sie sich für freigiebige Leute und ein Kellner hegt dieses Gefühl, indem er sie wie eine Million Dollar behandelt, dann werden sie ein gutes Trinkgeld geben. Manche Kunden denken von sich selbst gern, sie hätten etwas übrig für das Leiden der Arbeiter. Versteht ein Kellner es, diese bourgeoise Schuld auszunutzen, dann legen sie noch ein bisschen Extrakohle hin. Und dann gibt es die Snobs. Leute, für die der Besitz der richtigen Klamotten, der Genuss seltener Weine und der soziale Status alles ist, was zählt. Zeigen Kellner ein kaum merkliches Zögern, vermischt mit einer leichten Unterwürfigkeit, werden diese Gäste sie als Sklaven betrachten, die seit Generationen zur Familie gehören, und ein entsprechendes Trinkgeld geben. Arschkriechende Oberkellner haben ein besonderes Talent dafür.

Der sicherste Weg, das Trinkgeld zu erhöhen? Man muss nur die größte Charakterschwäche eines Gastes finden und sie für sich nutzen.

Ein guter Kellner muss die richtigen Knöpfe drücken, er muss den Kunden verführen. Um die richtigen Knöpfe zu finden, muss sich ein Kellner, wie jeder gute Verkäufer, mit den menschlichen Schwächen ausgezeichnet auskennen. Glauben Sie nur nicht, dass ich immun bin. Auch ich werde gern verwöhnt, höre gern Komplimente und habe gern das Gefühl, ich sei die einzige Person im Raum. Darum bekommen diese Tänzerinnen so viel Geld von mir.

Kellner müssen aber auch mit dem gefürchteten Gast klarkommen, der niemals ein gutes Trinkgeld hinterlässt. Diese Leute haben so viel Angst, irgendetwas zu verlieren, dass sie nicht in der Lage sind, das kleinste Stück abzugeben. Obwohl sie problemlos für sich selbst Geld ausgeben, wollen sie anderen nichts schenken. Sie sind chronisch selbstsüchtig. In der Welt, in der sie leben, sind Menschen nur dazu da, sie gegen eine kleine oder gar keine Vergütung zu bedienen.

Typisches Beispiel: Einmal bekam ein Mann an einem meiner Tische einen Erstickungsanfall. Jede Hilfe schlug er ab, als er aber blau anlief, schritt ich ein und wandte ein paar Handgriffe an. (Es wäre nicht von Vorteil, wenn in meinem Bereich ein Gast stirbt.) Ich gab ihm ein paar schnelle Stöße in den Bauch, und der Nahrungsbrei, der die Atemwege verstopfte, schoss aus seinem Mund und spritzte auf den Tisch. Raten Sie mal, wie viel Trinkgeld der Mann mir gegeben hat, nachdem ich ihm das Leben gerettet hatte. Acht Prozent! Und noch etwas. Er war Arzt, das wusste ich von seiner Kreditkarte. Beim nächsten Mal lasse ich ihn sterben.

Solche Kunden werden sich nicht ändern. Kellner werden am besten mit ihnen fertig, indem sie ihnen blöd kommen, so dass sie nie wieder über die Türschwelle des Lokals treten. Ich weiß, was Sie denken. Sie denken, ich sollte mehr Verständnis für meine trinkgeldbehinderten Gäste haben. »Vielleicht ist er oder sie in armen Verhältnissen groß geworden und hat Angst vor Armut?« Das ist Blödsinn. Leute aus der Arbeiterklasse mit weit weniger Geld als ihre gut betuchten Gegenstücke mit Problemen, was Großmut angeht, sind oft viel spendabler. Ich habe viele wohlhabende Menschen kennengelernt, die bei null im Leben angefangen haben und bis heute viel Trinkgeld geben. Miese Trinkgeldgeber sind schlecht fürs Geschäft. Und sie müssen verschwinden. Wenn Sie glauben, ich sei hartherzig, dann denken Sie dran, dass ein Restaurant ein Geschäft ist – nicht Ihr Esszimmer. Ich bin ein unabhängiger Auftragnehmer, der seinen Lebensunterhalt verdienen will. Wenn Sie Kunden hätten, die immer zu wenig bezahlen oder 90 Tage alte offene Rechnungen haben, würden Sie dann auch künftig noch Geschäfte mit ihnen machen, wenn Sie es nicht müssen? Nein? Ich schließe mein Plädoyer.

Da Trinkgeldgeben ein gesellschaftliches Verhalten ist, ist es nicht verwunderlich, dass Leute ihr Geld nach einem bestimmten Muster ausgeben. Gäste können in bestimmte Kategorien eingeteilt werden, habe ich herausgefunden. Aus rein praktischen Erwägungen habe ich sie für Sie zur Durchsicht aufgelistet. Hier können Sie feststellen, ob Sie einer dieser Kategorien angehören.

DER LOBHUDLER

Großartige Lobreden, aber knapp bei Kasse. Es überrascht mich, dass sie nicht Smiley-Aufkleber auf die Rechnung kleben. Von diesen billigen Belohnungen habe ich schon seit der Grundschule die Nase voll. Kellner wollen keine Umarmung. Zeigt uns das Geld.

DIE BUCHHALTER

Gäste, die das Trinkgeld anhand der Bruttosumme der Rechnung kalkulieren. Teilen sich zwei eine Rechnung von 100,01 Dollar und zahlen per Kreditkarte, dann gibt der eine 7,50 Dollar und der andere 7,49 Dollar. Immer wollen sie zwei Kopien der Rechnung und mokieren sich über die Preise. Diese Leute genießen einen besonderen Platz in der Hölle. Diese Geizkrägen würden Charon um eine Quittung bitten, bevor er sie über den Styx, den Fluss des Hasses, aus der Welt der Lebenden in die der Toten bringt.

DER WIEDERGUTMACHER

Meistens ein koksschniefender, mit Huren herumziehender, wohlhabender Neandertaler-Typ, der Kellner missbraucht. Diese Gäste, fast ausschließlich Männer, geben großzügig Trinkgeld. Auf diese Weise entschuldigen sie sich für ihr flegelhaftes Benehmen. Kellner haben für gewöhnlich ein gespaltenes Verhältnis zu diesen Gästen. Wir lieben es, wie sie mit Bargeld um sich werfen, aber wir mögen es nicht, dass wir uns wie Nutten vorkommen.

DER STETIGE TRINKGELDGEBER

Man kann heiße Suppe über ihr Baby schütten oder sie wie den Sultan von Brunei behandeln, sie werden immer 15 Prozent geben.

DER EINSCHMEICHLER

Leute (gewöhnlich reich) voller Schuldgefühle, die sich selbst und auch allen anderen beweisen wollen, dass sie »auf derselben Stufe mit dem Arbeiter stehen«. Sie geben gutes Trinkgeld, ermuntern dich, sie beim Vornamen anzusprechen, und singen beim Besitzer ein Loblied über dich. Wenn du aber mit ihrer Tochter ausgehst, dann spielen sie verrückt. Rat mal, wer zum Essen kommt?

DER ALTE KNACKER

Reiche Schürzenjäger, körperlich nicht mehr in Form, die sich Liebesdienste von den Kellnerinnen sichern wollen und ihnen dafür unverschämt viel Trinkgeld geben. Diese Typen mit zusammengewachsenen Augenbrauen, die Zoloft schlucken sollten statt Viagra, glauben, für Bargeld werde diese sexy 25-Jährige über ihren Mangel an Etikette, über die drei Ex-Frauen, die Persönlichkeitsstörungen und das Gestrüpp, das ihnen aus den Ohren wächst, hinwegsehen. Angewidert bei dem Gedanken, dass sie wie ein Stück Vieh gekauft werden, erkennen die meisten Kellnerinnen diese Gäste schon aus einer Meile Entfernung. Natürlich nehmen sie das Geld dieser Männer, aber wenn diese erwartungsvoll ihre Lippen lecken, dann drehen sich die Mädchen um und sagen, sie hätten einen Freund, seien verheiratet, lesbisch oder transsexuell oder eine Kombination aus allem. Geld kann sexy sein. Jeder Kellner kennt mindestens eine Kellnerin, die es mit einem reichen Schnösel getrieben hat. Ja, ich weiß, ich bin ein bisschen frauenfeindlich, aber regen Sie sich nicht auf. Kellner sind viel schlimmer. Sie ficken alles, was sich bewegt, für lau.

DER OTTO NORMALVERBRAUCHER

Gibt 15 bis 20 Prozent, wenn er ausgeht. Durchschnittliche Nervensäge. Diese Leute machen 70 Prozent aller Gäste aus.

DER 10-PROZENTIGE

Diese Speisenden denken, wir haben die 1950er, Eisenhower ist Präsident, und Kellner kriegen immer noch 10 Prozent. Meistens Rentner.

DER AUSLÄNDER

Gäste aus anderen Ländern mit geheucheltem Unwissen über amerikanische Gepflogenheiten, damit sie ein paar Piepen sparen. Die schlimmsten Missetäter sind Russen und Briten. Lachen Sie nicht. Die Franzosen sind auch nicht viel besser. Italiener und Israelis sind auch nicht besonders. Und Deutsche? Sie sind korrekt.

DER FREUNDLICHE KUNDE

Diese Gäste sehen dich als Profi an und behandeln dich entsprechend. Sie geben 25 Prozent und mehr. Geschätzte Dauergäste, von denen es nicht genug gibt.

DER GEIZKRAGEN

Deppen, die unfähig sind, freigiebig zu sein.

DER EHEMALIGE KELLNER

Die, die schon irgendwann einmal Tische bedient haben, geben normalerweise gutes Trinkgeld. Hut ab, wenn sie aus ihrem ehemaligen Kellnerdasein keinen großen Hehl machen. (Das hasse ich.) Ehemalige Kellner, die ein mieses Trinkgeld geben, sind dazu verdammt, in allen ihren nächsten Leben wieder als Kellner zu arbeiten, so lange, bis sie das mit dem Karma geregelt kriegen.

DIE HURE

Das weibliche Gegenstück zum alten Knacker. Im Allgemeinen
attraktive Frauen, die meinen, wenn sie mit einem Kellner flirten,
dann zählt das als Trinkgeld. Zählt nicht – es sei denn, wir akzeptieren Blowjobs.

Kellner behalten das Trinkgeld nicht zur Gänze für sich. Je nachdem, wo sie arbeiten, geben Kellner zwischen 20 und 40 Prozent
ihres Geldes an Hilfskellner, Barkeeper, Oberkellner oder Hostessen ab. Das Ganze nennt sich *tip-out*. Das ist ein normales Prozedere. Leider verlangen viele korrupte Besitzer und Manager
auch noch einen Anteil vom Trinkgeld – das ist in den meisten
Staaten illegal. Die meisten Kellner lassen sich darauf ein, besonders dann, wenn sie in einem schicken Lokal arbeiten, wo sie
gutes Geld verdienen. Je nach Restaurant, *tip-outs* und Beste-
chungsgeldhöhe müssen Kellner zwischen 125 und 150 Dollar
verdienen, damit sie mit 100 Dollar nach Hause gehen.
 Kellner sind sich auch nicht zu gut für Diebstahl. Ein häufiger
Betrug ist der *double tip*. In den meisten Lokalen wird bei einem
Tisch mit mehr als sechs Gästen das Trinkgeld automatisch auf
die Rechnung aufgeschlagen. Tun die Leute es nicht, sind sie
Idioten. Große Runden nehmen länger und mehr Platz weg als
Zweier- oder Vierertische. Wird ein Kellner von einer großen
Gästegruppe übervorteilt, kann es sein, dass er sich die ganze
Nacht für einen Apfel und ein Ei abrackern musste. Das aufge-
schlagene Trinkgeld ist eine Versicherungspolice für solche Fälle.
Gewissenlose Kellner raffen extra Bares durch Gaunerei.
 Manchmal wissen Gäste, oft sind es betrunkene, nicht, dass
das Trinkgeld schon in der Rechnung enthalten ist, also geben sie
noch etwas *obendrauf*. Kellner »ermöglichen« diesen Irrtum, in-
dem sie die Endsumme, in der das Trinkgeld enthalten ist, in gro-

ßen Ziffern *auf die Rückseite der Rechung* schreiben. Der Kellner präsentiert die Rechnung, die Einzelposten mit dem Gesicht nach unten, und hofft, dass der Trottel – ähem, Kunde – nur einen Blick auf die eingekreiste Endsumme wirft und Trinkgeld drauflegt. Das ist unehrlich. Das ist falsch. Als ich noch im »Amici's« gearbeitet habe, habe ich das dauernd gemacht. Und was lernen wir daraus? *Immer die Rechnung genau prüfen!* Es gibt noch andere kleine Betrügereien, mit denen Kellner ihr Trinkgeld aufbessern – aber alle Geheimnisse werde ich nicht ausplaudern.

Sie haben es sicherlich nicht für möglich gehalten, aber Trinkgeldgeben ist eine komplizierte Angelegenheit. Meine Freunde, das war nur die Spitze des Eisbergs.

KELLNER SEIN, WARUM?

Damit Kellner überleben können, sind sie auf Trinkgelder angewiesen. Wie Sie nun schon wissen, ist das eine recht unregelmäßige Einkommensquelle. Sie denken vielleicht, es ist ein Wunder, dass überhaupt jemand Tische bedienen will. Aber vertrauen Sie mir, einen Mangel an Bewerbern gibt es nie. Tische bedienen macht genauso süchtig wie Crack.

Ich habe es mir in der ruhigen Zeit zwischen Mittags- und Abendgeschäft an einem der hinteren Tische mit einem Espresso und einer Ausgabe der *New York Times* bequem gemacht. Der Rest des Personals hat sich um mich geschart, unterhält sich munter und verputzt sein Mittagessen.

Die Türglocke. Der Klang von Besteck, das an Teller schlägt, erstirbt. Ich blicke über meine Zeitung und erwarte ein weiteres ehebrüchiges Paar, das sich zur Tür hereinschleicht. In der Tür steht allerdings ein jugendlich frischer Bursche, nicht älter als 19 Jahre. Der will hier nicht essen. Die Angestellten atmen erleichtert auf. Die Mittagspause wird nicht unterbrochen. Der Lärm von speisenden Menschen erfüllt das Restaurant von neuem.

»Ich wette, der sucht Arbeit«, sagt Imelda. Sie stochert in ihrer Pasta.

Ich seufze tief. Mein Vormittag war anstrengend, und ich habe gerade meinen kleinen Zen-Moment genossen. Langsam stehe ich auf, falte die Zeitung zusammen, lege sie auf den Tisch und gehe zur Eingangstür.

»Hi«, sagt der Junge und streckt mir seine Hand entgegen. »Sind Sie der Manager?«

»Der bin ich«, gebe ich zu. Ich sage meinen Namen und schüttle seine Hand.

»Ich suche einen Job«, sagt er. »Ist bei Ihnen was frei?«

»Ja. Ich gebe dir einen Bewerbungsbogen.«

»Danke.«

Ich gehe wühle mich durch die Plastikablage, wo wir unsere Bewerbungsbögen aufbewahren. Fluvio ist furchtbar unordentlich. Hefter voller vergessener Lebensläufe und Bewerbungen stapeln sich im Büro. Fluvio sieht sich nicht einmal zehn Prozent von dem an, was die Leute abgeben. Das Geheimnis, wie man einen Job im »Bistro« bekommt: Man muss Fluvio an einem der seltenen Nachmittage erwischen, an denen er da ist. Wenn er dich mag, stellt er dich ein.

Ich finde einen Bewerbungsbogen und bitte den jungen Mann, ihn auszufüllen.

»Verdient man hier gut?«, fragt er.

»Kommt auf den Tag an«, entgegne ich.

»Oh«, murmelt er. »Welche Tage sind das?«

»Freitag und Samstag. Montag und Mittwochnacht sind auch gut.«

»Ich kann nur an Wochenenden.«

»Die Schichten werden nach Dauer der Betriebszugehörigkeit verteilt. Bei neuen Mitarbeitern kann es eine Weile dauern, bis sie die wirklich guten bekommen.«

Der Junge sieht geknickt aus.

»Man kann aber nie wissen«, sage ich. Ich will das Gespräch freundlich beenden. »Eine unserer Kellnerinnen bekommt ein Baby. Vielleicht ergibt sich ja was.«

»Danke«, sagt der Junge. Ein paar Minuten später hört er auf zu schreiben und gibt mir den Bogen.

Ich überfliege die Seite. Der Bursche ist Student am hiesigen

College und will sich etwas dazuverdienen. Im Sommer hat er in einem Deli gearbeitet, Erfahrung in Feinschmeckerrestaurants hat er nicht. Manchmal ist das von Vorteil. Einen Neuling kann man so anlernen, dass er alles tut, was im »Bistro« gemacht werden soll. Der Nachteil ist, dass man viel Zeit investieren muss, bis die Restaurantjungfrau auf Trab ist. Neue Bedienungen habe ich schon wochenlang angelernt, und am Ende haben sie die Schürze hingeworfen und sind professionelle Yogis oder Pilateslehrer geworden. Das ist zum Kotzen.

Darum stellen wir normalerweise Leute ein, die schon ein paar Jahre Erfahrung haben. Natürlich bringt das auch Nachteile mit sich – Profis sind allzu oft zappelig und wollen ändern, was jahrelang funktioniert hat. Nicht, dass ich gegen Neuerungen oder frische Ideen bin, aber solche Teufelskerle sind meistens hinter meinem Job her. Sie überleben nicht lange. Irgendwann geben sie auf. Vertrauen Sie mir, ich hab da meine Methoden. Fluvio ist nicht der Einzige, der ein Fiesling sein kann.

»Okay«, sage ich. »Ich gebe das dem Besitzer. Wenn er Interesse hat, meldet er sich bei dir.«

»Danke«, sagt der Junge. »Irgendeine Ahnung, wann das sein wird?«

Mir tut der junge Mann leid. Er braucht Geld, aber ins »Bistro« passt er nicht. Es wäre grausam, ihm einen Job zu geben.

»Wenn du innerhalb von zwei Wochen nichts gehört hast«, sage ich und hoffe, dass er zwischen den Zeilen lesen kann, »dann hat er kein Interesse.«

Der Bursche zeigt Anzeichen enttäuschter Einsicht. »Danke, Sir«, sagt er betreten.

»Viel Glück.«

Er geht die Straße hinunter. Ich schaue ihm nach. Ich habe Mitleid mit ihm. Aber ich muss auch immer daran denken, was für das Restaurant das Beste ist. Ich halte Ausschau nach kompetenten und ruhigen Profis, nach smarten Kellnern, die nicht viel reden und die Augen offen halten. Wenn sie in einem Restaurant anfangen, sorgen sie nicht für Unruhe. Der Schlüssel ist Geduld. Das wissen sie. Binnen Monaten bringt sie ihr Talent und eine gute Arbeitsmoral an die Spitze. Dankbare Manager fühlen sich genötigt, sie mit einträglichen Schichten zu belohnen. Tun sie das nicht, verlieren sie die Kellner an eine grünere Wiese.

Mein Espresso ist kalt geworden. Ich gehe nach hinten und mache mir einen neuen. Der heiße Dampf kämpft sich durch das Kaffeepulver, und zum millionsten Mal frage ich mich, warum irgendwer Kellner werden will. Vor kurzem hat die University of Chicago eine Umfrage zum Thema Zufriedenheit am Arbeitsplatz unter 27 000 Amerikanern durchgeführt. Geistliche und Feuerwehrmänner standen ganz oben auf der Liste. Kellner ganz unten. Wenn man bedenkt, mit was für einer Scheiße wir uns herumquälen müssen, dann ist das nicht sonderlich erstaunlich. Diese Umfragen sind meiner Meinung nach voll persönlicher Ironie. Als kleiner Junge wollte ich wie viele andere auch unbedingt Feuerwehrmann werden. Dann ging ich aufs College und studierte für das Priesteramt. Jetzt, mit 38 Jahren, bin ich Kellner. Angefangen habe ich mit dem Spitzenplatz auf der Liste, nur um am Ende ganz unten zu enden. Was ist schiefgegangen?

Menschen, die Kellner werden, können in drei Kategorien eingeteilt werden: Leute, die etwas anderes werden wollen, Leute, die ihr Leben nicht mehr im Griff haben, und die irgendwo dazwischen. Dann gibt es noch eine Untergruppe. Sie ist klein und eigen. Die Profis, für die das Bedienen von Tischen eine Berufung ist. Ich muss zugeben, dass diese Kategorisierung eine starke Verallgemeinerung ist. Oft finden sich Kellner mit einem Fuß in der einen Kategorie wieder und mit dem zweiten in einer anderen. Und ich, ich gehörte schon allen gleichzeitig an.

Der erste Typus ist der, den Sie schon gewöhnt sind zu sehen. Das sind die Kellner, die, wenn sie nicht gerade eine Scheibe Zitrone für Ihr Wasser holen, damit beschäftigt sind, etwas anderes zu werden. Sie gehen aufs College, arbeiten an einer Tänzerkarriere, schreiben den großen amerikanischen Roman, sind Bildhauer, Drogendealer, Modelle für pornografische Webseiten und, natürlich, *Schauspieler.* Lebenslanges Kellnerdasein ist für diese Individuen wenig attraktiv. Sie arbeiten nur aus einem einzigen Grund in einem Restaurant: Der Verdienst und die Arbeitszeiten erlauben es ihnen, ihre längerfristigen Ziele zu erreichen.

Weil Studentensekretariate einen perversen Stolz bei der Aufstellung der komplizierten Stundenpläne empfinden und die Pflichtkurse nur dann belegt werden können, wenn Neptuns Umlaufbahn die von Pluto in einem Schaltjahr kreuzt, ist der Studienablauf chaotisch. Die Arbeitszeiten in einem Restaurant sind flexibler als in anderen Jobs, und darum sind viele Kellner Studenten. Studenten besuchen am Tag irgendwelche Kurse, arbeiten am Abend und feiern bis in die frühen Morgenstunden. Schlaf? Sie machen wohl Witze.

Geld spielt auch eine große Rolle. Es gibt nur wenige Jobs, in denen man innerhalb kürzester Zeit so viel Geld verdienen kann. Eine Abendschicht hat normalerweise acht Stunden. Ein guter Kellner in einem gehobenen Etablissement kann 200 Dollar abräumen, manchmal mehr. Das sind 25 Dollar in der Stunde! Selbstverständlich erreichen nicht alle Kellner ein so hohes Niveau. Doch selbst wenn sie nur 100 Dollar in einer Nacht verdienen, sind das immer noch 13 Dollar in der Stunde. Das übertrifft ganz klar einen Job in einem College-Buchladen oder als Pizzafahrer für den Mindestlohn. Abgesehen von Drogendealen, Schlafsaalprostitution und dem Erfinden von Webseiten wie MySpace verspricht Kellnern den größten finanziellen Vorteil und den kleinsten zeitlichen Aufwand.

Nach den Studenten kommen die Künstler – die endlose Prozession von Modellen, Malern, Schriftstellern und Schauspielern –, die mehr schlecht als recht über die Runden kommen und ihrem Traum hinterherjagen. Ich kann mich noch an einen Kellner erinnern, einen aufstrebenden Drehbuchautor, der schamlos jedem widerwilligen Gast, von dem er dachte, er könnte ihm eine Tür in Hollywood öffnen, sein Drehbuch anpries. Er hatte eine brillante Idee. Umso trauriger war es, zuzusehen, wie seine Begeisterung in gemäßigten Optimismus umschlug, in Zynismus überging und schließlich zu »c'est la vie« verknöcherte.

Auch ein paar »Schauspieler« habe ich zwischendurch getroffen. Eine Frau, mit der ich zusammengearbeitet habe, drehte Fuß-Fetischfilme und nebenbei Pornos für Kabel TV. Kein Wunder, dass so viele sich abstrampelnde Schauspieler Tische bedienen – dabei kann man prima seine mimischen Fähigkeiten verfeinern. Versuchen Sie doch mal »chilenischen Seebarsch garniert mit Endivienmarmelade« mit ausdruckslosem Gesicht zu verkaufen. Stellen Sie es sich als kulinarische Schauspielmethode vor, vollendet mit gebieterischen Europäern, die Sie anschreien. Das ganze Gerede erinnert mich an den alten Witz über Kellner und Schauspielerei:

»Mein Sohn ist Schauspieler in New York.«
»Wirklich? In welchem Restaurant?«

Das unterstreicht die bittere Realität, mit der viele Künstler, die Tische bedienen, täglich zu kämpfen haben. Wenn sie gefragt werden, was sie »machen«, dann antworten sie meistens »Ich bin Schauspieler« oder »Ich bin Schriftsteller«. Für ein paar Jahre ist das ja okay – aber wenn man jahrelang in der Gastronomie gearbeitet hat, wenn der Großteil des Einkommens vom Servieren kommt, dann ist man Kellner. Verstehen Sie mich nicht falsch. Ich bewundere Leute, die an sich glauben. Aber wenn jemand, der von sich sagt, er sei Schriftsteller, jahrelang Kellner war und immer noch am Entwurf seines ersten Romans arbeitet, dann macht er sich etwas vor.

Manchmal, wenn aufstrebende Fotografen oder Bildhauer merken, dass sie schon zu lange Tische bedient haben, dann ist das der Tritt in den Hintern, den sie brauchen, um da draußen ihr Glück zu versuchen. Mit Fleiß und harter Arbeit lassen viele Kellner das Restaurant hinter sich und verwirklichen ihre Traumkarriere. Ab und zu kommt es wie ein Blitz, und ein Kellner wird »über Nacht« zum Superstar. Meine Lieblingsgeschichte ist die von Erika Sunnegårdh. Sie war eine 40-jährige aufstrebende Opernsängerin, die 18 Jahre lang in der Bronx als Kellnerin gearbeitet hatte, immer in der Hoffnung auf die große Chance. 18 Jahre als Kellnerin sind eine *lange* Zeit. Erika sang auf Beerdigungen, um nicht aus der Übung zu kommen, und stand kurz davor, das Handtuch zu werfen. Obwohl sie niemals an *irgendeiner* Oper in den USA auf der Bühne gestanden hatte, sang sie für eine Rolle in der Oper *Fidelio* an der Metropolitan Opera vor. Beeindruckt von ihrer exzellenten Stimme, baten die Produzenten sie, die Hauptrolle als Einspringer einzustudieren. In klassischer Hollywoodmanier erkrankte der Star ausgerechnet an dem Tag, an dem die Aufführung im Radio für zehn Millionen Hörer übertragen werden sollte. Erika brillierte. Jetzt ist sie ein Opernstar. Ich wünschte, alle werdenden Sänger oder Tänzer, die ich im Restaurantgeschäft kennengelernt habe, würden es schaffen. Doch das passiert nun mal eher selten.

Die nächste Kategorie Kellner sind Leute, die nicht wissen, was sie mit ihrem Leben anfangen sollen. Das ist der Typus, mit dem ich mich am meisten identifizieren kann. Du verlierst deinen Job, hast einen Nervenzusammenbruch, wirst auf Bewährung entlassen oder hast eine Midlife Crisis und keine Ahnung, was du machen sollst.

Solche Kellner wie mich gibt es viele, glaube ich. Wir sitzen auf dem Zaun des Lebens und versuchen herauszufinden, was wir werden wollen, wenn wir erwachsen sind. Schuld an meiner Zwickmühle ist auch, dass Kellnerei etwas von Crack hat. Arbeitszeit und Geld sind wichtig. Für Collegestudenten ist es das Mittel zum Zweck, für den Hamlet-Kellner ist es der narkotisierende, verführerische Effekt. Verzichtet man aufs College und geht gleich ins Gastgewerbe, stehen die Chancen nicht schlecht, dass man für eine ganze Weile mehr Geld verdient als ein Collegeabsolvent. Nach ein paar einträglichen Schichten fängt man an zu denken, he, das ist gar nicht so schlecht. Natürlich überflügeln die Gehälter deiner Freunde irgendwann deins, und du bleibst in einer Staubwolke stehen. Von all meinen Freunden, die studiert haben, verdiene ich am wenigsten. Von betrieblichen und steuerbegünstigten Rentenplänen brauchen wir gar nicht erst zu reden.

Die Arbeitszeiten spielen eine entscheidende Rolle. Sind Sie wie ich eine Nachteule, dann ist der Restaurantbetrieb für Sie wie das Wasser für eine Ente. Ich stehe gern erst um 11 Uhr auf und gehe gern erst um drei Uhr morgens ins Bett. Die Nacht ist mein Element. Meine Synapsen werden erst wach, wenn der Mond am Himmel prangt. Die meisten Menschen haben Feierabend, wenn ich arbeite, und umgekehrt. Vor dem Kino ist also nie eine Schlange, und einen Parkplatz im Einkaufszentrum zu finden ist auch ein Kinderspiel. Kellner bemitleiden diese armen Neun-bis-fünf-Wesen im elenden Pendelverkehr und an den mit Erledigungen vollgestopften Wochenenden. Außerhalb der normalen Wochenarbeitszeiten erlebt ein Kellner, wie verrückt das amerikanische Leben sein kann. Gewiss, wir entwickeln einen Sinn für Überheblichkeit, weil wir irgendwie über den Dingen stehen.

Nicht im Mainstream mitzuschwimmen macht nur Spaß, solange man es sich selbst so aussucht. Wenn man keine Wahl hat, wenn man eines Tages aufwacht und einem bewusst wird, dass man Tische bedient, um zu überleben, dann braucht sich die »Kellnermystik« schnell auf. Die meisten Menschen, die während des Studiums gekellnert haben, blicken mit einer irgendwie verdrehten Wehmut zurück. Sie wussten sowieso schon immer, dass sie das nicht ewig machen würden. Langzeitkellner, die erfolgreich in andere Berufe geflüchtet sind, blicken auf ihre Zeit in den Schützengräben der Restaurants zurück wie kriegsneurotische Veteranen auf schwere Gefechte. »Klar, ein paar gute Männer habe ich kennengelernt – aber zurück will ich nicht mehr.«

Manche Kellner behaupten sich wirklich. Mir fällt sofort mein Bruder ein. Er arbeitet in der Gastronomie, seit er sechzehn ist – fast 20 Jahre. In der Zeit hat er alles gemacht. Er war Tellerwäscher, Hilfskellner, Kellner, Oberkellner und Manager. Er hat Leute eingestellt und entlassen und wurde selbst entlassen. Er wurde herumgestoßen, mit Füßen getreten, begrapscht und geküsst.

Mein Bruder hatte nicht vor, so lange im Restaurantgeschäft zu bleiben. Er versucht immer noch, genau wie ich, herauszufinden, was er einmal werden will. Im Gegensatz zu mir hat er aber mit seinem Leben weitergemacht. Es hat zwar ein paar Jahre gedauert, aber er hat einen Collegeabschluss, hat geheiratet, ein Haus gekauft und ein Baby bekommen – alles, während er als Kellner arbeitete. Er hat nicht herumgesessen, gejammert und auf den perfekten Moment im Leben gewartet. Er hat sich in den Sog des Lebens geworfen und hat etwas aus sich gemacht.

Die traurige Wahrheit ist, Kellner *vergeuden* ihr Leben. Diese Verlierer, die allzu sehr damit beschäftigt sind, Spaß zu haben und in übertriebener Verbitterung zu schwelgen, tun so, als seien sie zu gut für ein ganz gewöhnliches Leben, und führen eine biedere Existenz, in der sie alle Lebensmodelle kritisieren dürfen, nur nicht das eigene.

Die Bezeichnung Verlierer passt nicht auf jeden Kellner, der herausfinden will, was er mit seinem Leben anfangen soll. Für viele Kellner, mein Bruder gehört auch dazu, ist das Restaurantgeschäft ein sicherer Hafen, von dem aus sie sich hinauswagen und eine Existenz aufbauen können. Manche Kellner verstecken sich nur. Wenn Sie je in einem Restaurant gearbeitet haben, dann wissen Sie, welchen Typ Kellner ich meine. Die, die immer davon reden, ein eigenes Restaurant zu eröffnen, wieder zur Uni zu gehen, ein Geschäft aufzumachen oder durch Europa zu reisen – und Jahre später hängen sie immer noch am selben Ort herum.

Es gibt ein paar seltene Exemplare, die als Kellner Karriere machen. Unerschrockene Seelen aus Europa, wo das Servieren als ehrenhafter Beruf angesehen wird (mit Schule und Praktikum und allem), sind diese Kellner für gewöhnlich mit eisernen Füßen gesegnet, Stahlbeinen und einer ans Religiöse grenzenden Hingabe zur Professionalität. Der Inbegriff des Karrierekellners, an den ich denke, ist Wolfgang Zwiener, der ehemalige Oberkellner in Peter Lugers Steakhouse in Brooklyn. Zwiener kam aus Bremen nach New York, nachdem er seine dreijährige Lehre abgeschlossen hatte. (Die meisten Kellner in Amerika lernen drei Tage lang und sehen sich ein Video über sexuelle Belästigung an.) In den frühen Sechzigern arbeitete Mr. Zwiener erst im »Lüchow« auf der East Fourteenth Street und landete dann bei Peter Luger. Dort wurde er 1968 Oberkellner. Über die Jahrzehnte, zwischen allen Doppelschichten und Dinnerpartys, hat er geheiratet, zwei Söhne bekommen, ihnen das Studium finanziert und eine Altersresidenz in Florida gekauft. Dass das Trinkgeld in bar gegeben wurde, war nicht von Nachteil.

Nach fast 40 Jahren bei Luger beschloss Wolfgang, dass er sich beruflich verändern wollte. Statt sich aufs Altenteil zurückzuziehen, hörte er auf den Rat seiner Söhne und steckte seine ganze Lebenserfahrung in sein eigenes Restaurant – »Wolfgang's«, das hoch angesehene Steakhouse auf der Park Avenue. Seit der Eröffnung im Jahr 2004 hat er bereits ein zweites aufgemacht, in Tribeca in Manhattan. Ich vermute, dass es ihm gut geht.

Ich habe ein paar Menschen wie Zwiener kennengelernt, Menschen, die jahrelang in einem der schicksten Restaurants in New York City geschuftet und ein einigermaßen angenehmes Auskommen für sich und ihre Familie hatten. Diese Leute hatten ein Blatt in der Hand und spielten es nach bestem Wissen und Gewissen. Solche Kellner sind die Helden der Branche, Kellner, denen Gastfreundlichkeit, Kultiviertheit und guter Service eine fast priesterliche Berufung bedeuten. Im Tiefsten meines Inneren weiß ich, dass ich niemals eine solche Hingabe wie Zwiener oder seinesgleichen aufbringen werde. Verglichen mit Kellnern dieses Kalibers bin ich nur ein bescheidener Amateur. Aber verglichen mit der nächsten Kellnerkategorie, die wir untersuchen wollen, bin ich Michael Jordan.

Das Leben vieler Kellnern ist entgleist. Ein berühmter Koch hat einmal gesagt, die Restaurantbranche sei ein Hafen für Leute, die nirgendwo anders hinpassen. Das ist wahr. Der Restaurantbetrieb kann wie die französische Fremdenlegion sein – ohne schwere Waffen. Überlegen Sie doch mal: Wenn all diese Leute nirgendwo anders hinpassen, das bedeutet doch, dass etwas mit ihnen nicht stimmt!

Das Restaurantgeschäft ist ein unstetes und chaotisches Milieu. Entscheidungen bei Neueinstellungen werden oft unter Druck gefällt. Manager brauchen ein paar Aushilfen für die Arbeit am Grill, das Tellerwaschen, das Schneiden der Zwiebeln und das Servieren. Die Besitzer verlassen sich oft auf ihren Instinkt, wenn sie Leute einstellen, und Referenzen werden nur selten nachgeprüft. Mit dieser Art von Filterung vermehren sich die Fehlentscheidungen wie Kakerlaken. Deshalb gibt es Fehlbesetzungen – die Angst verbreitenden hysterischen Tussis, die umfallenden Säufer, die grenzwertigen Nymphomaninnen, die Drogenabhängigen und die depressiven Typen, die sich an der Schulter der Kellnerinnen ausheulen. Das sind nicht einfach nur Leute, die Probleme haben. Meine Güte, wir alle haben Probleme. Diese Menschen sind so von Problemen belastet, sie machen die Arbeit in einem Restaurant schwerer als nötig. Im Lauf der Jahre habe ich irre Kellner gesehen, die alle ähnliche Eigenschaften hatten.

- Geschieden (meistens zwei Mal, und sie haben schlechte Beziehungen zu ihren Exfrauen)
- Führerscheinentzug wegen Trunkenheit am Steuer
- Kein Auto (siehe oben)
- Schwerer Drogenmissbrauch
- Ohne festen Wohnsitz (schlafen bei Freunden oder bei Fremden, leben im Auto, in Motels oder Pensionen)
- Kommen schmutzig zur Arbeit (warum Geld für den Waschsalon ausgeben, wenn man dafür Crack kaufen kann?)
- Wollen immer Geld leihen, haben immer Schulden bei Kollegen
- Wollen nie die Schicht übernehmen, für die sie eingeteilt sind – und jammern dann, weil sie pleite sind
- Wollen immer früher gehen
- Weinen am Arbeitsplatz, haben einen Nervenzusammenbruch im begehbaren Kühlschrank, sind Nymphomaninnen und bekommen Wutanfälle
- Führen Selbstgespräche (okay, ich gebe zu, das habe ich auch schon getan)
- Jammern immer herum und brauchen Aufmerksamkeit
- Und aus irgendeinem Grund haben sie immer *schlechte Zähne*.

Keine Sorge. Wenn Sie geschieden sind oder Ihren Führerschein verloren haben, sind Sie nicht automatisch ein Verlierer. (Seit ich Kellner bin, musste ich mich schon zwei Wurzelbehandlungen unterziehen!) Wenn Sie schon einmal gekellnert haben, dann haben Sie auch Servierer getroffen, auf die mehrere der oben genannten Eigenschaften zutreffen. Es gibt da draußen Kellner, die schon in allen Restaurants gearbeitet haben, die in den Gelben Seiten aufgelistet sind. Sie waren nie länger als drei Monate an einem Ort und laufen herum, als stünden sie unter schwerer Medikation. Ihre Lebensläufe lesen sich in Hinblick auf Verantwortung und Einkommen wie eine Abwärtsspirale. Bei den Leuten kann man nur beten, dass sie keine Waffen besitzen.

Manche Manager und Besitzer stellen solche Leute *liebend* gern ein. Statt Hilfe für sie zu suchen oder ihnen zuzuhören, beuten sie sie brutal aus. Psychisch kranke oder gefährdete Menschen sind verletzlich. Leute mit Drogenproblemen, ausgebrannte Alleinerziehende, zur Kurzarbeit verdonnerte Techniker mit Depressionen, Menschen mit finanziellen Problemen oder den Durchschnittsalkoholiker kann man leicht manipulieren. Das sind die Kellner, die sich nicht beschweren, wenn das Management vom Trinkgeld einen Anteil fordert, diskriminierende Einstellungspraktiken ausübt, der sexuellen Belästigung frönt oder sexistische und rassistische Beschimpfungen gegen das Personal loslässt. Manche Restaurantmanager scheuen keine Mühen, total fertige Leute einzustellen. Warum? *Weil sie leichter zu kontrollieren sind.* Wenn das Personal einfach zu lenken ist, kann das Management es besser abzocken und die eigenen Taschen füllen. Restaurantarbeiter sind im Grunde austauschbar. Kellner sind ein egozentrischer Haufen, und darum bleiben psychisch kranke Mitarbeiter oft unbemerkt oder werden ignoriert, bis sie zusammenbrechen und nicht mehr arbeiten können. Da in der Gastronomie Krankenversicherung ein Fremdwort ist, ist jede Art von psychiatrischer Behandlung zu teuer und nahezu unmöglich. Wenn diese Arbeiter richtig ausgebrannt sind, dann kündigen sie oder werden gefeuert. Wenn Sie anfangen, in einem Restaurant zu arbeiten, und entdecken, dass 80 Prozent der Leute jenseits von Gut und Böse sind, dann befinden Sie sich in einer ungesunden Umgebung. Machen Sie, dass Sie rauskommen, sonst werden Sie auch noch verrückt.

Wenn mich Leute fragen, was ich beruflich mache, sage ich, ich sei Kellner. Gleichzeitig möchte ich ihnen sagen, dass ich ein Mann bin, der von einem anderen Leben träumt. Meine Schreiberei gibt mir Hoffnung, dass ich ein Kellner bin, der darauf hinarbeitet, etwas anderes zu werden. An meinen dunkelsten Tagen aber fühle ich mich wie einer, dessen Leben außer Kontrolle ist und der für immer in diesem Geschäft bleiben wird.

Ich nippe an meinem Kaffee und seufze. Vielleicht hätte ich doch Feuerwehrmann werden sollen.

EIN BISSCHEN WISSEN
KANN GEFÄHRLICH SEIN

Die Frau an Tisch 17 braucht ewig, um sich zu entscheiden. Wäre ich Feuerwehrmann geworden, denke ich, während ich untätig herumstehe, hätte ich wahrscheinlich keine Probleme, flachgelegt zu werden. Was ist nur dran an diesen Typen, bei denen die Mädchen scharf werden?

»Darf ich den Lachs empfehlen, Madam?«, breche ich schließlich das Schweigen. »Er ist sehr gut.«

»Ich weiß nicht so recht«, sagt die Frau. Sie studiert die Speisekarte und runzelt die Brauen. »Ich bin ziemlich pingelig.«

Ach nein, denke ich bei mir.

Es ist Samstagabend. Ich habe noch andere Tische zu bedienen. Diese Lady hat einen Cocktail getrunken, 20 Minuten lang, und meine Geduld ist fast aufgebraucht. Seit 20 Minuten brütet sie über der Speisekarte. Ihr Mann wird unruhig. Ich spüre die Augen meiner anderen Gäste auf mir, ihre telepathischen Schreie um Aufmerksamkeit schlagen gegen meinen Hinterkopf wie Hagel auf ein Blechdach. Der Teil meines Hirns, der von einem Autopiloten gesteuert wird, mein sechster Kellnersinn, signalisiert mir, dass Drinks zur Neige gehen oder Vorspeisenteller abgeräumt werden müssen.

»Nehmen Sie sich noch ein paar Minuten Zeit«, sage ich und will gehen. »Ich bin gleich …«

»Gehen Sie nicht«, stöhnt der Mann. »Sonst braucht sie noch länger.«

»Ja, Sir«, antworte ich und bleibe stehen.

Die Lippen der Frau bewegen sich, sie rezitiert die Gerichte auf der Speisekarte wie ein Gebet. Pingelige Esser sind ein interessantes evolutionstechnisches Paradoxon. Wie haben sie es bloß geschafft, die Urzeit zu überdauern und ihre DNA weiterzugeben? Haben sie gegessen, was gerade da war, oder sind sie gestorben? Haute Cuisine lag noch in ferner Zukunft. Vielleicht waren Mastodonten daran gewöhnt, Gras zu verdauen. Man aß, was man konnte und wann man konnte. Ich stelle mir eine Höhlenfrau vor, die von einem Säbelzahntiger zerfleischt wird, weil sie sich nicht zwischen einem Rüsseltier aus Freilandhaltung und Diätrinde entscheiden kann. Wählerische Esser kommen mir vor wie das Ende der Evolution. Aber es gibt sie trotzdem. Irgendwann wird ein Wissenschaftler den Grund dafür finden.

»Madam?«, ermahne ich sie sanft. Keine Reaktion. Verdammt. Nie ist ein Säbelzahntiger zur Stelle, wenn man einen braucht.

Die Frau starrt in die Speisekarte. Das dauert wirklich zu lange. Langsam fängt mein Bauch vor Wut zu kribbeln an. Mein Blutdruck schießt in die Höhe.

»Ist es Biolachs, oder ist er gezüchtet?«, will die Frau endlich wissen.

»Er ist biologisch gezüchtet«, antworte ich.

»So etwas gibt es nicht, biologisch gezüchtet«, erwidert die Frau schnippisch. »Entweder er ist wild, oder kommt aus einer Fischzucht.«

»Diese sind aus einer Zucht«, sage ich. »Aber der Anbieter benutzt weder Pestizide noch Antibiotika.«

»Das ist nicht bio«, räuspert sich die Frau.

Ich will der Frau sagen, dass sie unrecht hat. Sie unterliegt dem Irrtum, dass jeder Biofisch in der freien Wildbahn gefangen wurde. Bioprodukte stammen definitionsgemäß aus einer kontrollierten Umgebung, in der auf die Verwendung von Pestiziden, nichtorganisches Futter und chemischen Dünger verzichtet wird. Wilder Fisch wird nicht in einer kontrollierten Umgebung großgezogen, daher die Bezeichnung »wild«. Viele erfüllen nicht die Anforderungen des Landwirtschaftsministeriums und erhalten nicht das Biolabel. Doch hier ist der Knackpunkt: Nach den derzeitigen Vorschriften dürfen nur vegetarische Fischarten wie Telapia oder Katzenfisch das Biolabel erhalten. Lachs ist ein Fleischfresser. Außer in dem Fall, dass er auf einer Fischfarm großgezogen und mit Nüssen und Zweigen statt mit kleinen Fischen gefüttert wurde, darf er nicht als bio bezeichnet werden. Mein Gast will das Unmögliche. Geben Sie mir nicht die Schuld. Geben Sie dem Landwirtschaftsministerium die Schuld.

»Ich versichere Ihnen, Madam«, sage ich, »der Lachs ist exzellent.«

»Wann wurde er geliefert?«

»Freitag.«

»Nicht heute?«

»Nein, Madam.«

»Igitt.« Die Frau rümpft angewidert die Nase. »Tiefgefrorener Fisch. Ich esse niemals tiefgefrorenen Fisch.«

Ich spüre, wie mein Gesicht langsam einen verärgerten Ausdruck annimmt. Diese Lady hat keine Ahnung, wie Restaurants arbeiten. Die meisten frieren ihren Fisch ein. Wird zwei Mal die Woche Fisch geliefert, was soll dann an den anderen fünf Tagen angeboten werden? Kein Fisch? So läuft das nicht. Im »Bistro« wird jeden Dienstag und jeden Freitag Fisch geliefert. Die Jungs putzen den Fisch, filetieren ihn, wickeln ihn portionsweise in Frischhaltefolie und frieren die Dinger ein. Sogar im »Nobu«, New Yorks Sushi-Tempel, wird manchmal tief gefrorener Fisch verwendet. Die Chefköche nutzen beim Einfrieren einen speziellen Prozess, bei dem saftige Fische zu steinharten Platten werden. Soll dann ein gefrorenes Stück Thunfisch auf die Speisekarte kommen, dann brauchen sie nur eine Bandsäge, zehn Minuten und eine Schüssel warmes Wasser – und der Fisch ist wieder in einem makellosen roten Zustand. Fischhändler haben Millionen von Dollar für gigantische Tiefkühlschränke ausgegeben, in denen tonnenweise erstklassiger Thunfisch auf eine technisch perfektionierte Weise tiefgefroren wird, so dass die Konsistenz und der Geschmack nicht verlorengehen. Wird es richtig gemacht, bleibt Thunfisch zwei Jahre frisch!

Stellen Sie sich vor, ich würde *das* meiner pedantischen Kostgängerin sagen.

»Dann nehme ich die Spaghetti al Pomodoro.« Wütend klappt die Dame die Speisekarte zu.

»Himmelherrgott, Marjorie«, sagt ihr Ehemann. »Das kannst du zu Hause für einen Dollar haben.«

»Sie haben nichts, das bio ist«, schmollt die Frau. »Mir reicht Pasta.«

»Probier doch wenigstens den Lachs.«

»Nein!«

»Das ist ein guter Preis für Lachs, Marjorie.«

»Er ist gezüchtet!«, sagt die Ehefrau. »Vergiss es.«

Marjories Mann hat den Grund dafür gefunden, warum das »Bistro« gezüchteten Lachs anbietet. Gezüchteter Fisch ist *billiger*. Darum kostet der Lachs bei uns 22,95 Dollar und nicht 35,95 Dollar. Restaurants, in denen Fisch mit super Qualität serviert wird, müssen die Kosten an den Kunden weitergeben. Das funktioniert vielleicht im »Nobu«, aber ein Durchschnittsrestaurant kann das Risiko nicht eingehen, superteuren Fisch zu kaufen und ihn dann nicht loszuwerden. Kunden verlangen immer eifrig das Beste, wenn sie dann aber die Preise Schwarz auf Weiß sehen, verfliegt die Leidenschaft. Restaurants müssen die Qualität des Essens und die Gewinnspanne genau abwägen.

»Marjorie …«, stöhnt der Ehemann.

Wenn ich nicht bald von diesen Leuten wegkomme, werde ich absaufen.

»Es tut mir leid, meine Herrschaften«, sage ich. »Aber ich habe noch mehr Kundschaft.«

»Sie nimmt den Lachs«, sagt der Ehemann und winkt mich fort.

»Sehr gut, Sir.«

»Aber …«, stottert die Ehefrau. »Er kann doch nicht für mich bestellen!«

Ich beschließe, die Frauenemanzipation im Keim zu ersticken, und entferne mich vom Tisch.

An der POS-Kasse gebe ich die Bestellung der Frau ein. Es wird ihr schon schmecken. Der Lachs ist superb. Wäre sie besser informiert, dann wäre ihr tiefgefrorener Fisch sowieso lieber. Manche Fischsorten wie Lachs haben Parasiten, die im Tiefkühlprozess abgetötet werden. Wenn der Fisch auf dem Frachter nicht gefroren war, können Sie nur hoffen, dass er im Restaurant eingefroren wurde. Es sind schon Leute durch die unsachgemäße Aufbewahrung von Fisch krank geworden. Und Fischstäbchen haben wir doch alle überlebt, oder nicht?

Ein paar Minuten später treffe ich wieder auf eine Tierliebhaberin.

»Haben Sie Huhn aus Freilandhaltung?«, will sie wissen.

»Nein«, gebe ich eine ehrliche Antwort.

»Warum nicht?«

Wir sollen den Gästen laut Fluvio sagen, wir hätten mit biologischen Futtermitteln aufgezogenes Hühnchen. Aber ich habe gelernt, nicht auf Fluvio zu hören.

»Darüber müssen Sie schon mit dem Besitzer sprechen«, antworte ich. »Ich weiß es nicht.«

»Ich esse Hühnchen nur, wenn es frei herumlaufen und sauberes Wasser trinken durfte«, sagt die Kundin. »Ich glaube, dass ein glückliches Huhn besser schmeckt.«

Beim Gedanken, dass Glückseligkeit ein Geschmacksverstärker wird, schaudere ich. Ob Hühner von industriellen Farmen oder aus Freilandhaltung den Unterschied zu schätzen wissen, wenn ihnen die Axt droht? Bedankt sich das Huhn aus Freilandhaltung für die guten Lebensbedingungen, wenn ihm der Kopf abgeschlagen wird? Wohl eher nicht.

»Darf ich Ihnen Pasta empfehlen, Madam?«

»Wie ist das Steak?«, fragt die Dame.

»Exzellent.«

»Aus Freilandhaltung?«, fragt die Frau. »Wie in Argentinien?«

»Glückliche Kühe, Madam?« witzle ich, ohne zu lachen.

»Genau«, sagt die Frau. »In Japan füttern sie ihre Kühe mit Bier und massieren sie, damit sie glücklich sind. Das Fleisch bleibt zarter.«

In dem, was die Frau sagt, liegt eine gewisse Wahrheit. Wenn Kühe vor der Schlachtung Angstgefühle bekommen, werden Hormone ausgeschüttet und das Fleisch verliert an Geschmack. Ich bin dafür, dass das Ende eines Stiers so schmerzlos wie möglich sein soll. Irgendwas an der Frau macht mir Angst. Ihr Wunsch, dass Tiere menschlich behandelt werden, hat weniger mit Erbarmen zu tun als vielmehr mit ihren Geschmacksnerven. Sie ist erst glücklich, wenn ein Streichelzoo in ein Todeslager umgebaut wird.

»Sie meinen Kobe-Rind, Madam«, sage ich.

»Haben Sie das?«

»Nein.«

»Warum nicht?«

»Wir sind ein italienisches Restaurant.«

»Oh.«

Endlich schaffe ich es, die Frau zu überzeugen, den Seewolf zu nehmen. Gott sei Dank fragt sie nicht nach seiner Herkunft.

Ich seufze. Als ich noch ein Kind war, haben Gäste nie solche Sachen gefragt. Vergangen sind die Tage, an denen Gäste blindlings von der Speisekarte bestellt haben und das Wort des Chefkochs dem Evangelium gleichkam. Dinge wie Huhn aus Freilandhaltung, Biofisch und das Zeug, das Hippies in Hanfsandalen gegessen haben, waren unbekannt. Heutzutage halten sich

Kunden, bewaffnet mit Informationen aus dem Internet und Fernsehshows, für angehende Chefköche. Nur weil sie Biografien von Köchen lesen und Kochsendungen ansehen, denken sie, dass sie alles wissen, was man über Restaurants und Kochen wissen muss. Vertrauen Sie mir, sie sind im Irrtum. In den sieben Jahren, in denen ich als Kellner arbeite, habe ich erst ein Zehntel von dem gelernt, was man wissen muss. Sehen Sie sich auch *Grey's Anatomy* im Fernsehen an und glauben danach, Sie könnten eine Operation durchführen? Hoffentlich nicht. Gäste glauben, sie hätten das Recht, das Urteil des Kochs in Frage zu stellen.

Verstehen Sie mich nicht falsch. Auf lange Sicht ist ein gebildeter Gast natürlich eine gute Sache. Ich bin froh, dass Gaumen experimentierfreudiger werden. In meiner Schulzeit hat keiner rohen Fisch gegessen. Als ich klein war, gab es dienstags Hackbraten und freitags Pizza. Sonntags hat Dad sich an irgendetwas aus einem 30 Jahre alten Kochbuch versucht. Einmal hat er etwas zubereitet, das ich bis heute Fischköpfe und Haferschleim nenne. Dad sagte, es sei Bouillabaisse gewesen, aber ich glaube ihm noch immer nicht. Er hat meinen zarten kulinarischen Verstand verdorben. Ich mache ihm keinen Vorwurf. Er wollte seinen Kindern ein wenig Kultur nahebringen. Letztlich kam er aber nicht gegen seine irischen Fleisch-und-Kartoffel-Gene an.

Heute ist der amerikanische Geschmack viel weiter entwickelt. Schulkinder essen Sashimi, Studenten schöpfen Tofu, und Erwachsene träumen vom eigenen Weinberg im Napa Valley. Es gibt Zwölfkornbrot, tiefgefrorene thailändische Gerichte, Senf für 20 Dollar, Feinschmeckerschokolade und so viele Lokale wie nie zuvor.

Die Industrie rund um Restaurants, Essen und Küchengeräte ist milliardenschwer, und jede Industrie braucht ihr Netzwerk für Öffentlichkeitsarbeit. Der bekannteste Propagandakanal dieser Industrie in den USA ist Food Network.

Food Network ist der Todesengel der amerikanischen Koch-kunst. Geboren wurde er im Kochtopf des amerikanischen Ka-belfernsehens. Lange vor *American Idol* oder dem ganzen Reali-ty-Show-Hype hatten Fernsehproduzenten die Idee, aus relativ unbekannten Köchen Superstars zu machen. Diese geisteskran-ken Genies merkten, dass sie ohne große Kosten eine Fernseh-sendung und dabei einen unglaublichen Profit durch Werbung aus der Lebensmittelindustrie machen konnten. Man musste nicht mal ein Chefkoch sein! Food Network nahm seine billigen Shows und machte damit, was die Nachrichtensender gemacht haben – 24 Stunden am Tag senden, 365 Tage im Jahr. Warum eine Kochsendung nur ein oder zwei Mal die Woche ansehen, wenn man sie immerzu sehen kann? Nach Aufmerksamkeit gei-fernd, machen Köche und Gastwirte viel Aufheben darum, in den Küchen der Studios kochen zu dürfen. Die Gastronomie war schon immer ein inzestuöses Geschäft. Küchenchefs, Gastwirte, Lieferanten, Restaurantführer und -kritiker fallen übereinander mit arschkriecherischen Weiterempfehlungen her und wollen alle der nächste Emeril, die nächste *Gourmet*-Zeitschrift oder die nächste Ratingagentur wie *Zagat* sein. Manchmal wünschte ich, Kellner kämen auch einmal zum Zug. Uns scheint man überse-hen zu haben.

Nun ja, Kochshows gab es schon immer. Essen im Fernsehen ist nichts Neues. Amerikaner lieben Kochsendungen. Viele von uns sehen beim Essen fern. Wir schauen dem Koch bei seinen Zauberkünsten zu, und das bescheidene Chickensandwich, an dem wir herumknabbern, verwandelt sich in das, was der Koch gerade zubereitet. Stets besteht eine kleine Verbundenheit zwi-schen Zuschauer und Koch, nur bekommen Sie nicht das zu es-sen, was er gerade fabriziert. Es ist wie bei einer katholischen Messe, die im Fernsehen übertragen wird.

Aber Food Network ist mittlerweile mehr als eine einfache Kochshow. Wenn ein Sender so viel Sendezeit ausfüllen muss, dann braucht er *Inhalte*. Die Programmentwickler haben uns Köche präsentiert, die in kulinarischen römischen Arenen kämpfen, sie haben Zuschauer auf der Suche nach exotischen Gewürzen um den ganzen Globus geschleift und eine nicht enden wollende Reihe von einheimischen Göttinnen mit Pferdegebiss geboten, die uns zeigen, wie man innerhalb von 15 Minuten ein fantastisches Mahl zubereitet.

Es ist nichts daran auszusetzen, dass jemand etwas über Essen lernen will. Es ist nichts daran auszusetzen, dass jemand kochen lernen will. Was das angeht, ist Food Network wirklich eine coole Sache, finde ich. Denken Sie aber immer daran, dass diese telegenen Köche, die einen Braten mit Olivenöl einreiben, auch billiges Aluminiumbesteck, auf dem ihr Name steht, in einem Kaufhaus in Südchina an den Mann bringen wollen. Ich befürchte, Essen wird sexualisiert, es ist eine Art Statussymbol im Namen des Profits. Was geschieht, wenn diese Botschaften den Menschen ständig eingeschärft werden? Ich behaupte nicht, dass es vorsätzlich gemacht wird, aber wenn ich diese Auf-Sendung-Persönlichkeiten über gegrilltes Dies und gedünstetes Das in salbungsvollem Ton daherreden höre, dann sieht die Ausbeute in meinem bescheidenen Regal dagegen mager aus. Ich weiß – Essen ist ein Statussymbol, seit die Gutsbesitzer Fleisch aßen, während sich die ärmlichen Bauern mit dem Abfall und den Schalen begnügen mussten. Heute sabbern wir, wenn wir kunstvoll gefilmte Servierteller im Fernsehen sehen, wie pummelige Teenager beim Anblick eines dünnen Mannequins. Die Leute denken, das Leben im TV sei das wahre Leben. Jeder will ein Rockstar sein. Jeder will wie ein Rockstar essen. Wir sind langsam davon überzeugt, dass alles, was über unsere Lippen kommt, sexy, frisch, wunderbar und aufregend sein muss. Ein Brot mit Butter und Marmelade reicht nicht mehr aus.

Einmal kam ein Paar ins »Bistro«. Eigentlich hatten wir schon geschlossen. Sie fragten, ob die Küche nicht für sie noch einmal öffnen könnte. Ich sagte, das ginge nicht. Sie wollten wissen, ob noch irgendwo zu dieser späten Stunde ein Lokal geöffnet sei, und ich empfahl ihnen einen Imbiss die Straße runter. Sie sahen mich schockiert an. Imbissessen war unter ihrer Würde. Nie werde ich vergessen, wie die Frau auf ihrem Weg nach draußen sagte: »Wo finden wir jetzt noch ein erstklassiges Lokal?«

Die Leute vergessen offenbar, dass es beim Essen zuallererst ums Überleben geht. Alles andere ist zweitrangig. Manche Leute glauben, der Gedanke, dass wir essen, um zu überleben, sei aus unserem Bewusstsein verschwunden. Ach ja? Essen Sie einmal drei Tage lang nichts. Wenn Sie fast verhungert sind, sind all diese Nettigkeiten von wegen »Das Auge isst mit« und die Theorien über soziale Gemeinschaft, Freiland-Dies und Bio-Jenes vergessen. Erinnern Sie sich noch an alle die hungrigen Flüchtlinge im Superdome nach dem Hurrikan Katrina? Versetzen Sie sich einmal in ihre Lage. Dann wissen Sie sehr schnell wieder, dass es beim Essen ums Überleben geht. Was hat ein Mann damals gesagt? Der einzige Unterschied zwischen Zivilisation und Chaos sind drei Mahlzeiten und 24 Stunden? Gruselig.

Der Abend schreitet voran, und an einem meiner Tische werden die schwierigsten Gäste plaziert, mit denen ein Kellner fertig werden muss – Feinschmecker. Feinschmecker sind meistens Leute mittleren Alters, die sich für Experten in Sachen Nahrung, Wein und die Details des Tafelservice halten. Gegen Gourmets ist nichts auszusetzen, aber Feinschmecker sind keine Gourmets. Sie sind Möchtegern-Gourmets. Wie bei allem braucht es seine Zeit, sich kulinarisches Wissen anzueignen. Feinschmecker meinen, sie bräuchten sich nur eine TV-Show anzusehen und könnten als Restaurantkritiker für die *New York Times* schreiben. Mir wird sofort klar, diese vier Typen werden Ärger machen.

»Entschuldigen Sie, Ober«, sagt einer der Männer. »Wo kommt das Brot her?«

Ich kläre ihn auf, dass wir es von einer Großbäckerei kaufen.

»Oh«, sagt der Mann und legt das Brot wieder in den Korb zurück. »Ich dachte, es wäre selbstgebacken.«

»Tut mir leid, Sir.«

»Haben Sie noch anderes Brot?«, fragt sein Freund.

»Nein, Sir.«

»Dann bringen Sie mir ein wenig Balsamico zum Dippen.«

»Das ist in der Flasche neben Ihnen, Sir«, sage ich.

Der Brotliebhaber nimmt sich eine der Flaschen Balsamico-Essig, die bei uns auf den Tischen stehen, und hält sie gegen das Licht.

»Welche Sorte Balsamico ist das?«

Ich sage es ihm. Es ist eine gute Marke, wie es sie in jedem Supermarkt zu kaufen gibt.

»Sie haben nicht zufällig kostbaren Balsamico?«, will der Mann wissen.

»Wie bitte?«

»Balsamico, der 200 Dollar die Flasche kostet«, sagt der Mann. »So einen habe ich zu Hause. Damit können Sie Ihr Eis garnieren.«

»Davon habe ich noch nie gehört«, sage ich. »Aber ich lerne immer gern dazu.«

»Das sollten Sie aber wissen.« Der Mann rümpft die Nase. »Sie sind Ober in einem toskanischen Restaurant.«

»Das Management hätte sicher nichts dagegen, wenn Sie Ihre eigene Flasche Balsamico mitbringen, Sir.«

Der Mann sieht mich an, als hätte ich ihm gerade eine Ohrfeige verpasst. »Welche Empfehlungen haben Sie heute?«

Ich sage die Specials auf. Wir haben ein Steak für 30 Dollar.

»Ich nehme das Steak«, sagt der Essigkenner. »Aber ich fürchte mich vor BSE.«

»Unsere Steaks sind vorzüglich«, entgegne ich. »Aber wenn Sie beunruhigt sind, dann schlage ich vor, Sie wählen etwas anderes.«

»Aber ich habe Lust auf Steak«, sagt der Mann und lächelt dabei verschlagen. Der Typ will sich über mich lustig machen. Okay, Kumpel, spielen wir.

»Das Steak ist bei uns sehr gut, Sir«, sage ich.

»Können Sie mir garantieren, dass mein Steak nicht BSE-verseucht ist?«

»Das kann niemand zu 100 Prozent garantieren, Sir.«

»Also könnte es BSE-verseucht sein?«

»Diese *entfernte* Möglichkeit besteht.«

»Sie klingen so überzeugt«, sagt der Mann grinsend. »Wie können Sie sich so sicher sein?«

»Ich könnte es Ihnen erklären. Aber ich weiß nicht, ob Sie es wirklich wissen wollen.«

Der Mann starrt mich an. »Durchaus«, sagt er. »Schießen Sie los.«

»Sir …«

»Erzählen Sie.«

Okay. Du hast es so gewollt.

»Nun«, sage ich und tue ganz professionell. »BSE befällt Gehirn und Rückenmark des Rindes. Wenn in Europa ein Rind geschlachtet wird, dann wird manchmal der ganze Kadaver verarbeitet. Wenn das Rinderhirn entfernt wird, kann das benachbarte Fleisch mit den Organismen kontaminiert werden, die Rinderwahn verursachen. Manchmal wird es durch infizierte Messer übertragen.«

Mein Gast bekommt eine grünliche Gesichtsfarbe.

»In den Vereinigten Staaten«, plappere ich weiter, »haben wir dieses Problem nicht, weil der Kopf des Rindes sozusagen gleich abgeschlagen wird.«

»Oh«, sagt der Mann.

»Die Wahrscheinlichkeit, dass Hirn- und Rückenmarkgewebe in Ihrem Steak sind, ist also relativ gering. Die Qualitätskontrollen verhindern vermutlich, dass ein krankes Rind verarbeitet wird.«

»Das hätten Sie mir nicht alles erzählen müssen«, sagt der Mann.

»Ich habe Sie gewarnt.«

Der frischgebackene Vegetarier blitzt mich an. »Es gab keinen Grund, drastisch zu werden.«

»Es ist eine drastische Angelegenheit.«

»Ich nehme die Fettucine Alfredo, Mr. Wizard.«

»Sehr gut, Sir.« Das Grinsen verkneife ich mir.

DRECK

Wenn Sie die Sache mit dem Rind schon widerlich fanden, dann überspringen Sie dieses Kapitel besser.

Es ist Sonntag, 21 Uhr. Den Montagmorgen vor Augen, haben meine Gäste bezahlt und verabschieden sich. Ich bin froh. So mag ich es – Stammgäste, die in einer langsamen, gleichmäßigen und lukrativen Abfolge kommen. Ich habe mich nicht totgearbeitet und trotzdem 200 Dollar in der Tasche. Optimal.

Ich gehe nach hinten und widme mich dem nächtlichen Papierkram. Gerade, als ich die Rechnungen ordne, läutet die Türglocke. Ich stöhne innerlich. Technisch gesehen hat das »Bistro« noch für ein paar Minuten geöffnet. Gäste auf die letzte Minute, für die ich noch zwei Stunden dableiben muss, kann ich jetzt nicht gebrauchen. Außerdem sind die Jungs in der Küche müde. Ich setze also mein freundliches Lächeln auf, stehe auf und gehe Richtung Eingangstür.

Als ich sehe, wer da in der Tür steht, bin ich erleichtert und angeturnt. Es ist kein neuer Gast. Es ist die heiße Blondine, die am frühen Abend mit ihren drei ebenso heißen Freundinnen bei uns zu Abend gegessen hat. Die Blondine und ich haben die ganze Zeit über schamlos miteinander geflirtet. Ich war ein bisschen enttäuscht, dass sie mir nicht ihre Telefonnummer gegeben hat. Jetzt ist sie zurückgekommen, auf der Suche nach ein bisschen Kellnerliebe. Ich tausche mein Kellnerlächeln gegen ein echtes aus. Aber als ich auf sie zugehe, sehe ich, dass sie unter ihrem Make-up kreidebleich ist. Irgendetwas stimmt nicht. Sie sieht

174

mich nicht mit Schlafzimmerblick an – sie hat den Blick eines stinksauren Gastes.

»Hallo«, sage ich. »Ist alles in Ordnung?«

»Nein«, sagt sie. »Gar nichts ist in Ordnung. Mir ist übel, und eine Stunde nachdem ich gegangen war, musste ich mich übergeben.«

»Es tut mir sehr leid, das zu hören.«

»Mit dem Thunfisch war etwas nicht in Ordnung.«

Oh. Ah. Die Schuldzuweisung. Das Essen im »Bistro« hat sie krank gemacht. Das kann eine vertrackte Situation sein.

»Wann haben Sie denn zum ersten Mal Übelkeit verspürt?«

»Um ehrlich zu sein, beim Dessert bekam ich ein flaues Gefühl im Magen«, sagt sie. »Und kaum war ich zu Hause, musste ich mich übergeben.«

»Um wie viel Uhr wurde Ihnen schlecht?«, frage ich.

»Gegen 20 Uhr dreißig.«

»Und sie haben Ihren Thunfisch gegessen um …?«

»19 Uhr dreißig«, erklärt die Blonde. »Was soll die Fragerei?«

»Ich möchte nur verstehen, wie das geschehen konnte.«

»Ich habe mir bei Ihnen eine Lebensmittelvergiftung geholt«, sagt die Blonde laut. »Und ich will mein Geld zurück haben.«

»Aber … «

»Von Ihrem Essen ist mir schlecht geworden! Ich will, dass Sie die gesamte Rechnung erstatten.«

»Geht es Ihren Freundinnen auch nicht gut?«

»Welchen Unterschied macht das?«

»Ich möchte herausfinden, ob …«

»Es geht ihnen gut«, sagt die Blonde. »Einer Ihrer Köche hat wohl vergessen, sich nach der Toilette seine Hände zu waschen, und hat den Thunfisch infiziert! Ich verlange, dass Sie mir mein Geld wiedergeben.«

Oh, Mann, ich hoffe, dass keiner der Gäste das je zu hören bekommt.

»Wie geht es Ihnen jetzt?«, hake ich behutsam nach.

»Es wird schon wieder«, sagt die Frau. »Ich habe alles erbrochen, glaube ich.«

»Ich freue mich, dass es Ihnen besser geht«, sage ich.

»Ich mich auch«, faucht das Mädchen. »Also, geben Sie mir jetzt mein Geld zurück, oder was?«

»Geben Sie mir ein paar Minuten, ich muss den Besitzer anrufen.«

»Wieso?«

»Er muss die Rückzahlung autorisieren«, lüge ich.

»Na schön.«

Ich gehe hinüber zur Kellnerstation und verschwinde aus dem Blickfeld der Frau. Dass ihr von ihrem Thunfisch übel geworden ist, ist unwahrscheinlich. Ich bin kein Arzt, aber ich weiß aus Erfahrung, dass es normalerweise zwischen sieben und 48 Stunden dauert, bis sich die Mikroben im System eingenistet haben und einem schlecht wird. Zwar besteht die geringe Möglichkeit, dass irgendein Supervirus so schnell zugeschlagen hat, aber trotzdem würde es noch drei Stunden dauern, bis der Zauber wirkt. Die junge Frau behauptet, ihr sei schon 20 Minuten nach dem letzten Bissen übel gewesen. Das ist unmöglich. Eine chemische Vergiftung könnte erklären, dass sie so schnell Symptome bekommen hat. Aber sie sagt, es gehe ihr besser und ihren Freundinnen ginge es auch gut. Ammoniak oder Industriereiniger ist also auch nicht versehentlich in ihr Essen gelangt. Möglich, dass die Symptome von etwas herrühren, das sie vor 24 Stunden gegessen hat. Da sie aber gerade unser Lokal verlassen hat, gibt sie uns die Schuld. Natürlich könnte sie auch zu viel getrunken haben.

Das darf man einem Gast, der deinem Lokal die Schuld für eine Lebensmittelvergiftung in die Schuhe schieben will, aber natürlich nicht sagen. Ein solcher Gast will keinen epidemiologischen Vortrag hören – er will Gerechtigkeit. Und wenn das Restaurant sich wirklich schuldig gemacht hat, obwohl das unwahrscheinlich ist, dann ist es das Beste, man zahlt. Kein Restaurant will den Ruf haben, dass Gerichte serviert werden, die Übelkeit verursachen.

Doch an der Geschichte von dieser Frau ist etwas faul. Als sie mit mir geflirtet hat, sah sie nicht krank aus. Außerdem machte sie einen Riesenwirbel, dass sie die Rechnung übernehmen wollc, und hinterließ ein dickes Trinkgeld. Meine Theorie ist folgende: Sie kam nach Hause, die Wirkung des Pinot Grigio ließ langsam nach, und plötzlich plagte sie Käuferreue. Einige von diesen Frauen (und Männern) in den Zwanzigern, die ich bediene, können sich diesen *Sex-and-the-City*-Lebensstil gar nicht leisten. Sie geben ihr ganzes Geld für schicke Klamotten, teure Schuhe und Abendessen in trendigen Lokalen aus und leben irgendeine überdimensionale Candace-Bushnell-Fantasie aus. Nach ihren extravaganten Cocktail-Soireen schleicht sich die Hälfte der Mädchen in ihre Löcher und schaut online nach, wie viel Dispo ihnen noch zur Verfügung steht. Ich bin einmal mit einem süßen Mädchen aus Manhattan ausgegangen, das immer piekfein gekleidet war und immer zum Essen ausging. Wir waren ein paar Wochen zusammen, und schon bettelte sie mich um Geld an, damit sie ihren Mietanteil für eine Wohnung bezahlen konnte, die sie mit drei anderen Mädchen teilte. Ich lehnte ab und schlug ihr vor, nach Jersey zu ziehen. Sie sagte, lieber würde sie sterben.

Ich glaube, diese Dame behauptet, sie hat eine Vergiftung, damit das »Bistro« ihr ihre abendlichen Festivitäten bezuschusst. Darum ist sie eine Stunde nachdem sie gegangen ist, noch einmal wieder gekommen. Wäre etwas an der Sache dran, würde sie am nächsten Tag von zu Hause aus anrufen, um sich zu beschweren. Nur wenige Gäste haben diese Nummer in all den Jahren abgezogen. Und ich werde dieses Mädel nicht mit einer davonkommen lassen. Ich gehe zurück.

»Madam«, sage ich. »Das Bistro betreibt eine sehr saubere und sichere Küche. Sämtliches Personal kennt sich in der Handhabung von Nahrungsmitteln bestens aus.«

»Einen Moment mal«, unterbricht die junge Frau.

Ich rede über sie hinweg. »Aber es tut uns leid, dass Sie Unannehmlichkeiten hatten. Wir übernehmen keine Verantwortung, aber wir schätzen Sie als Gast. Aus diesem Grund wird Ihnen der Besitzer *Ihr* Abendessen und das Dessert zurückerstatten.«

»Ich möchte aber, dass mir die *ganze* Rechnung erstattet wird«, sagt das Mädchen.

»Das geht nicht.«

Die junge Frau sieht mich so frostig an, wie sie kann. Sie vergeudet ihre Zeit, und ich ergötze mich derweil an ihren grünen Augen. Darin sind kleine goldene Sprenkel. Ich frage mich, wie Kerzenlicht auf ihrer nackten Haut aussehen würde …

»Okay«, sagt das Mädchen und unterbricht meinen Pornokanal-Moment. »Ich nehme das Geld an.«

»Danke, Miss«, antworte ich. »Ich bin froh, dass wir uns einigen konnten.«

Ich gehe wieder nach hinten, mache ein paar digitale Tricks und erstatte dem Mädchen 75 Dollar. Mein Trinkgeld? Bleibt davon unberührt.

»Bitte schön, Miss«, sage ich und gebe ihr die neue Kreditkartenrechnung.

Fluvio wird sicherlich wissen wollen, was es damit auf sich hat. Ich hinterlasse ihm eine Erklärung im Schichtprotokoll und schildere ihm, was ich unternommen habe. Dann gehe ich in die Küche und berate mich mit Armando.

»Wir waren es nicht«, sagt er. Er fühlt sich angegriffen. Kein Küchenchef hört es gern, dass er einen Gast krank gemacht hat – es sei denn, es war beabsichtigt.

»Ich weiß, dich trifft keine Schuld«, beschwichtige ich ihn. »Du musst aber wissen, was sie gesagt hat.«

»Sie wollte ihren Thunfisch richtig totgekocht!«

»Leute gibt's«, murmele ich.

Ich will nicht behaupten, dass nie einem Gast von dem, was er im »Bistro« gegessen hat, übel geworden ist. Wenn in einem Restaurant Tausende von Mahlzeiten im Jahr gekocht werden, dann kann schon einmal etwas schiefgehen. Werden aber die Nahrungsmittel korrekt aufbewahrt und wird alles sauber gehalten, dann sinkt die Wahrscheinlichkeit, dass etwas Schlimmes passiert – man kann es aber nun mal nicht ganz ausschließen.

Manche Restaurants sind besser als andere. Das »Bistro« ist ein sehr sauberer Ort. Ich kenne Einrichtungen, da würden Ihnen die Haare zu Berge stehen, wenn Sie wüssten, wie es in der Küche aussieht.

Einmal hatte ich das Pech, in einem Restaurant mit einem wirklich geizigen Gastwirt zu arbeiten. Niemals war in den Seifenspendern Seife. Manchmal gab es nicht einmal Toilettenpapier. Der Besitzer war auch der Meinung, dass man sich an so manche Hygienevorschrift nicht halten müsste. So mussten die Kellner zum Beispiel jedem Kunden einen Salat mit billigem Grünzeug, überreifen Tomaten und verschimmelten Zwiebeln andrehen. Am Ende des Tages, wenn alle Kellner mit ihren bloßen Händen (und es gab doch kein Toilettenpapier!) in Salat und Tomaten gewühlt hatten (es gab auch keine Buffetzangen), sollten wir das Gemüse wieder in den Kühlschrank legen und am nächsten Tag erneut verwenden! Da waren die Tomaten schon glibberig. Warf ein Kellner sie in den Müll, dann verpfiff ein Hilfskellner ihn an den Boss. Was für ein Ort.

Niemals werde ich die Personaltoiletten vergessen. Wie im »Amici's« durften die Mitarbeiter die Gästetoilette nicht benutzen. Diese Toilette war zwar nicht so klein wie »die Telefonzelle der Sodomie«. Sie war aber auch so ein fensterloser Schlauch, in dem es nach Köperausdünstungen und billigem Kölnischwasser stank, mit dem sich die Küchenjungs begossen, bevor sie sich mit dem Bus auf den Nachhauseweg machten. Das Licht kam von einer einzigen Plastiklampe, die unsicher an der einen Seite des schmutzigen Waschbeckens baumelte. Die Toilette wackelte, wenn man sich draufsetzte. Nicht selten fand man gebrauchte Tampons oder Kacke in der Schüssel. Eines Nachts brannte die Birne in der Lampe durch. Natürlich gab es keinen Ersatz. Der Gastwirt stellte einfach eine Kerze von einem der Tische auf den Spülkasten. Der Luftzug von der sich öffnenden und schließenden Tür löschte die Flamme.

Ich weiß, was Sie denken. Wie wäre es mit Taschenlampen? Diese Geizhälse hatten keine. Die Leute pissten im Stockdunkeln in die Toilette. Und daran vorbei.

Einmal musste ich pinkeln. Meine Schuhe hatten keinen Halt, der Boden war glitschig von Urin und fettigen Schuhsohlen. Also ging ich auf die Gästetoilette. Als später am Abend das Licht wieder funktionierte, mussten wir feststellen, dass irgendwer, der wahrscheinlich von den erbärmlichen Zuständen verärgert war und seinem Protest Ausdruck verleihen wollte, die Wand mit Natursekt besprüht hatte. Er hatte nicht einmal versucht, auf die Toilette zu zielen.

Ich gebe Ihnen einen Tipp, lieber Leser. Wenn das WC in einem Restaurant ekelhaft ist, dann hält die Küche sehr wahrscheinlich die Hygienevorschriften auch nicht ein. Sicherlich, Gäste können Ferkel sein und binnen fünf Sekunden eine saubere Toilette verhunzen, aber achten Sie auf folgende Details:

• kein heißes Wasser
• keine Seife in den Spendern
• billiges Schleifpapier als Toilettenpapier
• keine Papierhandtücher
• übervolle Mülleimer
• keine Toilettenpapierhalterung, nur eine zerfetzte Rolle auf dem Spülkasten

- lockere Toilettenbrille
- Graffiti
- *überall* Samenflecken

In dem Restaurant hingen auch diese Fliegenfänger im Service-bereich hinter der Küche von den Decken. Seit den 1930er Jahren gab es große Fortschritte, was die Schädlingsbekämpfung angeht. Aber dieser Restaurantbesitzer war ständig bestrebt, jeden Dollar zu sparen. Er hatte noch nie von diesen Fortschritten gehört. Immerzu zog es. Wenn die Türen auf und zu gingen, flatterten die Fliegenfänger in dem künstlichen Wind wie gleißende, schwarz gespickte Papierfähnchen, mit denen Stammesangehörige Fremde von einem heiligen Grab fernhalten wollen. Die Mäuse, die sich in Höllenpein auf dem Boden wanden und versuchten, sich aus klebrigen Papierfallen zu befreien, vervollständigten das Bild. Es würde mich nicht überraschen zu hören, dass Gäste dieses Restaurants am Ebolavirus gestorben sind, ganz zu schweigen von Gastroenteritis.

Und da wir schon einmal beim Thema Virus sind, sprechen wir doch gleich noch über eine andere feine Sache aus der Welt der Gastronomie: Krankheit am Arbeitsplatz.

Irgendwo habe ich gelesen, dass Küchenchefs diese Macho-Ethik entwickelt haben, die sie zwingt, auch dann zu arbeiten, wenn sie krank oder verletzt sind. Wenn sie nicht tot sind oder ihre Hand in einen Fleischwolf gesteckt haben und gerade verbluten, kommen sie auch krank zur Arbeit. Bis zu einem gewissen Grad ist das wahr. Fluvio hat schon mit über 40 Grad Fieber und im Halbdelirium gekocht oder mit quälenden Schmerzen in den Beinen und im Rücken. Armando wirft, wenn er erkältet ist, so viele Medikamente ein, dass ich befürchte, seine Leber könnte vor dem Ende der Schicht herausspringen. Selbstverständlich hat sich jeder, der in einem Restaurant arbeitet, schon einmal verletzt. Jeder Koch hat Brandverletzungen und Narben auf seinen

181

Händen und Unterarmen, die Zeugnis ablegen von seiner beruflichen Laufbahn wie die Einstiche eines Drogenabhängigen von seiner Drogenkarriere. Einmal sah ich eine Kellnerin mit einer von heißem Öl herrührenden eiternden Verbrennung auf dem Innenschenkel zur Arbeit kommen. (Sie hat es mir gezeigt, darum weiß ich es. Fragen Sie nicht.) Einmal habe ich mir den Finger an der Kappe einer Weinflasche aufgeschlitzt und blutete den ganzen Tisch voll. Der empörte Gast, der Angst hatte, ich hätte das Hantavirus oder etwas Ähnliches, stürmte aus dem Restaurant. Ich arbeitete bis Schichtende mit einem in Jod getränkten Verband um den Daumen.

Der Bushido-Küchencode, wenn es ihn denn je gab, wurde von einem weit weniger romantischen und viel zynischeren verdrängt – im Restaurantgeschäft gibt es fast nie Krankheitstage. Wenn man nicht arbeitet, wird man auch nicht bezahlt. Ich gestehe ein, dass sich besser bezahlte Küchenchefs wegen altmodischer Arbeitsmoralvorstellungen und fetter Gehaltsschecks zur Arbeit schleppen. Aber wir, die wir am unteren Ende des Totempfahls operieren, gehen zur Arbeit, weil wir das Geld brauchen. Ein Hilfskellner, der zu Hause ein Kind hat, für das er sorgen muss, bleibt nicht zu Hause und verzichtet auf 100 Dollar, nur weil er eine Streptokokkeninfektion hat. Außerdem hat er Angst, dass er seinen Job verliert. Fluvio verhält sich anständig, wenn sein Personal krank wird. Weniger gewissenhafte Betreiber feuern den Tellerwäscher mit Lungenentzündung und stellen einen neuen ein. Warum auch nicht? Es gibt genug Leute, die auf so einen Job warten.

Die meisten Restaurants bieten ihren Angestellten keine betriebliche Krankenversicherung. Manche Kellner, wie ich, haben *vielleicht* eine private, nicht aber die Immigranten. Wird jemand krank, dann bekommt er keine medizinische Versorgung, und die Krankheit wird schlimmer oder dauert länger als nötig. Bürohengste haben eine Krankenversicherung, sie können zum Arzt gehen und sich Rezepte besorgen. Sie können sich krankschreiben lassen und vom Sofa aus Nigella Lawson in den Ausschnitt gucken, wenn sie im Fernsehen einen Obstkuchen backt. Hilfskellner, Tellerwäscher und die meisten Kellner können sich diesen Luxus nicht leisten. Machen Sie sich nichts vor: In Amerika sind Krankenversicherung und Krankentage ein Luxus, kein geschriebenes Recht. Es ist ein Teufelskreis – jemand von der Belegschaft wird krank, hat kein Geld, um einen Arzt aufzusuchen oder sich eine Auszeit zu nehmen, es geht ihm schlechter und er kann nicht arbeiten und muss dann für einen Arztbesuch bezahlen, den er sich nicht leisten kann, dann muss er noch mehr arbeiten, um den Verlust wieder wettzumachen, die angeschlagenen Kräfte werden strapaziert, und die nächste Krankheit wartet schon.

Das sind die Leute, die *Ihr* Essen zubereiten! Sehen wir der Sache ins Auge: Weil sie keinen Zugang zu den Krankenversicherungen haben, wimmelt es in Amerika von potenziellen Seuchenverbreitern, die dieses Land von innen heraus durch Krankheit schwächen. Viele Amerikaner der unteren und mittleren Einkommensschicht sitzen im selben Boot. Gehen Sie in ein Krankenhaus. Sehen Sie sich an, wie viele der Hilfsschwestern, die sich um den Großteil der Patienten kümmern, Krankentage haben und eine Krankenversicherung. Nicht viele. Natürlich, wenn Sie Geld besitzen, dann haben Sie eine Krankenversicherung. Die Leute, die Sie in einem Restaurant bedienen, höchstwahrscheinlich nicht. Sehen Sie, da sind wir wieder beim potemkinschen Dorf, von dem ich schon gesprochen habe.

Glücklicherweise ist das Händewaschen im »Bistro« beinahe ein religiöser Akt. Seifenspender, antibakterielle Seife und jede Menge Papiertücher gibt es an jedem Waschbecken. Vielleicht kommen wir krank zur Arbeit, aber wenigstens treffen wir vorbeugende Maßnahmen. Sichere Lebensmittelhandhabung, Handschuhe beim Salatmachen und täglich frisches Gemüse sorgen für die Sicherheit des Kunden – meistens. Manchmal geht die Gefahr nicht von Menschen aus. Manchmal sind es die kleinen Geschöpfe Gottes.

Ein Tag nach dem Thunfischvorfall ist das Restaurant rappelvoll, und die Leute stehen Schlange. Fluvio und ich streiten wegen der Sitzplatzanordnung, da unterbricht uns Saroya.

»Leute«, sagt sie. »Wir haben ein Problem.«

»Was denn?«, frage ich.

Saroya beugt sich vor und flüstert: »Wir haben einen Käfer.«

»Was?« Fluvio ist einen Tick zu laut. »Wo?«

»Leise!«, zische ich und schaue mich nervös um.

»Wo ist er?«, wiederholt Fluvio. Seine Stimme ist um einige Dezibel leiser geworden.

»Er krabbelt an der Wand bei Tisch 12 entlang«, sagt Saroya.

»Haben die Gäste ihn schon entdeckt?«, will ich wissen.

»Ich glaube nicht.«

»Der Kammerjäger war gerade erst da.« Fluvio stöhnt auf.

»Wenn sie den Käfer sehen, bedeutet es freie Kost für alle«, sage ich. »Dir zuliebe hoffe ich, dass sie Nudeln essen.«

»Immer irgendwelches Ungeziefer, wenn es voll ist.« Fluvio ist sauer.

»Vielleicht mögen sie Italienisch«, sage ich.

»Was sollen wir jetzt machen?«, fragt Saroya.

»Töte ihn einfach, Schätzchen«, erwidere ich.

»Und wie soll ich das anstellen, ohne dass es jeder mitkriegt?«

»Denk dir was aus.«

»Du bist der Manager«, entgegnet Saroya. »Denk *du* dir was aus.«

»Großartig. Wirf mir die Managersache an den Kopf.«

»Töte du sie, du große Memme.«

Ich werfe Saroya einen bösen Blick zu und gehe in Richtung Tisch 12. Lässig schwebe ich daran vorbei, suche verstohlen die Wand ab, versuche, nicht *zu lässig* auszusehen.

Da, in seiner ganzen glänzenden braunen Pracht. Ein Exemplar der Spezies *Periplaneta americana* – die amerikanische Kakerlake – klammert sich trotzig an der Wand fest. Man kann geradezu hören, wie er ruft: »Steckt euch eure Pestizide und eure Sensibilität sonst wohin. Mich gibt es schon seit 350 Millionen Jahren. Ich war vor euch da, und ich werde euch überleben. Ich kann einen Atomkrieg überstehen, einen Monat ohne Nahrung und eine Woche ohne meinen Kopf. Tschuldigung, dass ich Sie beim Dinner störe, aber die Natur macht keine Pause, bloß weil Sie 30 Piepen für ein Essen bezahlen. Und keine Bange, ich habe meine Freunde mitgebracht.«

Ich seufze. Diese Kakerlake ist ein fettes Ding. Sie muss verschwinden. Ich ziehe eine Leinenserviette aus meiner Schürze und nähere mich dem Tisch. Die Gäste trinken Weißwein. Die Weinflasche steckt in einem Kübel. Ich ziehe die Flasche aus dem Kühler, wickle die Serviette um die nasse Flasche und schenke jedem nach. Vielleicht benehme ich mich wie ein zuvorkommender Ober. Mein taktisches Ziel aber ist es, in die Nähe des Ungeziefers zu kommen. Fluvio beobachtet mich besorgt, während ich Kommandotruppe spiele und mit meinem Körper die Kakerlake vor den Blicken der Gäste verberge. Jeden Moment kann jemand rufen: »Igitt! Eine Kakerlake! FREIE KOST!« Das Risiko ist hoch.

Aber niemand rastet aus. Ich stecke die Flasche wieder in den Eiskübel. Jetzt sitzt das Ungeziefer direkt hinter mir. Ich falte die Serviette auseinander und nehme sie in die rechte Hand. Im Geiste habe ich die Position meines Angriffsziels vor Augen. Ich hebe die Hand, in der ich die Serviette halte, und bereite mich darauf vor, mich umzudrehen. Ich muss schnell zuschlagen. Alle zählen auf mich.

»Danke, Herr Ober«, sagt einer der Gäste.

»Keine Ursache, Sir«, erwidere ich.

Ziel bekämpfen.

Ich wirble in einer einzigen fließenden Bewegung herum und pflücke die Kakerlake von der Wand. Ich mache das so geschickt, dass niemand merkt, was los ist. Danach entferne ich mich von dem Tisch. Mein Gefangener in der Serviette kämpft um seine Freiheit. Einen Moment lang überlege ich, welche Sünden er begangen hat, um als Kakerlake wiedergeboren zu werden. Vielleicht war er ein Wächter in einem Konzentrationslager, ein Serienmörder oder ein Politiker. Vielleicht war er ein Küchenchef.

Ich zerquetsche das Ungeziefer in der Serviette. Es stirbt mit einem zufriedenstellenden Knacken. Dann werfe ich alles in den Müll. Fluvio ist erleichtert.

»Gute Arbeit«, sagt er.

»Null null Kellner«, sage ich stolz. »Mit der Lizenz zum Töten.«

»Was meinst du, warum sind sie zurück?«, fragt Fluvio.

»Keine Ahnung, Fluvio«, antworte ich. »Diese Kriechtiere können radioaktive Strahlung aushalten und 45 Minuten ohne zu atmen auskommen. Sie sind unbesiegbar.«

»Toll.«

»Ich geh mal was nachsehen.«

Ich begebe mich in den Keller zum Sicherungskasten, ich will eine Theorie überprüfen. Im Fernsehen habe ich gehört, dass Kakerlaken von elektromagnetischen Strahlen angezogen werden. Als ich den Sicherungskasten öffne, rennen Dutzende der braunen Käfer um ihr Leben. Die Dinger sind überall. Der Kasten ist übersät mit kleinen braunen Flecken Kakerlakenkacke. Wunderbar.

Wieder zurück, erzähle ich Fluvio, das Problem sei schlimmer, als wir geglaubt hätten. Aber ich versuche es von der sonnigen Seite zu betrachten: Ich wusste, es würde sich irgendwann auszahlen, dass ich immer wieder *Animal Planet* gesehen habe.

Manche von Ihnen denken vielleicht, das »Bistro« sei ein Gesundheitsrisiko, ein widerlicher Ort, den Sie nie betreten würden. Ich will Ihnen etwas sagen – in jedem Restaurant, in dem Sie je waren, gibt es Kakerlaken. *In jedem einzelnen!*

Alle Restaurants haben Verträge mit Firmen für Ungezieferbekämpfung (hoffen Sie es), damit das Schädlingsproblem unter Kontrolle bleibt. Denken Sie doch mal nach. Sie haben alle schon Ameisen, Kakerlaken und manchmal auch eine Maus in *Ihrer* Küche gehabt. Die sind hinter Ihrem Essen in der Speisekammer her, hinter dem Zucker, den Sie vergessen haben wegzuwischen, den Krümeln auf dem Fußboden. Jetzt stellen Sie sich vor, dass Ihre Küche um einiges größer ist, jeden Tag Hunderte Mahlzeiten zubereitet werden, ein Dutzend Leute ständig hindurchläuft und tonnenweise Nahrung herumliegt. Auch wenn Sie gewissenhaft alles eintüten, verschließen und immer wieder kehren, ein Geschöpf Gottes wird trotzdem hineinkommen. Manchmal trampen sie in der Gemüsekiste mit, krabbeln durch eine Ritze in der Wand oder verstecken sich in der Kleidung eines Kunden. Ja, manchmal bringen die Leute ihr eigenes Ungeziefer mit ins Restaurant.

Man kann die erfolgreichste Spezies der Welt einfach nicht davon abhalten, in Erscheinung zu treten. Irgendwo habe ich gelesen, wenn man alle Insekten auf der Welt nähme und auf eine Waage legte, wögen sie mehr als alle anderen Lebensformen zusammen. Elefanten eingeschlossen.

Natürlich heißt das nicht, dass man aufgibt und sie überall herumlaufen lässt. Das »Bistro« hat einen Vertrag mit einer Firma für Ungezieferbekämpfung. Jeden Monat setzt der Kammerjäger seinen Otto auf ein Formular, das besser an einem Ort hängt, an dem es der Beamte vom Ordnungsamt auch gleich sieht. Aber Ungezieferbekämpfung ist kostspielig. Manche Restaurants, denen es finanziell nicht so gutgeht, sparen sich solche Nettigkeiten wie den Kammerjäger. Dann fängt der Ärger an.

Nach den Kakerlaken kommen die Mäuse. Und gleich nach den Mäusen kommen die Ratten. Betrachten Sie die Kakerlaken als Vorhut, die Mäuse als Infanterie und die Ratten als die Panzer. Als Zugabe werden die Fliegen als Unterstützung aus der Luft angefordert, und schon haben Sie ein echtes Problem an der Backe. Und Fäkalien sind schlechte Nachrichten, Leute. Ich muss wohl nicht weiter erklären, dass sich darin ein paar üble Parasiten aufhalten. Und die Flöhe auf den Mäusen und Ratten?

Okay, vielleicht übertreibe ich ja. Niemand hat sich in den letzten Jahren in einem Restaurant den Schwarzen Tod geholt, aber in der Küche gab es bestimmt die eine oder andere Maus. Mit gründlichem Saubermachen und dem Kammerjäger hat man die Krabbler unter Kontrolle, doch glauben Sie mir, das ist alles, sie sind unter Kontrolle – nicht ausgelöscht. Während Sie das hier lesen, ruhen ein Dutzend Augen in den dunklen Ecken Ihres Hauses auf Ihnen. Unter den Dielen sitzen Mäuse! Manchmal findet aber auch etwas Größeres als die übliche Maus seinen Weg in ein Restaurant.

Genau das geschah zur Mittagszeit an einem Samstag vor ein paar Jahren. An den vorderen Tischen wurde es plötzlich unruhig. Teller flogen auf den Boden. Eine Dame fing an zu schreien. Auf ihrem Tisch hockte ein graues Eichhörnchen. Es sah unglücklich aus.

»Ach du heilige Scheiße!«, rief ich aus. Im Nachhinein scheint das die adäquateste Reaktion in dem Moment gewesen zu sein.

Das Eichhörnchen, von den Schreien der Frau aufgeschreckt, wollte durch die Fensterscheibe fliehen. Böser Fehler.

Das Nagetier stieß sich den Kopf, hüpfte auf die hysterische Frau zu, und deren Schreie steigerten sich. Das Eichhörnchen sprang unter die Theke. Ein anderer weiblicher Gast, offenbar eine Tierliebhaberin, eilte hin und rief: »Es ist noch ein Baby! Tun Sie ihm nichts!«

Das Eichhörnchen fauchte seine Retterin böse an. Ich dachte, es würde die Frau beißen, woraufhin sie uns verklagen würde.

»Ich werde das in die Hand nehmen«, sagte ich.

Ein Hilfskellner kam mit einem Besen angerannt, und wir versuchten, den kleinen Mistkerl zur Tür hinauszufegen. Nachdem das Nagetier fast alle unsere Gäste in Angst und Schrecken versetzt hatte, suchte es Schutz unter einem der Banketttische, an dem vier Gäste saßen. Ich hinterher.

»Ich will Sie nicht beunruhigen«, sage ich freundlich zu den Gästen, »aber unter Ihrem Tisch sitzt ein Eichhörnchen. Würden Sie bitte aufstehen?«

Bis zu meinem Tod werde ich ihre Gesichter nicht vergessen.

»Was hat ein Eichhörnchen hier zu suchen?«, fragte die Frau und flüchtete.

»Ich versichere Ihnen, Madam, es steht nicht auf der Speisekarte«, erwiderte ich.

Als ich unter den Tisch gekrochen war, musste ich entdecken, dass die bessere Ratte durch ein Loch unter die Bank geschlüpft war. Ich konnte das Tippeln hören. Dort war sein Zuhause, und das Tier kam nicht hervor.

Außer einem wirklich coolen Gästepaar mussten alle, die im hinteren Bereich des »Bistro« saßen, evakuiert und an anderen Tischen plaziert werden. Die Gratisparade war in vollem Gang. Wir gaben Drinks und Desserts aus. Anschließend rief ich die Polizei an und bat sie, einen Beamten der Tierkontrolle vorbeizuschicken.

Der Bulle gab mir die Telefonnummer eines Kammerjägers, und ich rief ihn an. Der Mann kam nach 20 Minuten mit einer Falle vorbei und der Anweisung, wie man sie aufzustellen hatte. Als die Gäste gegangen waren, war ich auf allen vieren und stellte das Ding auf.

Das Eichhörnchen hat natürlich in jener Nacht den Köder nicht geschluckt. Am nächsten Tag mussten wir alle so tun, als sei es gar nicht da, und plazierten Gäste auch hinten. Den ganzen Abend über wartete ich darauf, dass das Tier wieder auftauchte.

Ich fürchtete mich vor dem Satz: »Herr Ober, da ist ein Einhörnchen in meiner Suppe!«

Außerdem hatte ich Angst, dass es einen Yuppie in den Knöchel beißen würde und der Tollwut bekam. Bei meinem Glück wäre es dann auch noch ein Kritiker von der *New York Times*.

In der nächsten Nacht stellte ich die Falle wieder auf und hatte mehr Glück. Nach Mitternacht rief Fluvio mich an. Das Eichhörnchen hatte den Bewegungsalarm in Gang gesetzt, die Falle hatte zugeschnappt. Als Fluvio mit der Polizei im Schlepptau ankam, rastete unser kleiner Freund in dem Käfig aus. Am nächsten Morgen holte ihn der Kammerjäger ab und setzte ihn im Wald aus. Problem gelöst.

Später an dem Tag schaute ein neugieriger Kunde, der dem Nagetiervorfall beigewohnt hatte, vorbei und fragte: »Was ist aus dem Einhörnchen geworden?«

»Das haben wir zu Mittag gegessen«, antwortete ich.

Dann ist da noch das Zeug, das ins Essen fällt. Einmal gab mir ein Gast die Hülle eines Stiftes und wollte wissen, ob das eine Zutat für Tortellini al Brodo sei. Manchmal gerät auch eine Heftklammer von der Gemüseholzkiste oder ein Knopf von der Uniform eines Kochs in den Salat und ein Zahn bricht ab. Meine Favoriten sind natürlich verirrte Haare.

»Verzeihung«, sagte eine silberhaarige Frau, als ich an ihrem Tisch vorbeiging. »Sind Sie der Manager?«

»Ja, Madam«, antworte ich.

»In meinem Salat ist ein Haar.«

»Das tut mir furchtbar leid.« Ich nehme den anstößigen Teller an mich. »Ich bringe Ihnen umgehend einen neuen.«

»Machen Sie sich keine Umstände«, sagt sie. »Um ehrlich zu sein, mir ist der Appetit gänzlich vergangen.«

»Oje.«

»Bestellen Sie alles ab«, sagt der empörte Ehemann. »Wir möchten gehen.«

»Das tut mir wirklich leid, Sir.«

»Das sollte es auch«, sagt der Ehemann. »Ich habe bisher in keinem Restaurant so etwas Schauderhaftes gesehen.«

Wenn der Kerl glaubt, ein einzelnes Haar sei schlimm, dann würde es ihm bei der Eichhörnchengeschichte ganz sicher den Magen umdrehen. Vielleicht sollte ich ihm von der »Telefonzelle der Sodomie« erzählen. Nein. Die Wahrheit würde er nicht vertragen.

Die beiden stehen auf und gehen. Ich trage den Salat in die Küche zur Obduktion. Moises und Armando stellen sich dazu. Ich nehme das Haar aus dem Salat und halte es ins Licht. Einen Moment lang komme ich mir vor wie David Caruso aus CSI Miami. Das Haar ist lang und silberfarben. Das Haar ist von der mürrischen Frau. Fall abgeschlossen.

»Blöde Ziege«, knurrt Armando.

Wenn sich Kunden über ein Haar im Essen beschweren, dann ist es meistens von ihnen selber. Wenn Sie ein kurzes, gelocktes sehen? Das ist es eins von uns.

»Was machen wir jetzt mit dem Essen von den beiden?«, frage ich. »Können wir es jemand anderem geben?«

»Nein«, sagt Armando. »Das hat niemand sonst bestellt.«

»Verdammt.«

Armando kocht die Bestellungen des Trichotillomanie-Ehepaares fertig und bietet sie dem Küchenpersonal an. Niemand hat Zeit. Das Essen wird kalt und landet schließlich im Mülleimer.

Und das ist wirklich ekelhaft.

ICH HASSE MUTTERTAG

Als der italienische Dichter Dante in der »Göttlichen Komödie« das Inferno beschrieb, machte er einen Fehler. Der innere Kreis des Hades ist nicht der Teufel, der in einem Eisblock gefangene Teufel, der an Judas Ischariot herumknabbert wie an einer immerwährenden Karotte. Der innere Kreis der Hölle ist ein Restaurant am Muttertag.

»Ich möchte den Platz am Fenster«, sagt der Mann. Er steht im Türeingang, flankiert von seiner Mutter und seiner Frau.

»Es tut mir leid, Sir«, antworte ich und muss meine Stimme heben, um den Lärm zu übertönen. »Der Tisch ist reserviert.«

»Ich bin mit dem Besitzer befreundet«, sagt der Mann. »Sagen Sie ihm, dass ich da bin.«

Ich muss mich zwingen, die Augen nicht zu verdrehen. Freunde des Besitzers verhandeln nicht mit Kellnern. Freunde des Besitzers schlüpfen unter dem Samtseil hindurch und gleiten auf die besten Plätze des Hauses. Wenn Sie sagen müssen »Ich bin mit dem Besitzer befreundet«, dann haben Sie mir bereits zu verstehen gegeben, dass Sie es nicht sind.

»Fluvio ist leider nicht da.« Ich bin freundlich, aber bestimmt. »Und der Tisch wurde bereits vor Monaten reserviert.«

Die angesäuerte Dreifaltigkeit aus Ehemann, Ehefrau und Mutter starrt mich an, als hätte ich gerade eine Busladung voll afroamerikanischer Kinder an weiße Sklavenhalter verkauft.

Ich sehe schon, sie sind es nicht gewöhnt, das Wort *Nein* zu hören.

»Aber Mutter wünscht diesen Tisch«, schnauzt mich der Mann an.

»Diesen einen Tisch können Sie nicht bekommen, Sir«, sage ich. »Aber wie wäre es mit einem schönen Tisch weiter hinten?«

»Unzumutbar.« Langsam gerät er in Panik. »Mutter will am Fenster sitzen.«

Ich zucke innerlich zusammen. Wenn ich einen Mann höre, der sich so auf seine Mutter beruft, dann fängt in meinem Kopf die Musik von *Psycho* an zu spielen. Der Mann ist Ende vierzig und sucht immer noch die Bestätigung seiner Mutter. Ich spiele mit dem Gedanken, dem Mann zu sagen, er solle sich endlich abnabeln. Doch das ginge zu weit.

»Es tut mir leid, ich kann Ihrem Wunsch nicht nachkommen, Sir«, sage ich.

Von der grauhaarigen Mutter ist ein angewidertes Schnaufen zu hören. Sie ist eine zerbrechliche, dünne Frau mit schwarzen Knopfaugen. Bestimmt hat sie ihren Sohn in Matrosenanzüge gesteckt.

»Das ist doch lächerlich!«, zischt ihre Schwiegertochter. »Wir sagten doch schon, wir sind Freunde des Besitzers. Geben Sie uns den Tisch.«

Sie klopft mit ihrem Pfennigabsatz ungeduldig auf den Holzboden. Sie sieht wie die jüngere, gebotoxte, verhungerte Ausgabe ihrer Schwiegermutter aus.

»Verzeihen Sie, Madam«, erwidere ich zuckersüß. »Das ist unmöglich.«

Die Schwiegertochter hört mit dem Geklopfe auf. Drei Augenpaare bohren Löcher in meinen Schädel. Sie glauben wohl, wenn sie mich anstarren, werde ich nachgeben und tun, was sie wollen. Das ist der Modus operandi von Kunden, wenn sie merken, dass sie einen nicht herumschubsen können.

Ich nehme drei Speisekarten von der Theke. »Bitte, folgen Sie mir.«

»Wir bekommen also den Fenstertisch?«, fragt der Mann, der sich in falscher Hoffnung wiegt.

»Nein, Sir, ich gebe Ihnen einen Tisch weiter hinten.«

Enttäuscht blickt der Mann seine Mutter an und zuckt mit den Schultern.

»Also gut, wir nehmen ihn.«

»Hier entlang, bitte.«

Die unglückliche Prozession folgt mir. Dabei überhöre ich, wie die Ehefrau ihn angiftet: »Du hättest früher reservieren müssen.«

»Es ist nicht meine Schuld, Mary Anne.«

»Wir sollten woanders hingehen. Sieh doch, deine Mutter ist ganz unglücklich!«

»Zu dieser Uhrzeit kriegen wir nirgends etwas.«

»Verdammt noch mal, Roger. Du machst wirklich immer alles falsch.«

Nachdem ich diese liebevolle Familie plaziert habe, schaue ich sie mir noch einmal an. Die Mutter hält krampfhaft ihre Handtasche vor der Brust fest und betrachtet ihre Umgebung mit kaum übersehbarer Abscheu. Ich bekomme ein wenig Mitleid mit dem Mann, eingeklemmt zwischen diesen beiden oberkritischen Frauen. Der sitzt in der Tinte.

Innerlich seufze ich. Bis die Schicht zu Ende ist, muss ich mich noch mit einer Menge übelgelaunter Gäste herumschlagen. Sie müssen eins wissen: Alle Kellner weltweit hassen den Muttertag. Nicht, dass wir das Muttersein hassen, aber dieser vom Kalender festgelegte Lobgesang auf die Tugenden der Mutterschaft bringt tendenziell die verdrängten Probleme aus der Kindheit an die Oberfläche. Dafür gibt es unzählige Gründe. Menschen haben starke und ambivalente Gefühle für ihre Mütter. Wir alle haben schon Leute getroffen, die Unsummen für Psychotherapie ausgeben, um sich bei ihrem Therapeuten ohne Unterlass über ihre Mutter zu beschweren. Doch schon Sigmund Freud hat vor einem Jahrhundert darauf aufmerksam gemacht, dass negative Gefühle, die auf die Mutter übertragen werden, leicht zu einem riesigen Schuldkomplex führen. Die Blumen- und Grußkartenindustrie nutzt diese Schuld aus und erleichtert uns um unser Geld. Die Spezialisten der psychologischen Kriegsführung, die Muttertag Werbespots entwickeln, haben uns alle einer Gehirnwäsche unterzogen. Sie sagen uns, dass wir schreckliche Menschen sind, wenn wir Mami an diesem großen Tag nicht mit Blumen, Karten und teuren Geschenken überhäufen. Genau wie Weihnachten ist der Muttertag eine gesellschaftlich und wirtschaftlich vorgeschriebene Zurschaustellung des unfreiwilligen Wohlwollens und der Ausgelassenheit. Die Mutter am Muttertag nicht in ein Restaurant auszuführen, ist vergleichbar mit Ebenezer Scrooge, der dem kleinen Tim am Weihnachtsabend mit einer Pistole ein paar überzieht. Nähert sich der zweite Sonntag im Mai, sind die Leute wie von Sinnen. Sie hoffen wohl, wenn sie an diesem einen Tag besonders nett zu Mama sind, können sie die Schuld, die sich über das Jahr hinweg angesammelt hat, loswerden. Muttertag ist Jom Kippur für die schuldigen Kinder aller Länder. Früher war es eine anerkennende Geste, wenn man die Mutter zum Essen einlud. Heutzutage ist es eine Schuld-Sühne-Liturgie. Weil der Muttertag solch eine Dynamik bekommen hat, sind die Erwartungen der Gäste überdimensional und unrealistisch, und Restaurants stehen unter einem immensen Druck, alles perfekt zu machen.

Die Erwartungen der Kunden müssen der harten Realität weichen, dass Muttertag der beliebteste Tag im Jahr ist. Die Gastwirte, die einen Mordsprofit machen wollen, überbuchen die Tische und pressen die Gäste mit überpreisten Speisekarten aus. Die Wucherpreise der Ölindustrie sind dagegen harmlos. Wenn sich also die Hoffnung der Kunden auf Erlösung an den Felsen eines lauten, übersteuerten und vollen Restaurants zerschlägt, dann neigen sie dazu, ihren Frust am Kellner auszulassen. Am Muttertag werden Kellner zu psychologischen Boxsäcken.

Als ich mich umdrehe, steht Beth hinter mir.

»Wir haben keine Sektgläser mehr«, platzt sie heraus.

»Wie kann das sein?«, will ich wissen. »Wir haben heute Morgen 30 abgewaschen.«

»Keine Ahnung. Ich weiß nur, ich habe nicht eins für meine Tische.«

»Wir haben aber nur 50 Leute plaziert. Ist die Hälfte zerbrochen?«

»Ich bin genauso schlau wie du.«

»Also gut«, sage ich. »Ich gehe runter und sehe nach, ob wir noch welche haben.«

»Danke.«

Ich lasse meinen Blick durchs Restaurant schweifen, ich will wissen, warum wir keine Sektgläser mehr haben. Alle Erwachsenen trinken Mimosa. Die Kellner müssen etwas verwechselt haben. Ich hatte gesagt, nur die *Mamis* bekommen einen Mimosa auf Kosten des Hauses. Na ja. Es ist ein billiger Perlwein mit stinknormalem O-Saft. Das wird schon nicht unser Ruin sein.

Ich eile die Treppen in den Keller hinunter und ziehe eine Kiste Sektflöten aus der Ablage. Sie sind schmutzig, und ich reiche sie Felipe, dem Tellerwäscher.

»Amigo«, sage ich. »Ich brauche die Gläser, *ahora*.«

Felipe zieht eine Sektflöte aus der Kiste und hält sie gegen das Licht. Das Glas ist braun gesprenkelt. Es würde mich nicht wundern, wenn da noch der Mimosa vom letzten Jahr dran ist.

»*Mierda*«, grummelt Felipe. »*Cinco minutos, cabrón.*«

»So schnell wie möglich, Bruder.«

»*Dios mio*«, murmelt Felipe verärgert. Ich mache ihm keinen Vorwurf. Der Stapel Geschirr im Spülbecken ist größer als er selbst.

Ich eile zurück nach oben und sehe, wie die Hostess ein Paar mit zwei Teenager-Söhnen an einen meiner Tische setzt. Ich stelle mich vor, gebe die »Wie schön, Sie bei uns zu haben«-Melodie von mir, und dann fragt die Mommy, ob wir auch Eier Benedikt haben.

»Leider nein, Madam«, antworte ich.

»Wie kann es sein, dass Sie am Muttertag keine Eier Benedikt servieren?«, sprudelt der Ehemann gereizt.

»Ach, Liebling«, sagt die Ehefrau. Sie legt dabei ihre Hand auf seinen Arm. »Das macht doch nichts.«

»Das gab es bei uns noch nie«, erkläre ich entschuldigend. »Wir haben dafür sehr köstliche Pancakes, Omelettes, French Toast und alles von der Lunch-Speisekarte.«

»Sie haben Eier, hab ich recht?«, fragt mich der Ehemann.

»Ja, Sir.«

»Sie haben Butter?«

»Ja, Sir.«

»Schinkenspeck?«

Ich weiß, worauf er hinauswill.

»Keinen kanadischen, Sir.«

»Aber normalen, oder nicht?«

»Ja.«

»Dann verstehe ich nicht, warum es ein Problem sein sollte. Sagen Sie dem Koch, er soll meiner Frau Eier Benedikt mit normalem Schinkenspeck machen.«

»Sir, ich …«

»Tun Sie's einfach.«

Die Ungeduld des Mannes überrollt mich wie eine Woge. Mein Lächeln vergeht mir. Mein Kellner-Notbetrieb läuft an und befiehlt meiner Zusatzeinrichtung, meine psychische Energie auf mein emotionales Schutzschild zu lenken. Nach einer Sekunde erscheint mein Kellnerlächeln wieder.

»Ich werde den Koch fragen, ob er Ihrer Bitte nachkommen kann«, antworte ich.

»Danke, Herr Ober.«

Ich blicke zu den Söhnen des Mannes. Sie würden am liebsten im Boden versinken.

Ich gehe in die Küche. Jeder arbeitet mit absoluter Konzentration. Mir ist es immer noch ein Rätsel, wie das Küchenpersonal den Überblick über 50 Bestellungen behalten kann. Ich könnte das nicht. Fluvio ist natürlich nirgends zu sehen. Er war am Morgen irgendwann da und hat sich die Sitzplatzverteilung angesehen. Dann ist er unter dem Vorwand verduftet, er wolle mit seiner Frau und seinem Sohn essen gehen. Ich kann es ihm nicht verdenken, dass er abgehauen ist. Würde ich auch machen, wenn Fluvio mich lassen würde. Ich habe sogar probiert, mir den Tag frei zu nehmen. Fluvio hat nur gelacht, als ich ihn gefragt habe.

»He, Armando!«, rufe ich. »Kannst du Eier Benedikt machen?«

»Heute?« Er blickt von dem Teller auf, den er gerade dekoriert.

»Ja, heute.«

»Kommt nicht infrage.«

»Das dachte ich mir, Armando«, sage ich. »Wenigstens kann ich den Gästen sagen, dass ich mit dir gesprochen habe.«

»Sag dem Vollidioten, er soll sich seine Eier Benedikt zu Hause machen.«

»Mach ich.«

Ich marschiere wieder an meinen Vierertisch zurück und verkünde die schlechte Nachricht. Armandos Kommentar habe ich herausgeschnitten.

»Das ist doch lächerlich«, sagt der Mann.

»Es tut mir leid, aber ich kann Ihren Wunsch nicht erfüllen, Sir«, wiederhole ich. (Das ist Kellnersprache für »So ein Scheißpech aber auch.«)

»Jetzt hören Sie mir mal zu …«

»Liebling«, sagt die Ehefrau bestimmt. »Lass doch. Denk an deine Angst-Wut-Therapie.«

»Yeah, Dad«, sagt einer der beiden Söhne. »Chill mal.«

Der Vater atmet mehrmals – wie vom Gericht angeordnet – tief durch, die Mutter gibt die Bestellung auf. Champignon-Schinken-Omelett für alle. Gott sei Dank. Mit ein paar extra Mimosas mache ich noch ein bisschen Schönwetter. Jetzt verstehe ich, warum meine Kellner so viele Mimosas ausgeben – sie verarzten die Kunden. Das ist gar keine so schlechte Idee, wenn ich es recht überlege. Im nächsten Jahr gebe ich zusätzlich ein Beruhigungsmittel in den Orangensaft.

Ich blicke auf meine Uhr und verziehe mein Gesicht. Es ist erst ein Uhr Mittags. Um ehrlich zu sein, könnte ich auch eine Arznei vertragen. Ich habe noch acht Stunden vor mir und etwa 300 Gäste. Wie ich das durchstehen soll, weiß ich nicht. Ich gehe in die Küche und mache mir eine kleine Stärkung.

Beth war vor mir da. Sie sitzt auf einem Hocker, den Rücken an die Küchenwand gelehnt, und trinkt eine urinfarbene Flüssigkeit mit Eiswürfeln aus einem Halbliterglas.

»Darf ich raten«, sage ich. »Red Bull mit Wodka.«

»Nur Red Bull«, antwortet Beth. Dabei sieht sie mich unschuldig an.

»Na klar!«

»Du glaubst mir nicht?«

»Nö.«

»Das verletzt mich.« Beth schmollt.

»Wie viel hast du reingekippt?«, frage ich und zeige auf das Glas.

»Zwei Schnapsgläser.« Beth lächelt spitzbübisch.

»Dacht ich's mir doch.«

»Du bist doch nicht sauer, oder?«

»Heute nicht.«

Normalerweise sehe ich es nicht gern, wenn Kellner bei der Arbeit trinken. Inez hat immer Chardonnay mit Sprite aus einem Halbliterglas geschlürft, bis sie einen sitzen hatte. Ich sehe ein, dass Kellner manchmal ihre Wehs und Achs während der Arbeit behandeln müssen. Gegen Inez' Trinkerei hätte ich nichts gehabt, hätte sie sich nicht dauernd mit den Gästen angelegt. Ich trinke eigentlich nicht, wenn ich arbeite, aber heute, da meine Seele und meine Knie schmerzen, mache ich eine Ausnahme. Ich nehme den Shaker vom Regal, fülle ihn mit Eiswürfeln und Bloody-Mary-Mix und einem ordentlichen Schluck Wodka.

»Du trinkst?« Beth ist erstaunt.

»Pssssssst.« Ich lege meinen Finger an die Lippen.

»Einer von den Spionen wird es Fluvio sagen.«

»Mir egal«, sage ich. »Das hat er davon, wenn er am belebtesten Tag verschwindet.«

»Recht so, Bruder«, sagt Beth und stößt mit mir an. »Recht so.«

Ich kippe mir die Bloody Mary hinter die Binde und gehe wieder in den Speisebereich. Beim Herumrennen fällt mir auf, dass viele frisch gebackene Mütter heute bei uns feiern. Ich muss in mich hineingrinsen. Manche dieser Frauen habe ich bedient, bevor sie ihre Männer kennengelernt haben. Als ich vor sieben Jahren im »Bistro« angefangen habe, waren sie junge Collegeabsolventinnen, die die Welt im Sturm erobern wollten. Jetzt sind sie verheiratet und haben Babys. Wie die Zeit vergeht.

»Herr Ober, entschuldigen Sie«, spricht mich eine Mami an. »Würden Sie so freundlich sein und ein Foto von uns machen?«

»Natürlich, Madam«, sage ich. »Mit Vergnügen.«

Die Frau reicht mir eine dieser komplizierten Digitalkameras. Sie gibt mir eine kurze Einführungsstunde und bittet die anderen, sich um sie zu versammeln.

»Zusammenrücken.« Ich blicke durch den Sucher.

Ich schieße das Foto. Danach gibt die junge Mutter ihr Baby, ein in Rosa gewickeltes kleines Mädchen, einer 80-Jährigen, die neben ihr sitzt.

»Könnten Sie noch eins machen, auf dem wir um die Großmutter herum stehen?«

»Selbstverständlich.«

Alle stellen sich um die runzlige Matriarchin. Die alte Dame blickt auf das Baby, das in ihren Armen zappelt, und meine innere Stimme sagt mir, dass es vielleicht der letzte Muttertag der alten Frau ist. Plötzlich muss ich an meine Mutter denken. Ich darf nicht vergessen, sie anzurufen.

Trotz der betäubenden Wirkung des Alkohols verstreichen die Stunden unerträglich langsam. Sobald ein Tisch frei wird, setzen sich neue anspruchsvolle Gäste. Der Geräuschpegel im Restaurant ist so hoch, man könnte meinen, man arbeite im Zweistromtriebwerk einer Boing 747. Könnte ich nicht von den Lippen lesen, ich wüsste nie, was meine Kunden bestellen. Plötzlich merke ich, dass ich schwitze. Ich werfe einen Blick auf das Display des Thermometers. Es hat fast 30 Grad im Restaurant. Im Fernsehen habe ich einmal gehört, dass Wärme durch Lautstärke entstehen kann. Auf der Sonne, von vornherein ein heißer Ort, gibt es Wechselwirkungen zwischen explosiven Prozessen im Kern und dem Magnetfeld außerhalb, die Schallwellen von unglaublicher Kraft erzeugen. Diese Schallwellen sind so intensiv, dass sie die Atmosphäre in unmittelbarer Nähe auf eine Million Grad erhitzen. Ich muss innerlich lachen. Ich stelle mir vor, wie meine Kunden plötzlich weiß aufglühen und wegen der Schallwellen, die aus ihren plappernden Mündern kommen, verdampfen. Wenn ich ihnen sagen würde, sie sollten still sein, dann würde es hier abkühlen. Stattdessen schalte ich die Klimaanlage ein.

»Heiliger Strohsack«, sagt Louis, der an mir schweißgebadet vorbeigeht. »Ist das heiß hier.«

»Ich weiß«, sage ich. »Ich hab gerade die Klimaanlage eingeschaltet.«

»Danke dir.«

»Louis«, sage ich. »Ich kann nicht glauben, dass du hier bist. Ich dachte, du hättest irgendeinen Weg gefunden, dich vor dem Muttertag zu drücken.«

»Ich hab's probiert, mein Lieber, das kannst du mir glauben.«

»Sind dir die toten Großmütter ausgegangen?«

»Leck mich am Arsch«, blafft mich Louis an.

Louis ist eine kleine hysterische Tussi. Wenn Louis nicht danach ist zu arbeiten, ruft er an und erzählt von irgendeiner ausgedachten Krankheit oder einem Notfall in der Familie. Einmal, an einem Abend, an dem nicht viel los war, sagte er mir, er habe einen Herzinfarkt und wolle nach Hause gehen. Er erholte sich erstaunlich schnell, als ich den Hörer abnahm und die Nummer des Notarztes wählte. Wahrscheinlich war der Preis, die Nacht in der Notaufnahme verbringen zu müssen, um sein Gesicht zu wahren, zu hoch.

»Mach dir keinen Kopf, Louis«, sage ich. »Ich hab auch versucht, frei zu bekommen.«

»Fluvio hat dir deine Ausrede nicht abgenommen?«

»Er hat gelacht, als ich ihm sagte, ich will mir frei nehmen.«

»Der Mistkerl.«

»Und er ist nicht einmal hier.«

»Typisch.«

»Ich sag dir was, Louis«, sage ich kopfschüttelnd. »Das ist mein letzter Muttertag hier.«

»Das hast du schon letztes Jahr gesagt«, sagt Louis. »Und das Jahr davor.«

Ich denke an meine Mutter, die zusammen mit meinem Vater irgendwo im Hinterland von Pennsylvania ihre Rente genießt. Ich vermisse sie. Ich denke an die Urgroßmutter, die ich vorhin fotografiert habe. Die Menschen leben nicht ewig.

»Ich weiß«, antworte ich. »Aber dieses Mal meine ich, was ich sage.«

»Klar doch.«

Ein paar Minuten später zähle ich einem neuen Tisch die Specials auf. Einer blauhaarigen Dame erkläre ich gerade, was eine Frittata ist, da klirrt Geschirr.

»Maseltow«, ruft ein betrunkener Gast.

Gelächter erfüllt das Restaurant.

Ich wende meinen Kopf in Richtung Krach. Die neue Kellnerin Kelly steht neben der Küchentür und starrt entsetzt auf den Boden. Sie hat die gesamte Bestellung eines Tisches fallen gelassen.

»Entschuldigen Sie mich einen Moment«, bitte ich meine Gäste. Den mörderischen Glanz in meinen Augen kann ich nicht verheimlichen.

»Oh, oh«, sagt die blauhaarige Frau. »Jetzt gibt's Ärger.«

Als ich bei der Unfallstelle ankomme, machen die Hilfskellner schon gründlich sauber. Zuerst vergewissere ich mich rasch, dass nicht ein Gast oder jemand von der Belegschaft sich verletzt hat. Dann frage ich die Kellnerin, was passiert ist.

»Die Teller waren zu heiß«, jammert sie.

Kelly ist erst seit zwei Wochen dabei. Ich ahne, sehr viel länger wird es nicht werden.

»Für welchen Tisch war das Essen?«

»Fünfzehn«, antwortet sie.

Genervt dränge ich mich an Kelly vorbei und gehe in die Küche.

»He, Armando«, rufe ich.

»Was?«

»Tisch fünfzehn musst du noch mal kochen.«

»Was, zum Teufel?«, sagt Armando. »Es ist gerade erst raus.«

»Kelly hat die ganze Bestellung fallen gelassen.«

»Du willst mich verarschen.«

»Schön wär's.«

Armando schließt die Augen und atmet tief durch. Er macht die Augen wieder auf und lächelt. »Gib mir zehn Minuten.«

Als ich die Küche verlasse, spreche ich ein Dankesgebet, dass Armando unter Druck so gnädig ist. Die meisten anderen Köche würden durch einen verbalen Ausbruch bei Kelly einen Zusammenbruch hervorrufen.

»Dein Tisch bekommt in zehn Minuten sein Essen«, sage ich der unglücklichen Kellnerin. »Lass es nicht wieder fallen.«

»Nein«, sagt sie kleinlaut.

»Jetzt muss ich zur Fünfzehn gehen und die Sache erst einmal ausbügeln«, sage ich. »Danke.«

»Es tut mir leid.«

Ich gehe zu den vier Erwachsenen an Tisch 15. Eine Frau weiß schon, was ich sagen werde, bevor ich den Mund aufmache.

»Das war unser Essen, das da runtergefallen ist«, sagt sie. »Oder?«

»Sie müssen hellsichtig sein«, erwidere ich.

Die Gäste sind gereizt, weil ihre Bestellung jetzt noch länger auf sich warten lässt. Damit ihre Gereiztheit nicht in Wut umschlägt, wende ich das wirkungsvollste Mittel an, das ein Manager zur Verfügung hat – Gratisalkohol. Nach einer Runde ist alles vergeben. Wenn Fluvio wüsste, wie viel Mist von Kellnern mit Alkohol weggespült wird, er bekäme einen hysterischen Anfall.

Irgendwann ist der Muttertag zu Ende. Weil ich schon den ganzen Tag herumrenne, bin ich bis auf die Unterhose nassgeschwitzt. Von der Feuchtigkeit und der Reibung habe ich einen üblen Ausschlag auf meinem Hintern.

»Warum gehst du denn so komisch?«, fragt Beth.

»Ich leide am Kellnerhintern«, antworte ich.

»Autsch.«

»Du hast nicht zufällig Babypuder dabei?«

»Sorry«, sagt Beth. »Gerade aufgebraucht.«

Nachdem wir gründlich sauber gemacht haben, gehen Beth und ich noch ins Café American auf einen verdienten Drink. Ich humple die Straße entlang und rufe meine Mutter an, um ihr zum Muttertag zu gratulieren. Meine akute dermatologische Krise behalte ich für mich.

»Mein Gott!«, ruft Arthur, der Barmixer, als wir zur Tür hereinkommen. »Du lebst noch!«

»Kaum«, murmelt Beth.

Arthur ist nebenberuflicher Schauspieler, hat zwei Ex-Frauen und drei Kinder. Er ist schlank, hat volles, unbändiges schwarzes Haar und ist ein gut aussehender Kerl mit einem stets amüsierten Ausdruck im Gesicht. Wie alle guten Barkeeper hat er immer eine Klatschgeschichte auf Lager. Heute sieht er aber gezeichnet aus.

»Wie ist es hier gelaufen?«, frage ich und lasse mich behutsam auf dem Barhocker nieder.

»Die Hölle auf Erden, Bruder«, sagt Arthur. Dramatisch wiegt er den Kopf langsam hin und her. »Die Hölle auf Erden.«

»Klingt, als hättest du einen schlechten Tag gehabt.«

»Den schlimmsten«, antwortet Arthur. »Eine Gruppe von zehn Leuten hat uns um das Trinkgeld für eine 500-Dollar-Rechnung geprellt.«

»Wie das?«

»Der Typ, der die Rechnung beglichen hat, dachte, das Trinkgeld sei inbegriffen. Als ich ihm sagte, dem sei nicht so, behauptete er, die Person, bei der er reserviert hätte, hätte ihn belogen. Er weigerte sich zu zahlen.«

»Klingt nach Beschiss.«

»Höchstwahrscheinlich«, sagt Arthur. »Der hat aber so ein Theater gemacht, wir haben ihn gehen lassen.«

»Du hättest ihn zwingen müssen zu zahlen.«

»Egal«, erwidert Arthur und winkt ab. »Das Leben ist zu kurz, um sich über solche Ärsche den Kopf zu zerbrechen. Also, was wollt ihr?«

»Zwei Martinis«, sagt Beth.

»Kommen sofort, Schätzchen«, sagt Arthur. »Die gehen aufs Haus. Kellner trinken heute umsonst.«

»Danke, Arthur«, sagt Beth.

Arthur mixt unsere Drinks und stellt sie auf den Tresen. Beth und ich trinken sie schnell aus. Sie sind so gut, dass wir gleich noch zwei bestellen. Der Alkohol besänftigt meinen Glutheus Maximus.

»Ich hab 'ne lustige Geschichte über den Muttertag gehört«, sagt Arthur, während er unsere Cocktails mixt.

»Erzähl«, sage ich. Arthurs Geschichten sind immer toll.

»Habt ihr den Film *Heat* gesehen?«, fragt er.

»Den mit De Niro und Pacino?«, frage ich. »Superfilm.«

»Kannst du dich noch an die Schießerei erinnern?«, will Arthur wissen.

Die eindrucksvollste Szene. Bullen und Gangster bekämpfen sich mit vollautomatischen Gewehren in einer von Menschen überfüllten Straße in Downtown Los Angeles. Brutal, laut und beängstigend. Es ist eine der besten Schießereien, die je gedreht wurden.

»Ja«, sage ich. »Was hat das mit Muttertag zu tun?«

»Neulich habe ich mir die DVD angesehen und danach ein Interview mit dem Regisseur.«

»Und?«

»Sie durften die Szenen von L.A. nur an Sonntagen am Vormittag drehen.«

»Ach ja?«

»Rat mal, an welchem Sonntag sie manche Szenen gedreht haben?«

»Muttertag?«, sage ich und grinse über das ganze Gesicht.

»Ja«, sagt Arthur und grinst. »Die drehten die Schießerei vor einem Restaurant, in dem gerade Muttertagsbrunch war.«

»Großartig«, sage ich. »Wirklich großartig.«

»Kannst du dir das vorstellen? Draußen ballern die mit M-16 s rum, während du gerade French Toast servierst.«

»Ich wäre versucht, die Knarre von einem der Schauspieler zu klauen.«

»Kellner und Maschinengewehre.« Arthur feixt. »Am Muttertag. Das ist eine gute Mischung.«

»Du machst Scherze.«

Ein paar Stunden später bin ich zu Hause. Die Wirkung der Martinis ist verflogen. Mein Hintern schmerzt. Ich pelle mir die Kleider vom Leib und untersuche meinen Allerwertesten im Spiegel. Mein Arsch ist so rot wie ein gekochter Hummer.

Angeekelt schüttle ich den Kopf und steuere auf das Badezimmer zu. Ich lasse warmes Wasser in die Wanne ein und gebe eine Packung Hafermehlbadezusatz dazu. Das habe ich für alle Fälle immer herumliegen. Das Wasser läuft ein, und ich gehe in die Küche, fülle ein Glas mit Eiswürfeln und gieße gekühlten Wodka darüber. Danach steige ich in das beruhigende Wasser, schließe die Augen und schlürfe meinen Drink.

Minuten vergehen. Es ist ruhig. Nur das Tropfen des Wasserhahns ist zu hören. Ich stecke meinen großen Zeh in den Hahn. Die schmelzenden Eiswürfel bewegen sich in meinem Glas. Das erinnert mich daran, dass ich einen Drink in der Hand habe. Ich nehme einen großen Schluck und überlege, wie viel ich heute getrunken habe. Ich starre in das Glas und stelle mir vor, wie sich ein kleiner Teufel aus einem der Eiswürfel zu befreien versucht. Hmmm … vielleicht habe ich ein bisschen zu viel getrunken.

Ich stelle das Glas auf den Badewannenrand und schließe die Augen. Der Ausschlag brennt, das Badewasser wird kalt. Ich hasse Muttertag.

DIE RACHE IST MEIN

err Ober«, ruft ein Gast. »Mein Kaffee ist nicht heiß.«
»Das tut mir leid, Madam«, antworte ich.

»Machen Sie ihn heißer.«

»Selbstverständlich, Madam.«

Ich bringe den Kaffee nach hinten und schütte ihn aus. Mit heißem Wasser wärme ich eine saubere Tasse an. Das ist ein alter Kellnertrick. Das Wasser schütte ich weg, gieße brühend heißen entkoffeinierten Kaffee hinein und gehe zurück zum Tisch. Nach einer Minute ruft mich der Gast wieder an den Tisch.

»Herr Ober«, sagt sie. »Mein Kaffee ist immer noch nicht heiß.«

»Es tut mir fürchterlich leid, Madam.«

»Sind Sie blöd?«, sagt die Frau. »Wie schwer ist es denn, mir eine Tasse heißen Kaffee zu bringen?«

»Ich bitte vielmals um Verzeihung, Madam«, sage ich. »Ich bin neu hier.« (Ich bin seit sechs Jahren hier.)

»Bringen Sie mir eine neue Tasse«, sagt die Dame. »Und denken Sie dran …«

»Entkoffeinierten«, sage ich. »Verstanden, Madam.«

Wieder gehe ich nach hinten und schenke normalen Kaffee ein. Dann mache ich einen starken Espresso und schütte ihn in die Tasse. Danach stelle ich die Tasse in den Ofen. Nach zwei Minuten bei über 200 Grad nehme ich sie mit einer Zange heraus und stelle sie auf eine kalte Untertasse. Den blubbernden Kaffee trage ich zurück zum Tisch der ungesitteten Frau.

»Madam«, warne ich sie. Ich will ja kein komplettes Arschloch sein. »Seien Sie vorsichtig. Das Getränk und die Tasse sind extrem heiß.«

»Gut«, sagt die Frau. »Genauso mag ich es.«

Ich ziehe mich zurück. Als die Frau die Tasse anfasst, schreit sie auf. »Autsch! Das ist ja heiß wie Feuer.«

Ich muss mir ein selbstzufriedenes Grinsen verkneifen. *Die Rache ist mein, spricht der Kellner.*

Ja, lieber Leser, wir sind beim unheimlichen Teil des Buchs angelangt. Das hier ist das Kapitel, in dem ich von den Kellnern erzähle, die in Ihr Essen spucken.

Mit der Verunreinigung von Essen oder Getränken können Kellner auf bequeme Art und Weise heimlich Rache ausüben. Kellner spucken ins Essen. Ich persönlich finde das nicht gerade einfallsreich und außerdem unanständig. Auswurf in den Fettucine Alfredo befriedigt den Rotzer vielleicht für einen kurzen Moment, aber das ist auch alles. Stolz darf ich sagen, dass wir im »Bistro« über solchem kleinlichen Schwachsinn stehen. Nicht ein Kellner hat je die Bestellung eines Gastes mit Körperflüssigkeiten oder anderem Material verunreinigt. (Zumindest haben sie mir nichts davon erzählt.) Ich ziehe elegante Rachemethoden vor.

Natürlich haben nicht alle Restaurantangestellten so viel Klasse wie ich. Mein Freund Sal arbeitete einmal bei einer Restaurantkette. Eines Tages hatte er einen sehr ausfälligen Kunden. Immer wieder ließ der Gast seinen Hamburger zurückgehen und behauptete, er schmecke nach nichts. Bei der dritten Rückreise des Hamburgers fassten Sal und der Koch einen Entschluss. Sie wollten mit dem Hamburgerfleisch des Mannes Hockey spielen. Sie nahmen sich schmutzige Besen als Hockeyschläger und schossen das gegrillte Stück Fleisch ein paar Minuten lang auf dem verdreckten Küchenboden hin und her. Das Tor war die Besenkammer. Danach spülten sie den Burger kurz ab, machten ihn wieder warm und brachten ihn zum Tisch. Der ausfällige Gast biss rein und verkündete: »Jetzt ist er gut.« Staub und Putzmittel waren alles, was gefehlt hatte.

Manche von Ihnen, die das lesen, sind wahrscheinlich empört darüber, dass Leute tatsächlich ernsthaft mit Ihrem Essen Schindluder treiben. Normalerweise ist dieses Verhalten nur eine Reaktion auf Beleidigungen des Gastes. Kunden können uns wirklich zur Weißglut bringen. Mit Beschwerden über das Essen oder den Service kann ich umgehen – das gehört zum Job. Aber wenn Kunden die Grenze überschreiten, wenn sie ihre Unzufriedenheit durch persönliche Angriffe ausdrücken, dann sind Kellner stark versucht, sich zu rächen. Viele meiner Gäste sind nur ein paar Pillen entfernt von einem Aufenthalt in einer Nervenklinik. Sie haben so viele persönliche Probleme, dass es ihnen schwerfällt, sich in der Öffentlichkeit zu benehmen. Die meiste psychische Energie geht dafür drauf, bei der Arbeit oder vor ihren Kindern nicht total auszuflippen. Kommen sie in mein Restaurant, haben sie nur noch wenig Selbstbeherrschung übrig. Oft sind Gäste sauer auf jemanden, der mehr Einfluss hat als sie. Weil sie nicht in der Lage sind, ihren Frust über ihr Gehalt gegenüber demjenigen zum Ausdruck zu bringen, der dafür verantwortlich ist, machen die Kunden ihrem Ärger bei uns Luft. Kellner werden als Untergebene angesehen. Kunden denken, uns anzubrüllen sei ungefährlich. Wir sind ja sowieso nur Diener. Wir sind der billige Ersatz für Therapie oder Boxsack. Manche Leute haben mir schon *ins Gesicht* gesagt, ich sei ein Verlierer, eine Schwuchtel, ein Schwanzlutscher oder Scheißkerl. Wie würden Sie denn reagieren, wenn jemand in der Arbeit mit Ihnen so sprechen würde? Wenn Sie den Respekt vor mir verlieren und mich beschimpfen, dann kommt der Serienmörder in mir zum Vorschein. Und wenn es so weit ist, dann Vorsicht. Mein wird die Rache sein.

Ich bin ein großer Fan des Psychiaters/Gourmets/Serienmörders Hannibal Lecter, dieses fiktionalen Irren, der seine Opfer mit Favabohnen und einer schönen Flasche Chianti verspeiste. Ich mag Hannibal Lecter, weil er seine Beute mit *Stil* umbringt. (Und, falls Sie es nicht schon gemerkt haben, alle seine Opfer hatten es verdient.) Meine Lieblingsszene in dem Film *Hannibal* ist jene, in der Lecter im Smoking die Hirnplatte eines Mannes entfernt, ein wenig graue Masse herausholt und auf einem Serviertisch flambiert – *und der Typ ist noch am Leben!* Nachdem ich den Film gesehen hatte, ertappte ich mich dabei, wie ich den Kopfumfang von aufmüpfigen Yuppies schätzte und mich fragte, wo ich meine Säge hingelegt hatte. »Was empfehlen Sie heute Abend?« »Nun, meine Liebe – *Sie*.«

Sie denken wahrscheinlich, ich sei verrückt. In Wirklichkeit habe ich meine Fantasien nie ausgelebt. Ich habe eine Abneigung gegen lange Gefängnisstrafen. Eigentlich bin ich geistig gesund. Manche Leute behaupten, sie hätten noch nie in ihrem Leben einen negativen Gedanken gehabt. Das sind genau die Leute, die durchdrehen. Haben Sie sich je gefragt, warum die Nachbarn, wenn die Polizei den Garten des Serienmörders umgräbt, immer sagen: »Aber er war doch so ein netter Mann! Er war so ruhig!« Oh, oh. Zu ruhig. Jeder, egal, welchen Job er oder sie hat, träumt davon, in der Arbeit einmal auszurasten. Wie viele Schreibtischtäter, die in einer langweiligen Personalsitzung festsitzen, hatten plötzlich das Bedürfnis, auf den Konferenztisch zu springen und Obszönitäten zu schreien? Sich die Kleider vom Leib zu reißen? Die Frau oder den Mann neben sich zu küssen? Wir alle. Wie viele Angestellte machen Witze darüber, den Boss zu erschießen oder die Firma in die Luft zu sprengen? Ich sage nicht, dass wir diese Dinge tun, aber machen wir uns nichts vor: Wir alle haben einen kleinen Mörder im Herzen. Warum sollten Kellner anders sein?

Im Jahr 2003 fragte eine Frau in einem Steakhaus ihren Ober, ob sie Gemüse statt Kartoffeln zu ihrem Essen haben könnte.

Offenbar gab es eine Meinungsverschiedenheit über die passende Beilage zwischen dem Kellner und der Atkins-Diät-Halterin. Der Kellner, der sich anscheinend Hoffnungen auf einen Platz an der begehrten Tafel »Kellner des Monats« gemacht hatte, verteidigte die Restaurantbestimmungen, wonach nichts ausgetauscht werden könne. Ich kann den Kellner verstehen. Restaurantketten sind, was das angeht, bekanntermaßen unflexibel, und ich bin überzeugt, dass der Kellner Angst davor hatte, was sein Manager wohl sagen würde, wenn er dem Wunsch der Frau nachkommen würde. Am Ende siegte die Frau und bekam ihr Gemüse. Der Kellner aber ist ausgeflippt.

Laut Polizeibericht begab sich der Kellner mit zwei Komplizen zum Haus der Frau und besudelte es mit Eiern, Sirup, Zucker, Toilettenpapier und Kartoffelbrei. Die Behörden wurden gerufen. Die Frau, die den Angreifer erkannte, sagte der Telefonistin von der Polizei: »Oh, mein Gott! Das ist der Kellner vom Steakhaus!«

Niemand wurde verletzt, Gott sei Dank. Der Kellner bekam einen langen Urlaub. Nur fürs Protokoll, ich billige sein Verhalten nicht.

Aber ich kann es verstehen.

Es ist ein Wunder, dass nicht mehr Kellner Amok laufen. Tag für Tag sind sie umgeben von jammernden, verwöhnten Kunden und werden von verrückten Restaurantbesitzern kontrolliert. Rechnet man noch die Vorliebe der Arbeiterschaft für Drogenmissbrauch und die mangelnde Impulskontrolle dazu, dann steht einem Desaster Tür und Tor offen. Sieht man sich aber die Morde am Arbeitsplatz an, dann ist die Zahl der geisteskranken Kellner gering. Es gibt nicht allzu viele Nachrichten über Kellner, die den Laden zusammenschießen. Kellner müssen einen unbekannten Sicherheitsmechanismus eingebaut haben, der sie davon abhält, fuchsteufelswild zu werden. Ich glaube, sie lassen Dampf ab, indem sie fluchen wie Matrosen.

Leute, die Kellner beleidigen, gehen ein großes Risiko ein. Wir müssen keinen Schleim in ihr Essen spucken, um uns zu rächen. (Aber sollte es nötig werden, dann soll es der Raucher tun, der zwei Schachteln am Tag verbraucht.) Wir können von unserer Macht unmerklich Gebrauch machen und Ihr Leben ruinieren.

Als ich noch im »Amici's« arbeitete, hatten wir einen Stammgast, der regelmäßig seine Frau betrog. Wir gaben ihm den Spitznamen Lothario. Er hatte silbergraues Haar, war ungehobelt und brüllte das Personal an, wenn er eine Minute auf seinen Drink warten musste. Alle, sogar Caesar, bekamen seine messerscharfe Zunge zu spüren. Eines Tages kam Lothario mit seiner viel jüngeren Geliebten ins Restaurant. Ein echtes Zuckerpüppchen, blond, 25 Jahre alt, auf hohen Absätzen und mit langen Beinen, die unter einem karierten Minirock verschwanden.

»Hoffentlich ist das seine Tochter«, seufzte Rizzo, der Oberkellner.

»Wahrscheinlich nicht«, seufzte Scott, ein standfester Trinker.

»Ach du Scheiße, die setzen sich in meinen Bereich.«

Lotharios Hintern hatte den Stuhl kaum berührt, da brüllte er nach dem Ober. Der passiv-aggressive Scott nahm sich Zeit. Lothario nahm die Kundenbetreuung selbst in die Hand. Nachdem er die Bestellung diktiert hatte, wanderte seine Hand unter den Rock seines Rendezvous.

»Mann, er hat sogar seinen Ehering abgenommen«, sagte Scott. »Ich meine, was denkt der sich eigentlich? Er ist doch dauernd mit seiner Frau hier.«

»Die Reichen leben in einer anderen Wirklichkeit, mein Junge«, bemerkte Rizzo.

»Erstaunlich, wie fähig manche Leute auf einem Gebiet sein können«, sagte ich, »und wie unfähig auf anderen. Wenn man schon fremdgeht, dann sollte man wenigstens diskret sein.«

Wir sahen zu. Das Mädchen spielte die Kokette, sie lachte,

warf ihr Haar nach hinten und starrte Lothario mit unverhohlener Bewunderung an. Sie war in dem Alter, in dem aus einem naiven Mädchen eine Frau wird. Ich hatte das ungute Gefühl, dass Lothario diese Entwicklung beschleunigen würde.

Das Essen verlief wie erwartet. Lothario rief nach mehr Wasser und Wein, schickte die Gerichte zwei Mal zurück und teilte unzüchtige Blicke und unfreundliche Worte aus.

Scott, der sein Leben lang die abscheulichen Spitzen von Yuppies hatte ertragen müssen, hatte schließlich die Nase voll. Er brachte die Dessertkarte und fragte mit unterwürfigster Stimme: »Noch ein Eis für das Fräulein Tochter gefällig?«

Das Mädchen kicherte. Lothario lief vor Wut rot an, oder vielleicht war es auch das Viagra.

»Kein Eis?«, fragte Scott unschuldig.

»Das ist nicht meine Tochter«, stotterte der Mann.

»Ich bitte um Verzeihung, Sir.«

Der Mann war verärgert, sagte sich aber schließlich, dass es besser sei, keine Szene zu machen. Er hätte mit seiner Bordsteinschwalbe niemals in das Lieblingsrestaurant seiner Frau gehen dürfen. Ein Versprecher von einem verstimmten Kellner und er würde sich vor einem Scheidungsgericht wieder finden, während seine Frau mit dem Cabana-Jungen in einem schicken Ferienort auf einer tropischen Insel bumste.

Ein anderes Mal hatte ich das Vergnügen mit einem Prahlhans, der zu einem großen Geschäftsessen geladen hatte. Bevor die Gäste kamen, nahm er mich beiseite und redete Tacheles.

»Das Treffen ist mir sehr wichtig«, sagte der Mann.

»Ja, Sir.«

»Wenn du das versaust, dann werde ich dafür sorgen, dass du gefeuert wirst.«

»Ja, Sir«, sagte ich. »Ich danke Ihnen.«

»Machst du Witze?«

»Nein, Sir.«

Das Dinner verlief reibungslos. Alle Gäste waren zufrieden mit ihrem Essen und dem Service. Im Grunde genommen bin ich ein Profi.

Als die Dessertteller abgeräumt wurden und der Kaffee ausgetrunken war, reichte mir der Mann seine Kreditkarte.

»Rechnen Sie's ab«, sagte er. (Bitte beachten Sie das Fehlen der Wörter »bitte« und »danke«.)

Ich tat so, als würde ich die Karte durchziehen. Eine Minute später kehrte ich wieder an den Tisch zurück und flüsterte dem Mann ins Ohr: »Verzeihung, Sir, aber die Karte macht Schwierigkeiten.«

Der Mann wurde so blass wie ein Blatt Papier. »Das ist unmöglich«, zischte er. »Versuchen Sie's noch mal!«

»Probleme, Bob?«, fragte einer der Klienten, denen er imponieren wollte.

»Nein, nichts«, sagte Bob matt.

»Haben Sie noch eine andere Karte?«, fragte ich.

»Nein«, sagt Bob. »Versuchen Sie's noch einmal.«

»Ich werde die Kreditkartenfirma anrufen müssen, Sir«, sagte ich. »Es wird ein paar Minuten dauern.«

Ich ging zum Telefon und tat so, als riefe ich bei American Express an. In Wirklichkeit hörte ich meinen Anrufbeantworter ab. Es machte mir Spaß, Armleuchter Bob dabei zuzusehen, wie er sich über seinen Bauch strich, weil sein Magengeschwür wuchs. Ich ging wieder zum Kartengerät, tippte den Betrag ein, addierte 20 Prozent Trinkgeld und übergab Bobster die Rechnung.

»Entschuldigen Sie die Verzögerung, Bob«, sagte ich.

Bob prüfte die Rechnung. »20 Prozent Trinkgeld?«, rief er aus und blickte auf.

Ich sagte gar nichts und spießte den Mann mit meinem Tausend-Yard-Kellnerblick auf.

»Hier ist ein Stift, Sir.«

Bob unterschrieb. Die Gruppe ging, und ich beobachtete, wie der, den Bob beeindrucken wollte, ihn mit Vorsicht betrachtete. Habe ich ein Geschäft durchkreuzt? Wahrscheinlich nicht, aber vielleicht habe ich den künftigen Geschäftspartner skeptisch gemacht. Hat Bob in jener Nacht schlecht geschlafen? Wenigstens habe ich den Bullen nicht sein Autokennzeichen gemeldet und gesagt, er fahre betrunken. *Das habe ich nämlich auch schon getan.*

Glauben Sie ja nicht, dass Kellner und Restaurantpersonal hilflose Opfer sind. Das sind wir nicht. Es gibt unzählige Seiten im Internet, auf denen Kellner Leute, die schlechtes Trinkgeld geben, namentlich auflisten. Sicher, ein paar fantasielose Kellner werden das Essen verunreinigen. Ich nicht. Ich ziehe etwas Eleganteres vor, etwas mit *Stil*. Ich bevorzuge die gefühlvolle Art, wenn ich Ihr Gehirn flambiere. Ich setze psychologische Kriegsführung ein. Ich stelle Sie geschickt vor Ihrer Freundin oder Ihrem Geschäftskunden bloß. Statt ein Haar unter Ihre Nudeln zu rühren, schlüpfe ich in meine arrogante Kellnerrolle und mache es Ihnen schwer. Ich vergesse Ihre Reservierung, ordere Ihr Steak falsch, gebe zu viel Wermut in Ihren Martini oder plaziere Sie neben der Herrentoilette.

Manchmal setze ich auch eine hübsche chemische Waffe ein, die jedem Kellner zu Gebot steht – Blähungen.

Das ist niveaulos und derb, aber es funktioniert. Ein Kellner kann vorbeigehen, einen leisen und tödlichen Furz neben einem Problemtisch fahren lassen und wieder weggehen. Wenn die Opfer merken, dass sie angegriffen wurden, ist der Kellner schon lange weg. Der Verdacht fällt auf den Nachbartisch oder auf die Tischgäste. Meistens schämen sich die Leute zu sehr, sagen nichts und essen einfach im Gestank weiter. Und sollte ein Kellner auf sämtliche Gäste im Restaurant sauer sein, dann kann er den ganzen Ort mit seiner Liebe einräuchern. Ich nenne dieses kleine Manöver »Schädlingsbekämpfung aus der Luft«. Etwas, das mich durchs Leben bringt.

Ja, ich kann böse sein. Und ich habe ein gutes Gedächtnis. Vielleicht übe ich meine Rache nicht gleich aus. Ich kann bis zu Ihrem nächsten Besuch warten. Oder bis zum übernächsten. Aber machen Sie sich nichts vor, irgendwann ist die Rache mein. Wie Dr. Lecter habe ich endlos Geduld. In das Essen eines Kunden habe ich noch nie gespuckt, aber ich kann nicht garantieren, dass ich es niemals tun werde.

Fürchten Sie sich.

SCHNAPPSCHÜSSE

Ich seufze und starre aus dem Fenster des »Bistro«. Letzte Nacht habe ich nicht viel geschlafen. Seit zwei Monaten verbringe ich jede freie Minute damit, das Exposé für meinen Agenten zu schreiben. Vor und nach jeder Schicht setze ich mich an meinen Schreibtisch und suche nach Formulierungen. In diesem Sommer wollen wir das Exposé an Verleger schicken. Ich leide jedoch an einer Schreibblockade. Das ist nicht gut. Ich habe einen Termin. Ich stehe unter Druck. Ich unterdrücke ein Gähnen. Letzte Nacht war ich bis zwei Uhr wach.

Auf der anderen Seite der Fensterscheibe ist ein sonniger Sonntagnachmittag. Das Restaurantgeschäft läuft. Wein trinkende und rauchende Gäste sitzen draußen an den Tischen. Teenager-Mädchen mit entblößtem Zwerchfell scharen sich auf der anderen Seite der Straße vor der Pizzeria und ziehen mit ihren jugendlichen Bäuchen Jungen mit zerzaustem Haar auf Skateboards an. Die Jungen posieren und spielen Coolsein. Die Mädchen wackeln hölzern und unsicher mit ihren Hüften, so als gewöhnten sie sich langsam an ihre neue Ausstrahlung. Claude, der Obdachlose, steht neben ihnen und nimmt sie gar nicht wahr. Trotz Junihitze hat er eine Armeejacke an. Er kaut gemächlich an einem Stück Pizza, starrt Löcher in die Luft und sinniert über einen entfernten Teil seines ganz eigenen Universums nach.

Ich sage einem der Hilfskellner, dass ich mir im nächsten Starbucks einen Kaffee kaufen gehe. Dort gießt mir meine Lieblingsbarista, die Rothaarige mit dem Pferdeschwanz und der Alabasterhaut, ohne dass ich darum bitten muss, einen Kaffee ein. Ein Mädchen, offenbar eine Auszubildende, steht neben ihr.

»Wie geht's?«, fragt die Rothaarige mit einem breiten Lächeln.

»Gut«, sage ich. »Und dir?«

»Das gleiche Lied.« Sie zuckt mit den Schultern und reicht mir den Kaffee. »Nur ein anderer Tag.«

»Wem sagst du das.«

Ich trinke einen Schluck. Die heiße Flüssigkeit tut gut.

»Kaffee«, seufze ich dankbar. »Der Lebenssaft aller müden Männer.«

»Warum sagst du das dauernd?«

»Das habe ich irgendwo gelesen. Und es klingt gut.«

»Oh … Wie läuft's auf der anderen Seite der Straße?«, fragt sie.

»Nicht schlecht. Und hier?«

»Sie arbeiten gegenüber?«, unterbricht die Auszubildende.

»Ja.«

»Im Bistro?«

»So ist es.«

»Sie sind der traurige Mann am Fenster!«, ruft die Auszubildende aus.

»Wie bitte?«

»Immer, wenn meine Mutter an dem Restaurant vorbeifährt, nennt sie Sie den traurigen Mann, der aus dem Fenster sieht.«

Perplex blicke ich das Mädchen an. Dann erhole ich mich. »Gut zu wissen, dass ich eine lokale Berühmtheit bin«, sage ich.

»Oh«, platzt die Auszubildende heraus. »Ich habe es nicht so gemeint.«

»Ist schon gut«, beruhige ich sie. »Viel Glück.«

»Danke.«

Ich nicke dem Rotschopf zu und zwinkere. »Mach's dem Neuling nicht so schwer.«

»Mach ich schon nicht«, antwortet sie. »Schönen Abend noch.«

Sobald ich ins »Bistro« zurückkomme, läuft Beth auf mich zu.

»Kannst du was für mich stornieren?«, fragt sie.

»Was hast du denn jetzt schon wieder angestellt?«, antworte ich abwesend. *Der traurige Mann am Fenster.*

»Ich habe die Vorspeise von meinem neuen Tisch auf die falsche Rechnung gesetzt.«

»Hervorragend.«

»Klärst du das für mich?«

»Wenn ich für jeden Storno von euch einen Dollar kriegen würde, hätte ich einen Aston Martin.«

»Bitte«, fleht Beth.

»Welcher Tisch?«

»Zwölf.«

»Gleich.« Mit einer Handbewegung schicke ich sie fort.

»Danke.«

Ich gehe zur POS-Kasse und öffne das Programm, um Beths Fehler zu beseitigen. Ich mache genauso viele Fehler wie die anderen, aber ich habe den Managercode, also merkt es niemand.

Meine Finger fliegen über den Touchscreen. Aus den Augenwinkeln beobachte ich Beth, die die Empfehlungen an ihrem Tisch aufzählt. Sie ist auch nur ein paar Jahre älter als die Mädels da draußen, aber ihre Bewegungen sind nicht ungelenk. Sie ist sich ihrer weiblichen Ausstrahlung bewusst. In ihrer Haltung liegt eine stille Anmut, die vielen ihrer Altersgenossinnen in Zeiten der Internet-Billigpornos verlorengegangen ist. Vielleicht liegt es daran, dass Beth einmal beinnahe ihre Schönheit verloren hat. Ein Hund hat ihr, als sie noch klein war, das Gesicht zerbissen. Sie musste sich mehreren Operationen unterziehen. Heute zeugt nur noch eine winzige Narbe über ihrem linken Wangenknochen von diesem Unfall. Ihr plastischer Chirurg hat den Medizin-Nobelpreis verdient. Ich glaube, durch dieses Erlebnis wurde Beth klar, was wahre Schönheit bedeutet. Wenn sie jung und schön sind, verlieren sich manche Mädchen in einer ichbezogenen Welt. Beth musste früh lernen, dass physische Schönheit etwas Flüchtiges ist, und das macht sie, seltsamerweise, noch schöner.

»Kann ich jetzt an den Computer?«, fragt Saroya mürrisch. »Ich muss drei Tische eingeben.«

»Na klar.« Ich tippe noch ein paar Befehle ins System ein. »Bin in einer Sekunde fertig.«

Saroya gibt einen langen Seufzer von sich. Das macht sie immer, wenn sie ungeduldig ist. Mit mir ist sie das oft.

»Nur die Ruhe, Baby«, sage ich. »Bin gleich so weit.«

Saroya gräbt ihre scharfen Nagel in meinen Bizeps. »Ich muss da ran.«

»Ich liebe es, wenn du mich so anfasst, das weißt du doch«, sage ich im Bassbariton von Elvis Presley.

»Beeil dich.«

»Warum so grummelig?«, frage ich zwanglos. »Ärger im Paradies?«

»Was meinst du?«, erwidert Saroya.

»Probleme zwischen dir und deinem Lover?«

»Wah!«, sagt Saroya und wirft die Arme hoch. »Er benimmt sich wie ein Volltrottel.«

»Die Flitterwochen sind wohl vorbei, was?«

Saroya starrt mich nur an. Ich habe genug gesagt. Ich logge mich aus und halte Abstand zu ihr.

Saroya hat kein leichtes Los. Vor acht Monaten ist sie mit ihrer Tochter in Armandos Eigentumswohnung gezogen. Obwohl anscheinend alles gut läuft, muss sich der Haushalt neu ordnen. Armando ist von einem Moment zum nächsten Daddy geworden, zum ersten Mal muss das Mädchen ihre Mutter mit einem Mann teilen, und Saroyas Beziehungen zu den wichtigsten Men-

schen in ihrem Leben verändern sich. Konflikte sind vorpro-
grammiert und normal. Saroya und Armando aber haben eine
sehr enge Beziehung zueinander. Abgesehen von der unüberseh-
baren körperlichen Anziehungskraft, vermute ich einen tieferen
Hintergrund. Armandos Mutter starb, als er noch ein Baby war.
Darüber spricht er nie. Saroyas Vater war Polizist in Nicaragua.
Er wurde erschossen, als sie fünf Jahre alt war. Man muss nicht
Sigmund Freund sein, um zu verstehen, dass diese Ereignisse
Menschen prägen. Es ist nicht verwunderlich, dass ein kleiner
Junge, der seine Mutter verloren hat, sich mit einem Mädchen
zusammentut, das seinen Vater verloren hat. Das klingt vielleicht
ein bisschen oberflächlich, aber ich habe festgestellt, dass vielen
funktionierenden Beziehungen ein ähnlicher seelischer Schock
zugrunde liegt. Die beiden sind klug, und auf lange Sicht werden
sie es schaffen.

Felipe, der Tellerwäscher, hetzt an mir vorbei. Er trägt eine
Schüssel voller Zwiebeln aus dem Vorratsraum für Trockengut.
Felipe geht einem wirklich auf den Arsch, sprichwörtlich. Wann
immer ich keine Hand frei habe, nutzt er meine Schutzlosigkeit
aus und versucht, mir seinen Finger in den Hintern zu bohren.
Ich habe Hosen an, und es wird nichts passieren, aber ich schwöre bei Gott, mein Schließmuskel wurde schon öfter gekitzelt als
der einer Zwei-Dollar-Hure in Bangkok. Nun ist Felipe nicht
schwul, wohlgemerkt: Das ist nur ein weiteres Beispiel für die
schwulenfeindlichen Jemanden-an-den-Arsch-fassen-Spielchen,
die die spanischen Küchenarbeiter so gern spielen. Ich werde
mich rächen. Wie ein geduldiger Scharfschütze, der auf den perfekten Schuss wartet, warte ich auf Felipes Moment völliger Hilf-
losigkeit – meistens, wenn er Geschirr trägt oder auf dem Herd
steht und die Abzugshaube säubert. Wenn sich die Gelegenheit
bietet, dann schnappe ich mir eine Buffetzange oder eine Pfeffermühle und … na ja, Sie wissen schon. Ich lächele innerlich. Wenn
der Gast wüsste, wo die Pfeffermühle vorher war, würde er mich

nicht wegen frisch gemahlenen Pfeffers nerven. Aber auch Felipe hat seine Geschichte. Er hat seine Frau in Honduras zurückgelassen und arbeitet in den Vereinigten Staaten, damit er seinem Sohn das Jurastudium finanzieren kann. Manchmal ist er fürchterlich einsam und Traurigkeit überwältigt ihn. Einmal war er so deprimiert, dass er eine Woche lang nicht zur Arbeit gekommen ist. Manchmal geht Felipe in die Tanzhallen in Corona, Queens, wo er ein paar *cervezas* trinkt und in den Armen eines hübschen Mädchens tanzt und vergisst, dass sein Zuhause 2000 Meilen weit entfernt ist. Ich muss immer lachen, wenn ich Radiosprecher daherplappern höre, »wie leicht es die Immigranten hier haben«. Arbeiten Sie mal ein paar Monate in einem Restaurant. Dann werden Sie anders denken.

Ich gehe nach vorn und wechsle ein paar freundliche Worte mit einem Yuppie-Powerpaar an Tisch 16, das Lachs und Thunfisch isst. Sie sind gute Stammgäste, die immer nett zu mir waren. Aber die Frau macht mir Sorgen. Als ich sie vor drei Jahren kennengelernt habe, war sie eine hinreißende, strahlend schöne sexy Blondine. Damals ging sie mit einem gut aussehenden, wenn auch ein wenig arroganten Mann aus, der ein paar Jahre älter war als sie. Sie trennten sich, und irgendwas ist bei der Dame außer Kontrolle geraten. Sie ist immer noch hübsch, aber aus ihr ist eine dieser freudlosen, neurotischen Gesundheitsfanatikerinnen geworden. Sie zählt jede Kalorie, die in ihren Körper kommt, und bindet sich sieben Stunden am Tag auf einen Stepper. Vielleicht ist Fettgewebe die lebenswichtige Zutat, die dieser Frau fehlt.

Jetzt ist sie mit einem anderen gut aussehenden, wenn auch ein wenig arroganten Mann zusammen, der ein paar Jahre älter ist als sie. Nicht gerade verwunderlich. Aber der alte Freund der Blonden isst auch immer noch im »Bistro«. Er kommt mit Frau und Kindern. Seine Kinder sind fast schon Teenager. Der alte Freund muss also seine Frau und seine Familie verlassen oder sie betrogen haben, als er mit der Blondine zusammen war, und jetzt ist er wieder zu ihnen zurückgekehrt. Das Interessante aber ist, dass seine Frau wie eine ältere Ausgabe von dem aussieht, was seine Ex-Freundin jetzt wird – eine verbitterte, furchterregend dünne, überfitte Tussi. Ich frage mich, ob der Mann irgendetwas an sich hat, das diese Reaktion in den Frauen hervorruft. Ich frage mich immer wieder: Was steckt dahinter?

Vielleicht finde ich es nie heraus. Da ich die Menschen immer nur so lange sehe, wie sie für ihr Essen brauchen, bekomme ich nur Schnappschüsse aus ihrem Leben präsentiert. Klar, ich beobachte den Ausdruck in Gesichtern, ich höre ihre Unterhaltungen und bekomme vielleicht einen flüchtigen Einblick in ihre Vergangenheit, doch nie erfahre ich alles über sie. Tagtäglich sehe ich Hunderte von Leuten, und der Großteil dessen, was sie ausmacht, bleibt für mich ein Mysterium. Und ich liebe Geheimnisse. Genau wie Philip Marlowe liebe ich es, die Geschichten von Menschen zu ergründen.

Wahrscheinlich bin ich deshalb seit meiner Kindheit eine Leseratte. Mein Vater und meine Mutter haben mich allerdings immer bestärkt. Mein Dad, er war Highschool-Lehrer, gab mir immer Bücher. In irgendeinem Familienalbum gibt es ein Foto von mir auf dem Schoß meines Vaters, der mir aus der *New York Times* vorliest. Da bin ich zwei Jahre alt. Natürlich habe ich kein Wort von dem, was mir mein Vater über Richard Nixon erzählte, verstanden. Aber schon früh begriff ich, dass Worte eine magische Kraft haben. Für mich waren Worte wie Inkarnationen, die fantastische Ereignisse herbeibeschwören konnten und mich in Welten versetzten, in denen ich nie gewesen war. Ich habe Bücher verschlungen, Wörter in Wörterbüchern nachgeschlagen, und als ich acht Jahre alt war, war ich schon süchtig nach Bibliotheken. *Krieg der Sterne* las ich, bevor ich den Film im Kino sah, und bis zu meinem dreizehnten Lebensjahr hatte ich alle Bücher von Ian Fleming gelesen. Alles, was ich über Grammatik wusste,

hatte ich in mich aufgesogen. Außerdem hatte ich zwei großartige Englischlehrer. Sie brachten mir bei, dass man in der Literatur
alles über das Leben erfahren kann. Vielleicht jagst du im Dschun-
gel nie einen anderen Menschen, sagten meine Lehrer. Vielleicht
wirst du niemals den Kilimandscharo besteigen oder einen Stier-
kampf am Nachmittag sehen – das musst du auch nicht. Die Welt
ist sehr groß. Man kann nicht alles tun und sein, was man gern
täte oder wäre. Das Leben ist größer als der Mensch. Aber wenn
du über das Leben von anderen liest, wenn du ihre Geschichten
liest, dann bekommst du einen kleinen Einblick in die Welt, die
größer ist als deine eigene. Vielleicht reist du nie weiter als
100 Meilen von dem Ort, an dem du geboren wurdest, aber wenn
du Geschichten liest, dann wirst du die ganze Welt sehen. Dann
betrittst du das große Mysterium.

Beflügelt von diesen Lektionen, spielte ich, als ich das College
besuchte, mit dem Gedanken, Schriftsteller zu werden. In meiner Naivität dachte ich, ich könnte selbst ein paar Geschichten
erzählen. In meinem Zimmer im Studentenwohnheim schrieb ich
mehrere Kapitel eines großen amerikanischen Detektivromans
nieder und zeigte sie jemandem, den ich sehr schätzte. Er sagte
mir, meine Schreiberei sei nicht besonders gut. Niedergeschmet-
tert habe ich mich dann nie an mehr versucht als an einer Semi-
nararbeit oder einem Geschäftsbericht.

Und wie das Leben so spielte, wurde ich Kellner. Es kam mir
anfangs gar nicht in den Sinn, die Geschichten aufzuschreiben,
die täglich durch die Tür des »Bistro« kamen. Ja sicher, ich hatte
Geständnisse eines Küchenchefs und Debra Ginsbergs *Waiting*
gelesen, aber diese Leute waren *Autoren*. Die Worte meines Col-
legekritikers klangen mir noch in den Ohren. *Das ist nicht sehr
gut.* Wem machte ich etwas vor?

Dann entdeckte ich das Internet.

Erst lange nachdem alle anderen auf den fahrenden Zug aufge-
sprungen waren, bin ich online gegangen. Im Jahr 2004 entdeck-

te ich ein neues Phänomen, das sich Blogs nannte, Online-Tagebücher, profane, von Zeit zu Zeit faszinierende Leckerbissen über das Leben von Menschen. Da ich Geschichten liebte, konnte ich nicht genug von ihnen kriegen. Dann kam mir eine Idee. Ich hatte eine Million Restaurantgeschichten, vielleicht sollte ich sie erzählen. Also legte ich einen Account an, und »Waiter Rant« war geboren. Zum ersten Mal seit meiner Collegezeit schrieb ich wieder. Mein erster Versuch war nicht sehr erfolgreich. Wie viele andere Blogger, die sich unbeobachtet in der unermesslichen Nadel-im Heuhaufen-Weite des Internets abmühen, war ich enttäuscht, dass niemand mein Zeug las. Drei oder vier Leute in der Woche besuchten meine Seite. Mein Kommentarzähler stand hartnäckig auf null. Mein Collegekritiker musste recht gehabt haben. Als Autor war ich eine Null. Ich gab auf.

Dann, fünf Monate später, fing ich aus irgendeinem Grund wieder an zu schreiben. Das Bloggen war, wegen der Tagebuchform, ideal für das Aufzeichnen dieser kleinen Schnappschüsse des Lebens, die im »Bistro« an mir vorbeiflackerten. Innerhalb eines Monats wurde von meinen Aufzeichnungen Notiz genommen. Ich war an eine populäre Plattform angebunden, und bevor ich mich versah, hatte meine Internetseite Hunderte, dann Tausende, dann Zehntausende Besucher am Tag. Ich wurde von BBC interviewt und von der *New York Times*. Ich hatte ein Publikum. Und die Leute sagten mir, was ich vorher noch nie gehört hatte: »Du bist ein guter Autor.« Endlich wurde mir Mut gemacht, von Tausenden von Leuten. Als ich meine 300. Geschichte geschrieben hatte, begann ich darüber nachzudenken, warum ich mit dem Schreiben wieder angefangen hatte.

Der oscargekrönte Schauspieler William Hurt ist einer meiner Stammgäste. Am Tag, nachdem ich *A History of Violence* gesehen hatte, kam er ins »Bistro«. Ich bediente ihn und dachte, wie sonderbar es war, auf der Leinwand zu sehen, wie jemandem das Hirn weggeblasen wird, der dann am nächsten Tag Risotto an einem meiner Tische isst. Also sah ich mir alle Filme an, in denen William Hurt die Hauptrolle gespielt hatte. Ich arbeitete mich durch die Filmografie von William Hurt und stolperte dabei über einen Film mit dem Titel *Smoke*.

Der Film, der 1995 gedreht wurde, spielt in einem Tabakladen in Brooklyn und handelt von seinem schillernden Restaurantbesitzer namens Auggie Wren, gespielt von Harvey Keitel. Der Film hat mich besonders berührt, weil ich selbst einmal, um mir was dazuzuverdienen, in einem Tabakladen gearbeitet habe. Auggie, ein Geschichtenerzähler und Amateurfotograf, fotografiert ein und dieselbe Straßenecke vor seinem Laden zur immer selben Stunde des Tages, 14 Jahre lang. Auggie kann nicht erklären, warum er es macht, aber er sammelt die Bilder in Fotoalben; er weiß nur, dass er es tun muss. Als er William Hurts Figur, einem Schriftsteller mit einer Schreibblockade und trauernden Witwer namens Paul Benjamin, die Fotos zeigt, bemerkt er, dass der Autor ein wenig zu schnell durch die Seiten blättert. »Du kommst nie dahinter, wenn du es nicht langsamer machst«, sagt Auggie. Benjamin sagt, alle Bilder sähen gleich aus. Auggie aber macht ihn auf die unterschiedlichen Jahreszeiten aufmerksam, auf den wechselnden Ausdruck in den Gesichtern der Menschen, das Licht an den Häuserwänden. Erst da wird dem Betrachter klar, was Auggie gemacht hat. All diese Schnappschüsse sind so etwas wie Zeitrafferfotografie in großem Stil. Durch die Verlangsamung und die Konzentration auf etwas Kleines und Alltägliches wie eine Straßenecke ist Auggie etwas Wunderschönes gelungen. Indem er an einem Ort blieb, hat Auggie ein Kunstwerk geschaffen. Auggie fasst seine Philosophie so zusammen: »Deshalb fahre ich nie in den Urlaub. Ich muss jeden Morgen dort sein. Zur selben Zeit. Jeden Morgen am selben Fleck zur selben Zeit.«

Vor dem »Bistro« habe ich an keinem Ort länger als zwei Jahre gearbeitet. Viele Jahre lief ich schon über die Holzdielen dieses Restaurants und begriff, dass ich über etwas genug Bescheid wusste, um darüber schreiben zu können. Wie Auggies Straßenecke haben die Gleichheit und die Stabilität des »Bistro« meinen Blick so geschärft, dass ich die kleinen Geschichten, die jeden Tag in mein Restaurant kamen, wahrnehmen konnte. An Ort und Stelle zu bleiben hat mich inspiriert. Zwei Jahre nachdem ich meinen Blog ins Leben gerufen hatte, ging ich die vielen Geschichten, die ich geschrieben hatte, noch einmal durch, und mir wurde klar, dass ich das Gleiche wie Auggie getan hatte. Ich machte vom »Bistro« Fotografien – mit Worten.

Die Barista von Starbucks aber hat mir eins verdeutlicht: Leute haben auch Schnappschüsse von mir gemacht. Für viele bin ich ein guter Kellner und ein freundlicher Zeitgenosse. Für andere wiederum bin ich dieser etwas arrogante, reservierte Typ, der seine Gäste korrigiert, wenn sie den Namen ihres Hauptgerichts falsch aussprechen. Es gibt sogar Gäste, die mich verachten – sie nennen mich den unhöflichsten Kellner der Gegend. Für die Dame, die mich nur kurz durch die Fensterscheibe zu sehen bekommt, bin ich der traurige Mann am Fenster.

Später fahre ich nach Hause, und die Geschehnisse des Tages flimmern vor meinen Augen wie die unterbrochene Mittellinie auf der Straße. Ich denke an Beth und dass sie beinahe ihre Schönheit verloren hat. Ich denke an Saroyas Anstrengungen, eine Familie zu gründen, und an Felipes Versuche, alles richtig zu machen. Ich denke an all die Dinge, die ich gesehen habe und die mir anvertraut wurden – Hoffnungen, Träume und Sündenbekenntnisse.

Im »Bistro« habe ich Leute heiraten und sich trennen sehen. Ich habe gesehen, wie Kinder geboren wurden und wie Eltern um den Verlust eines Kindes trauerten. Ich habe Menschen bedient, die ihren Geburtstag feierten und bei einem Leichenschmaus trauerten. Ich habe Menschen geholfen, wenn sie einen Herzinfarkt oder Krampfanfälle bekamen. Ich war Zeuge, wie Kunden freundlich oder grausam waren. Ich habe die Reichen

und die Berühmten getroffen und die Armen und den Durch-
schnitt. Ich habe mit Nonnen gesprochen und Priestern, mit Ver-
gewaltigern und Pornografen, Kriminellen und Polizisten. Ich
habe Soldaten und Politikern die Hand geschüttelt. Ich habe das
Schöne und das Hässliche gesehen. Ich wurde angefasst, gefickt,
habe Ohrfeigen bekommen, wurde angegriffen, angelogen und
beschimpft. Um Bob Dylan zu zitieren, ich habe Menschen gesehen, die damit beschäftigt waren, auf die Welt zu kommen, und
welche, die damit beschäftigt waren zu sterben. Auggie hatte
recht: »Es ist nur ein winziger Teil der Welt, aber darin passiert
etwas, wie sonst auch überall.«

HIMMEL UND HÖLLE

Es ist Sonntag, und das »Bistro« ist voll. Gäste, die auf einen Tisch warten, stehen Schlange bis auf die Straße. Die ersten meiner Gäste löffeln gerade ihr Dessert. Die frustrierten Kunden, die vor dem Eingang herumstehen, blicken finster und hasserfüllt auf die bummelnden Esser. Meine Gäste spüren die negative Energie und beeilen sich oder werden langsamer und schlürfen genüsslich ihren letzten Schluck Kaffee. Diese passive Aggressivität liebe ich.

»Können Sie diesen Leuten sagen, sie sollen sich beeilen?«, fragt eine schrille Person mit von der Sonne gegerbter Haut die Hostess. »Wir haben für 19 Uhr eine Reservierung, und jetzt ist es 19 Uhr zehn.«

»Es tut mir leid, Madam«, erwidert die Hostess förmlich. »Ich habe keine Kontrolle darüber, wie lange die Leute für ihr Essen brauchen.«

Die Frau klopft auf ihre schmale, teure Armbanduhr. »Mir wurde für 19 Uhr ein Tisch fest zugesagt«, keift sie. »Ich bin mit dem Besitzer befreundet.«

Ich seufze innerlich und schüttele den Kopf. Fluvio würde die Frau nicht erkennen, selbst wenn sein Leben davon abhinge. Das Benehmen des Sonnenbank-Junkies erstaunt mich aber nicht.

»Madam«, sagt die Hostess, »sobald Ihr Tisch frei wird, werde ich Sie hinbringen.«

»Das ist unzumutbar«, sagt die Dame eisig. »Ich möchte mit dem Besitzer sprechen.«

»Fluvio ist nicht hier«, kommt die automatische Antwort der Hostess. »Er hat Urlaub.«

Plötzlich höre ich eine Frau schreien.

»Hilfe, oh, mein Gott, Hilfe!«

Mein Hirn ortet die Herkunft des Schreis. Gäste, die weiter hinten sitzen, halten die Hände vor die Augen und springen von ihren Stühlen auf. Louis kommt mit angstverzerrtem Gesicht auf mich zugerannt. Irgendetwas Fürchterliches ist geschehen.

»Die Dame an Tisch 8!«, kreischt Louis. »Sie hat sich übergeben und ist vornüber gefallen!«

»Ruf den Notarzt«, sage ich zur Hostess.

In Rekordzeit durchquere ich das Restaurant. An Tisch 8 finde ich eine schlanke, zerbrechlich aussehende Frau Mitte sechzig vor. Ein Stammgast des »Bistro«. Sie lehnt, in sich zusammengesunken, an der Schulter des Mannes neben ihr. Kreidebleich, Erbrochenes am Kinn, gibt die Dame ein todeskampfähnliches Stöhnen von sich, die Augen sind nach oben verdreht. Sie sieht aus, als würde sie gleich sterben.

Der Mann, der die geplagte Frau stützt, sieht mich an. Ich weiß schon, was er sagen wird, bevor er es sagt.

»Der Krankenwagen ist auf dem Weg, Sir«, sage ich.

»Wir wussten, dass so etwas passieren könnte«, sagt der Mann leise und streicht der Frau sanft übers Haar. Er ist sichtlich durcheinander. »Es kommt nicht unerwartet.«

»Sir?«

»Sie ist eine Hochrisiko-Hirnschlag-Patientin.«

Ich betrachte die Szene. Es sieht aus, als hätte jemand mit einem Gewehr, das mit durchgekautem Risotto geladen war, über den Tisch geschossen. Ein Hirnschlag würde es erklären. Die Dame hat sich nicht einfach nur übergeben, das Essen ist aus ihr herausgeschossen. Ich bin kein Arzt, aber die Frau sieht schlimm aus. Meine Sanitäterausbildung macht sich automatisch bemerkbar. Freie Atmung gewährleisten. Aspiration verhindern.

»Sir«, frage ich. »Atmet Ihre Frau?«

»Ja«, sagt er.

»Hat sie noch etwas im Mund, an dem sie ersticken könnte?«

»Ich glaube …«

»Wir müssen nachsehen, Sir«, sage ich mit Nachdruck.

Der Mann befühlt das Innere des Mundes seiner Frau und erspart mir die Mühe. Erbrochenes tropft auf den Boden.

»In ihrem Mund ist nichts«, murmelt er.

»Gut«, sage ich. »Passen Sie auf, dass sie weiteratmet.«

Ich schalte auf Krisenmanagementmodus um, entferne mich von der bewusstlosen Frau und erkläre der Hostess, sie solle den Notärzten sagen, wir hätten hier eine Frau etwa Mitte sechzig, die möglicherweise einen Schlaganfall hatte. Ich bitte Beth, meine Tische zu übernehmen. Und da ich weiß, dass die Notärzte Platz brauchen, setzen Louis und ich alle Gäste von hinten an gerade frei gewordene Tische am Gang. Großartig, jetzt ist der Sitzplan der Hostess durcheinander.

Plötzlich ist das Restaurant in blinkendes Blaulicht getaucht. »The Bistro« verwandelt sich im Handumdrehen von einem gemütlichen Restaurant in die Notaufnahme im Stadtzentrum. Puccini, der aus den Lautsprechern an der Decke kommt, wird von schmetternden Polizeifunkgeräten übertönt, die Kommandos in der Stakkatosprache ausspucken, die nur Polizisten verstehen können. Ich bedauere die Gäste, als die Sanitäter eine Krankentrage durch das Restaurant rollen. Sie alle wollten sich amüsieren und nicht einen Notfall mit ansehen müssen. Wenn man aber über 40 000 Gäste im Jahr bewirtet, dann wird, statistisch gesehen, an ein oder zwei Abenden so etwas passieren.

»He«, ruft mir ein bebrillter Mann zu, der mit drei anderen Leuten an der Tür wartet. »Haben Sie das Sagen hier?«

»Ja, Sir«, antworte ich. »Ich bin der Manager.«

»Wir haben für 19 Uhr 30 für hinten einen Tisch bestellt. Können wir Platz nehmen?«

»Es tut mir schrecklich leid, Sir«, erwidere ich. »Wir haben einen Notfall. Der hintere Bereich ist im Moment geschlossen.«

»Was!«, jault der Mann auf. »Ich will aber hinten sitzen!«

»Es tut mir leid, Sir …«

»Ich habe extra um einen Tisch hinten gebeten!«

»Was ist denn los, George?«, fragt die Frau, die hinter dem Mann steht.

»Er gibt uns keinen Tisch hinten«, sagt der Mann über die Schulter.

»Warum denn nicht?«

»Es ist nicht so, dass ich Ihnen keinen Tisch geben möchte«, versuche ich zu erklären. »Aber die Notärzte brauchen Platz zum Arbeiten.«

Der Mann schielt mich durch seine Brillengläser an. »Sie werden uns einen Tisch hinten geben, nicht wahr? Sie werden uns dahin setzen, wo wir sitzen wollen, nicht wahr?«

»Sehen Sie denn nicht, dass die Notärzte dort zugange sind?«, frage ich fassungslos.

»Phyllis und ich wollen nicht woanders sitzen, George«, sagt die Frau, offensichtlich Georges Gattin, in einem Ton, der nichts Gutes ahnen lässt.

»Nun, wir wollen den Tisch, sobald sie weg sind«, schnaubt der Mann.

Ich deute auf einen freien Tisch in der Nähe der Tür. »Der Tisch ist frei«, sage ich.

»Unzumutbar«, sagt der Mann.

Ich blicke nach hinten. Die Notärzte sind damit beschäftigt, die Frau zu versorgen. Das »Bistro« steht still. Ich habe keine Zeit für diese Scheiße.

»Hören Sie zu, Sir«, sage ich eisern. »Sie können sich dahin setzen, wo Platz ist, oder Sie kommen an einem anderen Abend wieder.«

Der Mann guckt mich entgeistert an. »A-aber«, stottert er.

»Es tut mir leid, aber so ist es nun einmal.«

»Ich will aber nicht …«

»Die Tür muss frei gehalten werden«, befehle ich. »Sie müssen sich *jetzt* setzen.«

Die vier Egozentriker diskutieren es untereinander aus, setzen sich aber schließlich. Nach ein paar Minuten legen die Notärzte die Frau auf die Trage und rasen zur Tür hinaus. Die Polizisten und ich reden draußen, während die Frau, die aussieht wie ein verwundeter, ängstlicher Vogel, in den Krankenwagen geschoben wird. Ich bedauere ihren Mann. Als er und seine Frau jung und frisch vermählt waren, hat er sicherlich nicht im Traum daran gedacht, dass es einmal so weit kommen würde. Nein, wahrscheinlich nicht.

Mit Sirengeheul rast die Ambulanz in die Nacht. Ich gehe zurück, die Hilfskellner machen sauber, die Kellner bedienen wieder, ich mache meine Runde und bedanke mich bei den Gästen für ihre Geduld. Georges Frau blitzt mich von ihrem minderwertigen Tisch aus an, aber das ist mir egal. Es ist vorbei.

Die Reaktion der Frau überrascht mich nicht. Anscheinend sind die Kunden nie mit dem Platz zufrieden, den sie bekommen. Immer wieder höre ich sie diejenigen, die mit ihnen am Tisch sitzen, fragen, ob der Tisch in Ordnung ist oder ob sie woanders sitzen wollen. Jede Hostess hat ein paar Horrorgeschichten über Gäste auf Lager, die Wutanfälle kriegen, weil sie nicht den Tisch bekommen, den sie wollen. Warum ärgern sich die Leute wegen eines Tisches? Dahinter steckt das Überleben des Stärkeren.

Das unablässige Gerangel um den besten Tisch ist der Kampf um Rohstoffquellen. Einst, in der Urzeit, haben wir uns gegenseitig die Köpfe wegen der Reste eines Mastodons, eines Fortpflanzungspartners, Fellen und einer netten Höhle in der Nähe einer Frischwasserquelle eingeschlagen. Dieser Überlebensdrang ist in unser Hirn eingebrannt. Skrupellose Geschäftsleute stellen diesen Instinkt ständig zur Schau – wenn sie in der Presse übereinander herfallen, sich mit erstaunlicher Schnelligkeit Trophäen-frauen zulegen und sie wieder loswerden, Pelze kaufen (immer noch) und sich in einen Gebotsrausch für eine nette Höhle (ich meine Eigentumswohnung) in einer schicken Gegend stürzen. Natürlich gilt dieser Mist nicht nur für reiche Kunden. Sie sollten mich mal in einem Parkhaus eines Einkaufszentrums um die Weihnachtszeit sehen. Ich werde zu einem dieser digitalen Waschbrettbauch-Krieger aus dem Film 300. Ich fluche über die Feigheit von Behinderten und werdenden Müttern mit ihren Sonderparkplätzen und will nur hinausschreien: »Feiglinge! Kämpft wie jeder andere auch! Wo ist mein Speer?«

Die Welt da draußen ist hart. Wir alle wollen unser Stück vom Kuchen haben und unser Glück versuchen. Der Kampf gehört zum Leben. Manchmal muss man aggressiv sein, damit man be-kommt, was man will. Manchmal halten wir uns ehrgeizige Leute vom Hals oder wir trampeln mit unserem Ziel vor Augen über sie hinweg. Es ist nicht unsere Absicht, sie zu verletzen, manchmal passiert es eben. Natürlich werden auch wir herumgeschubst und in den Boden gestampft. Das Leben kann hart sein. Irgendwann wissen wir alle, wie es ist, wenn man verliert. Man muss lernen, es mit Fassung zu tragen, und überlegen, wie man beim nächsten Mal den Sieg davontragen kann. Das sind die großen Lektionen. Einen guten Tisch in einem Restaurant zu ergattern ist nicht un-bedingt überlebenswichtig.

Um ihre Ziele zu erreichen, schikanieren manche Menschen an-dere psychologisch, wirtschaftlich und manchmal sogar physisch, damit sie das bekommen, was ihnen ihrer Meinung nach zusteht. Sie ähneln Menschen mit einem gestörten Hormonhaushalt, einer Überproduktion von Testosteron – es ist immer Jagdzeit, sie sind ständig aggressiv, jederzeit wollen sie eine Schlacht schlagen für jede Kleinigkeit. Wenn ich diesen Leuten sage, sie können den Su-pertisch, den sie wollen, nicht haben, dann führen sie sich auf, als bedrohte ich ihr Leben. Ich enthalte ihnen kein Essen oder Obdach vor, dafür aber eine wertvolle »psychologische Ressource« – die Illusion, dass sie etwas Besseres sind als alle anderen. Kein auf Status bedachter Kunde möchte gern ganz unten in der Rangordnung sein – oder neben der Herrentoilette. Das würde bedeuten, *keuch,* dass er minderwertig ist. Und wenn er minderwertig ist, dann wird er nicht überleben! Das erklärt, warum diese vier Gäste willens waren, für den Tisch, den sie wollten, über die Dame mit dem Schlaganfall hinwegzutrampeln.

Selbstverständlich werden sie es überleben, wenn sie nicht hinten sitzen – genauso, wie ich es überlebe, dass ich am Abend vor Weihnachten drei Meilen vom Kaufhauseingang entfernt parken muss. Eigentlich habe ich keine Vorurteile gegen reiche und erfolgreiche Menschen, die es durch ihr Tun weit bringen – ganz und gar nicht. Arme Schlucker sind auch nicht gegen diesen Irrsinn gefeit. Amerikas Mittelschicht – überzeugt, dass sie zumindest etwas Besseres sind als der Durchschnittstyp – liebt es zuzusehen, wie Leute im Fernsehen sich zu Vollidioten machen. Viele wohlhabende Kunden sind die freundlichsten Menschen, die ich je getroffen habe. Ich habe nie das Märchen geglaubt, dass die Reichen böse sind und die armen Leute romantische Seelen, die ewig um Gleichheit und Gerechtigkeit kämpfen. Reden Sie mal mit einem Polizisten. Auch arme Ärsche gibt es auf dieser Welt.

Aber es muss doch im Leben um mehr gehen als nur ums Überleben. Es muss im Leben mehr geben, als besser zu sein als alle anderen. Man muss doch für *irgendetwas* überleben. Mein Pate, ein katholischer Priester, hat mir einmal gesagt: »Du bist vielleicht der Stärkste und überlebst – für ein Leben, das es nicht wert ist zu leben.«

Am nächsten Morgen sitzen Beth und ich am Fenster, trinken Kaffee und plaudern. Es ist noch früh, und in der nächsten Stunde erwarten wir keine Gäste. Ich nehme einen Schluck Kaffee und seufze. Wie der New Yorker Bahnhof, die Grand Central Station, wenn er leer ist, summt das »Bistro« geradezu vor Energie, als wüsste es, dass diese Leere ein unnatürlicher Zustand ist.

»Hast du irgendetwas von der Frau gehört?«, fragt Beth mich.

»Die Frau von letzter Nacht?«, frage ich zurück.

»Ja.«

»Ich habe im Krankenhaus angerufen, aber sie wollten mir nichts sagen.«

»Schade. Die arme Frau.«

»Ja«, murmle ich. »Furchtbar.«

»Na ja, wenigstens waren die Notärzte schnell da.«

»Gott sei Dank.«

»Aber weißt du was?«, fragt Beth.

»Was?«

»Ich ärgere mich immer noch über diese Vollidioten.«

»Die vier, die hinten sitzen wollten?«

»Ja. Unglaublich, wie unsensibel die waren.«

»Die Hölle, das sind die anderen«, zitiere ich Jean-Paul Sartre.

»Du machst Witze«, antwortet Beth.

»Schön wär's.«

Beth und ich schweigen. Wir trinken weiter unseren Kaffee und sehen der vorbeiziehenden Welt zu. Draußen eilen Menschen mit unerbittlicher Entschlossenheit in ihren Gesichtern hin und her, sie rennen herum wie in einem Hamsterrad. *Du musst dich ins Zeug legen. Nur die Starken überleben.* Ich denke an den Vierertisch und daran, wie kaltherzig Menschen sein können. Und nicht zum ersten Mal bin ich davon überzeugt, dass Gleichgültigkeit gegenüber menschlichem Leid ein Zeichen des Bösen ist. Wenn diese ganze Angelegenheit vom Überleben des Stärkeren außer Kontrolle gerät, dann ist es schlecht um den Teil der Seele bestellt, mit dem wir uns um andere Menschen sorgen. Wenn es uns egal ist, wenn wir nur uns selbst sehen, dann ist es so viel leichter, unmenschlich zu sein.

Ein paar Stunden später betritt ein Paar inklusive Tochter das »Bistro«. Meine Stimmung hellt sich auf. Ich weiß, dass der Vater gutes Trinkgeld gibt. Nachdem ich sie plaziert und ihnen ihre Cocktails gebracht habe, bestellen sie teure Hauptgerichte und eine Flasche Wein für 200 Dollar. Mein Glückstag.

Sie verputzen ihre Vorspeisen und lassen sich ihr Essen schmecken. Mitten beim Essen winkt mich die Tochter zu sich.

»Ja, Miss?«, frage ich.

»Wer ist das?«, fragt sie ängstlich und deutet in Richtung Fenster.

Ich blicke hinüber. Claude, unser Obdachloser, schaut zum Fenster herein. Ich winke ihm zu. Er winkt zurück.

»Das ist nur Claude«, sage ich. »Er ist harmlos.«

»Siehst du, Schatz«, sagt die Mutter beruhigend. »Das habe ich dir doch gesagt.«

»Warum steht er da draußen?«, will das Mädchen wissen.

»Er ist immer dort draußen«, antworte ich.

»Ist er ein Penner?«

»Claude ist obdachlos, Miss.«

»Obdachlos?«

»Ja.«

»Wo schläft er denn?«

»Das weiß ich nicht.«

»Warum hat er denn kein Zuhause?«

»Das ist eine gute Frage, junges Fräulein«, antworte ich. »Und die Antwort darauf ist nicht einfach.«

»Bittet er Sie je um Essen?«, will die Mutter von mir wissen.

»Manchmal.«

Das kleine Mädchen sieht zu ihrem Vater. Er schaut sie an. Irgendetwas geht zwischen den beiden vor.

»Hören Sie«, sagt der Vater und fühlt sich sichtlich unwohl dabei. »Spendieren Sie Claude ein Abendessen auf meine Rechnung.«

»Das ist sehr freundlich von Ihnen«, sage ich überrascht.

Der Vater blickt auf sein Lammkarree. »Das ist das wenigste, was ich tun kann«, murmelt er.

»Wissen Sie, was er gern isst?«, fragt das Mädchen.

»Ich weiß, was Claude gern isst, Miss«, erwidere ich. »Keine Sorge.«

Ich gehe in die Küche und bestelle etwas zu essen für Claude. Als es fertig ist, packe ich es ein und trage es raus.

»He, Claude«, sage ich. »Einer unserer Gäste hat dir ein Abendessen spendiert.«

»Junge, Junge«, sagt er.

»Dein Lieblingsgericht.« Ich halte ihm das Paket hin.

»Mmmmmm.«

Ich sehe Claude dabei zu, wie er in die Tüte linst. Er sieht sehr glücklich aus.

»Das hält fürs ganze Leben«, sagt er und grinst.

Über die Ironie muss ich lächeln. »Guten Appetit, Claude.«

Claude geht weiter. Dann hält er inne und dreht sich um. »Sag den Leuten danke«, sagt er und starrt auf einen Punkt auf dem Boden.

»Das mach ich, Claude.«

Er marschiert weiter, die Tüte an die Brust gepresst, und ich gehe wieder rein.

»Der Herr bedankt sich bei Ihnen für das Abendessen«, sage ich zu dem Vater.

»Keine Ursache«, sagt er kleinlaut.

»Guten Appetit, Sir.«

Jeden Tag laufen die Menschen in diesem Land an Leuten wie Claude vorbei und denken, er sei ein Verlierer – noch so einer, der in der Lotterie des Lebens den Kürzeren gezogen hat. Ich kenne viele, die das Gleiche von mir denken. Ich kenne die Blicke. Ich bin 38 Jahre alt und bediene Tische. Jeden Tag arbeite ich inmitten der erfolgreichen, glatten und fleischfressenden schönen Menschen. Manchmal frage ich mich, was sie haben, das mir fehlt. Sind sie besser als ich? Sind sie klüger? Rücksichtsloser? War ich gerade nicht da, als die Gene für Glück und Erfolg verteilt wurden? Ich gebe zu, manchmal beneide ich die reichen Typen in ihren teuren Anzügen, mit ihrem strahlend weißen Lächeln, ihren durchtrainierten, umwerfend aussehenden Freundinnen. Manchmal denke ich, wenn das Leben ein Spiel ums Überleben der Stärkeren ist, dann habe ich wohl verloren.

Die Frau mit dem Schlaganfall fällt mir wieder ein, als ich hinter der Theke stehe. Wie zerbrechlich und verletzlich sie aussah. Ich denke daran, wie kaltherzig diese tischbesessenen Kunden waren. Es war ihnen egal, ob die Frau leben oder sterben würde. Vielleicht sahen sie in ihrer Krankheit einen Ausdruck von Schwäche. Mein Gott, bevor man sich versieht, wird der Tod als persönliches Versagen betrachtet.

Ich blicke aus dem Fenster. Auf einer Bank sitzt Claude und isst. Er hat ein warmes Abendessen, weil irgendetwas in dem Blick des kleinen Mädchens den Vater dazu gebracht hat, einen hungernden Fremden zu verköstigen. Dieses Etwas war wahrscheinlich eine Mischung aus Eigennutz und einer Anwandlung von Großzügigkeit. Vielleicht fühlte sich dieser Vater schuldig, vielleicht schützte er seine Tochter vor der Lieblosigkeit in der Welt, vielleicht wollte er einfach nur nett sein.

Ich stehe da und will begreifen, was dieses Etwas war. Nach einer Weile gebe ich auf. Ich muss es nicht wissen. Ich begnüge mich mit dem, was ich einmal vor langer Zeit im Wappen eines Bischofs gelesen habe: »Liebe ist erfinderisch.« Egal, wie kompliziert die Beweggründe sind, der Impuls der Liebe triumphiert oft über unsere eigennützigen Instinkte. Vielleicht ist es das, was das Leben lebenswert macht. Unvermittelt wird mir klar, dass mir wieder eine tolle Geschichte in den Schoß gefallen ist.

Und Sartre? Ich lache leise. Er hatte nur zur *Hälfte* recht. Himmel, das sind manchmal auch die anderen.

DROGENMISSBRAUCH

Fluvio hat seine Drohung wahr gemacht und ein neues Restaurant eröffnet. Nach monatelangen Verhandlungen über
die Finanzierung hat er den Mietvertrag unterschrieben. Jetzt
verbringt er die ganze Zeit damit, das neue Restaurant einzurich-
ten, und meine Arbeitszeiten im »Bistro« sind aberwitzig. Es ist
Hauptsaison, und die Kunden sind so lästig wie Kakerlaken. Die
Belastung der Mehrarbeit, gekoppelt mit dem Versuch, das Exposé zu vollenden, fordert ihre seelischen Opfer. Es ist Dienstag-
nacht. Ich bin erschöpft und fühle mich einsam. Morgen ist der
anstrengende 4. Juli. Ich bitte Fluvio, mich früher gehen zu lassen, denn ich brauche ein bisschen Zeit für mich. Fluvio hört die
Erschöpfung in meiner Stimme und ist gnädig. Heute Abend
darf Louis den Manager spielen.

Im »Café American« genehmige ich mir einen wohlverdienten
Drink. Das kuschelige Restaurant befindet sich in einem Gebäude aus der Zeit der Sezessionskriege, drei Blocks vom »Bistro«
entfernt. Es gib billigere Lokale, aber hier fühle ich mich willkommen. In manchen Edel-Etablissements wird es nicht gern
gesehen, wenn Kellner aus anderen Restaurants einen trinken.
Dort werden wohlhabendere Hintern auf den Barhockern bevor-
zugt. Schon oft haben mir irgendwelche hochnäsigen Barkeeper
die kalte Schulter gezeigt. Rick, der Besitzer des »Café American«, scheut keine Mühen, zum Bedienungspersonal besonders
freundlich zu sein. Nach einer anstrengenden Nacht mit an-
spruchsvollen Gästen möchte ich nicht auch noch das Gefühl

haben, ich sei unerwünscht. Ins »Café American« zu gehen ist wie in eine bequeme Jeans zu schlüpfen.

Ich starre auf meinen Drink. Eine seichte Wodkapfütze mit Orangensaft ist alles, was noch übrig ist. Ich trinke aus, stelle das Glas auf den Tresen und blicke mich nach Arthur, das ist der Barkeeper, um. Er flirtet mit einer blonden Frau am anderen Ende der Bar. Das ist in Ordnung. Ich habe Zeit.

»Noch einen?« Arthur unterbricht meine Gedanken.

»Ja.« Ich schiebe mein leeres Glas in seine Richtung. »Bitte.«

»Schwere Nacht?«

»Ja«, seufze ich. »Eine Menge Idioten.«

»Kommt der Rest der Truppe noch her heute Abend?«

»Ich glaube Beth und Dawn kommen später noch.«

»Ist Dawn noch Single?«, fragt Arthur.

»Mann!«, antworte ich. »Wie alt ist deine Tochter?«

»Fünfzehn.«

»Dawn ist einundzwanzig.«

Arthur grinst. »Ich weiß. Darum bin ich noch lange kein schlechter Mensch, oder?«

»Ein guter bist du aber auch nicht.«

»Hast du von dem Kellner vom Café Foo Foo gehört?«, fragt Arthur.

»Was denn?«

»Heroinüberdosis«, sagt Arthur. »Bewusstlos auf dem Toilettenfußboden.«

»Tot?«

»Nein«, sagt Arthur. »Aber ich habe gehört, dass der Besitzer sich mit dem Anruf beim Notarzt Zeit gelassen hat.«

»Typisch.«

»Ich habe außerdem gehört, die Nadel hat noch in seinem Arm gesteckt«, sagt Arthur. »Ein Gast hat ihn gefunden.«

»Herr Ober!«, zwitschere ich im Falsett. »Da ist ein Junkie in meiner Suppe!«

»Das ist gefühlskalt.« Arthur lacht.

»Ach, komm schon«, antworte ich. »Du kennst das Geschäft. Eine Menge Drogenabhängige. Ich wette mit dir, die anderen Kellner haben seine Tische an sich gerissen, bevor sie den Krankenwagen gerufen haben.«

»Wahrscheinlich hast du recht.«

»Ich habe ganz sicher recht.«

»Ie«, sagt Arthur. »Weißt du noch, als dieser Chefkoch aus England herumposaunte, dass alle Chefköche koksen?«

»Jamie Oliver.« Ich nicke. »Als ich das hörte, dachte ich: Ach nein, Sherlock.«

»Sind ihm plötzlich die Augen aufgegangen und er hat gesehen, dass Drogen in der Küche waren?«

»Verflucht!«, sage ich. »Wer's glaubt! Hier gibt es Kokain, mein Freund! Hilfe! Geben Sie sofort eine Pressekonferenz!«

»Ich wette, dass ihn sein Manager drauf angesetzt hat.«

»Es gibt nichts Schöneres, als im Namen der Eigenwerbung das Augenscheinliche zu sagen.«

»Du bist so jung«, sagt Arthur, »und schon so zynisch.«

»Ich habe mal im Marketing gearbeitet.«

»Arbeiten Junkies bei euch?«, fragt Arthur.

»Nein«, antworte ich. »Die üblichen Kiffer und Trinker, aber keine harten Sachen.«

»Erinnerst du dich noch an Crackhead Pete?«, fragt Arthur. »Er hat für dich gearbeitet.«

»Oh mein Gott!«, ächze ich. »Wie könnte ich den vergessen?«

Pete, ein Kiez-Kellner, war für seinen Drogenmissbrauch berühmt. Wenn man etwas dabeihatte, zog er es durch die Nase, rauchte es oder spritzte es. Wenn Pete nüchtern war, war er ein hervorragender Kellner. Wenn er eine seiner Saufphasen hatte, vergaß er zu duschen und wusch seine Klamotten nicht. Seine Gäste beschwerten sich, dass er stank. Unnötig zu erwähnen, dass es ihm schwerfiel, einen Job zu behalten. Er hatte in jedem Restaurant am Kiez gearbeitet, und ihm eilte der zweifelhafte Ruf voraus, dass er aus jedem einzelnen rausgeschmissen worden war. Die Lästerer aus der Nachbarschaft nannten ihn Crackhead Pete. Und bald nannten ihn alle so – selbst die Kinder. Wenn mir jemand den Spitznamen »Crackhead« anhängen würde, wäre ich über alle Berge. Wahrscheinlich sollte ich über den »traurigen Mann am Fenster« froh sein.

»Er hat auch einen Tag hier bei uns gearbeitet.« Arthur wird sentimental.

»Wie ist es gelaufen?«

»Du weißt doch, dass wir den Angestellten nach der Schicht einen Drink spendieren?«

»Klar.«

»Pete kam an seinem ersten Tag um zehn Uhr morgens rein und fragte, ob er seinen Drink schon früher haben könnte.«

»Das klingt ganz nach Pete.«

»Rick hat ihn auf der Stelle gefeuert.«

»Da hast du ja noch Glück gehabt«, sage ich. »Fluvio hat ihn eineinhalb Jahre lang ertragen.«

Drogenmissbrauch ist schon immer ein Problem in Restaurants gewesen. Laut einer neuen Studie der amerikanischen »Substance Abuse and Mental Health Services Administration« nehmen 17,4 Prozent des Restaurantpersonals Drogen. Von Trinkern reden wir gar nicht. Die Zahl der Kokser, Kiffer, Trinker und Pillenschlucker muss bei 25 Prozent der Arbeiterschaft liegen. Ich frage mich oft, ob der Lebensstil die Leute zu Abhängigen macht oder ob die Abhängigen diesen Lebensstil suchen. Es arbeiten auch eine Menge nüchterne Leute in der Gastronomie. Dennoch gibt es diese unzähligen Faulenzer, die gern die Nächte durchfeiern und bis zum Mittag schlafen. Sie warten auf ein Leben, das nie eintritt, und erinnern mich an die trunksüchtigen Charaktere in Eugene O'Neills Stück *Der Eismann kommt.*

Auch die Gäste schleppen ihre Drogenprobleme tagtäglich ins Restaurant. Ich hatte einen Kunden, Drunky Dave, der jeden Mittwoch ins »Bistro« zum Essen kam. Immer war ich sein Kellner. Dave bestellte immer zwei Cocktails, trank eine ganze Flasche teuren Rotwein und spülte sein Dessert mit Irish Coffee und zwei Grappas herunter. Grappa ist widerliches Zeug. Ich nenne es italienisches Feuerzeugbenzin. Entkorkt jemand eine Flasche von dem Gesöff, kann ich es auf der anderen Seite der Straße riechen.

War es Zeit für Drunky Dave, nach Hause zu gehen, konnte er kaum noch kontrolliert atmen, geschweige denn gerade stehen. Einmal hat er sich in seinem Rausch übergeben. Er rannte zur Tür, und die Kotze lief ihm durch die Finger. Mit der Hand vor dem Mund versuchte er zu verhindern, dass ihm sein Abendessen aus dem Mund schoss. Auf seinem Weg zur Tür rannte er beinahe eine alte Dame um. Ich konnte sie gerade noch auffangen, bevor sie sich das Hüftgelenk brach. Erleichtert, dass sich der Inhalt seines Magens auf den Bürgersteig ergossen hatte, ging ich ihm nach und gab ihm die Rechnung.

»Aber ich bin noch nicht fertig!«, protestierte Dave.

»Doch, das bist du«, erwiderte ich. »Komm wieder, wenn du nüchtern bist.«

»Fick dich!«, schrie Drunky Dave. »Ich esse regelmäßig hier. Ich gebe eine Menge Geld hier aus.«

»Du bist betrunken.« Das Taxi, das ich für ihn bestellt hatte, fuhr vor. »Und das Schönste ist, dass du dich an nichts von alldem erinnern wirst, wenn du aufwachst.«

»Du hast recht«, gab Dave zu. Einer seiner seltenen Momente der Selbsterkenntnis.

»Gute Nacht, Dave«, sagte ich und drückte seinen Kopf nach unten, während er ins Taxi stieg. Ich nahm die Rechnung wieder mit und gab alles in die Kasse ein. Natürlich schrieb ich mir 30 Prozent Trinkgeld drauf. Drunky Dave hat es nie erwähnt.

Typen wie Dave sind nur die Spitze des Eisberges. Ich habe gesehen, wie Yuppie-Bräute auf Special K das Bewusstsein verloren haben, ich habe Leute Heroin schnupfen sehen, während sie auf einen Tisch warteten, und ich habe 60-Jährige auf der Toilette beim Kiffen erwischt. Kunden haben mich um Servietten gebeten, weil ihre Nasenscheidewände wegen unmäßigen Kokaingenusses zu bluten anfingen. Von meinem Blickwinkel aus, über den Gästen, kann ich die Einstichstellen unter den Manschetten sehen. Ich bemerke die geplatzten Kapillaren und die wässrigen Augen. Ich sehe, wie Frauen ihre Handtaschen nach Benzodiazepin-Tabletten durchwühlen. Ich erkenne die gelbliche Hautfarbe und das Zittern von Männern in freundlicher Begleitung, die fast wahnsinnig werden, wenn sie sich zwingen müssen, ihre Drinks langsam zu trinken. Ich kenne die Symptome, ich habe in einer Drogenreha gearbeitet. Manchmal kommt es mir so vor, als sei ich nie weggegangen.

Abgesehen davon, dass wir Ihre Bestellung aufnehmen und Ihnen das Essen an den Tisch bringen müssen, sind wir Kellner auch oft gezwungen, den Alkoholbullen zu spielen. Im Staat New York verstößt man gegen das Gesetz, wenn man an eine offensichtlich betrunkene Person Alkohol ausschenkt. Wenn Sie betrunken in mein Lokal kommen, werde ich Sie nicht bedienen. Was aber, wenn Sie sich in meinem Lokal betrinken? Was, wenn Sie schwanger sind und trinken? Erhöhe ich Ihre Rechnung und mein Trinkgeld mit teurem Alk, oder stoppe ich Sie? Ach ja, das moralische Dilemma.

Viele meiner Gäste sind Alkoholiker. Sie sollten nichts trinken. Wenn sie zu meiner Familie gehörten, gäbe ich ihnen Prospekte der anonymen Alkoholiker, nicht Schnaps. Aber sie gehören nicht zu meiner Familie – es sind Kunden. Sie haben das Recht, sich vollllaufen zu lassen. Wenn ich sie stoppe, dann besaufen sie sich höchstwahrscheinlich zu Hause. Wenn ich Gäste habe, die zu viel getrunken haben, dann gebe ich ihnen Zeit und Kaffee, bis sie wieder nüchterner sind. Sind sie nicht nüchtern, frage ich sie, wie sie nach Hause kommen, und schlage ihnen vor, ein Taxi zu rufen. Bestimmt haben sich manche meiner Gäste betrunken hinters Lenkrad gesetzt. Ich habe keine Ahnung, was sie tun, wenn sie das Restaurant verlassen.

Manchmal gehen sie in die nächste Bar. Auf meinem Nachhauseweg spät in der Nacht habe ich schon Leute, die ich ein paar Stunden zuvor bedient hatte, sich auf der Straße wie Penner wegen des letzten Schlucks Four Roses streiten sehen.

»Hat Crackhead Pete bei euch gestohlen?«, unterbricht Arthur meine Gedanken.

»Nein«, antworte ich. »Aber er wollte immer Geld borgen.«

»Ich glaube, er schuldet jedem in der Stadt eine Menge Kohle. Mich hat er auch mal angehauen.«

»Das wirst du nie wiedersehen.«

»Ich betrachte es als Spende.«

»Apropos Kellner und Drogenmissbrauch«, fahre ich fort, »wie hoch ist die Prozentzahl der Kellner, die ihren Führerschein verloren haben?«

»Oh Mann«, sagt Arthur. Er schaut zur Decke hoch, so als rechne er eine große Summe zusammen. »Hier haben wir mindestens zwei, auf die das zutrifft. Ich würde sagen 30 Prozent.«

»Das stimmt wahrscheinlich«, antworte ich. »Schon mal bemerkt, dass eine Menge Kellner nicht Auto fahren?«

»Denen wurde der Führerschein abgenommen.«

»Ganz genau.«

Ein Gast kommt an die Bar und verlangt einen Cosmopolitan. Arthur zischt davon und macht den Drink. Dawn und Beth kommen zur Tür herein und setzen sich auf die Barhocker neben mich.

»Endlich.« Ich blicke auf meine Uhr. »Ihr habt euch ja ganz schön Zeit gelassen.«

»Meine letzten Gäste waren Arschlöcher«, sagt Beth.

247

»Welche Art von schlechtem Benehmen hat sich heute offenbart?«, frage ich.

»Die Dame hat ihrer Verabredung unterm Tisch einen runtergeholt«, sagt Dawn. »Kannst du dir das vorstellen?«

Dawn ist ein zierliches Mädchen von 21 Jahren mit einem süßen Körper und grünen Augen. Arthur steht auf sie.

»Das kann ich mir vorstellen.«

»Sie haben ewig gebraucht«, stöhnt Beth.

»Fürs Runterholen?«

»Fürs Bestellen. 45 Minuten«, sagt Beth, ohne auf mich einzugehen. »Die Dame hat auch noch extrem langsam gegessen.«

»Mit einer Hand zu essen ist nicht leicht«, sage ich. Dawn kichert.

»Ich wünschte, du wärst ihr Kellner gewesen«, sagt Beth. »Mit deinem Blick hättest du kurzen Prozess gemacht.«

»Ja«, sagt Dawn. »Danke, dass du uns im Stich gelassen hast.«

»He«, schieße ich zurück. »Wann darf ich schon mal vor ein Uhr nachts gehen?«

Arthur kommt rüber und begrüßt die Mädels. Er nimmt ihre Bestellungen entgegen. Sie wollen Mojitos.

»Und?«, frage ich, als Arthur wieder weg ist. »Ist das Paar auf der Toilette verschwunden und hat die Sache dort zu Ende gebracht?«

»Ja«, sagt Beth. »Aber es hat ziemlich lange gedauert.«

»Sie haben wahrscheinlich noch Drogen genommen«, sage ich. »Unglaublich, wie viele Leute ihr Bewusstsein vorm Sex verändern müssen.«

»Was soll's.« Beth zuckt mit den Schultern. »Die Nacht ist vorbei.«

Ich nippe an meinem Drink. Beth und Dawn schütten ihre Mojitos hinunter und bestellen noch eine Runde. Alle Kellner trinken ihren ersten Drink nach der Schicht schnell, glaube ich.

Der erste Drink ist Medizin, der zweite ist zur Entspannung, und der dritte ist Betäubung.

»Sicher, dass du sie dabeihast?«, flüstert Beth Dawn zu.

Dawn sucht in ihrer Handtasche und zieht eine Pillenflasche hervor.

»Was ist das?«, frage ich.

»Xanax«, sagt Dawn.

»Du nimmst das doch nicht jetzt, oder?«, sage ich.

»Wer bist'n du«, sagt Dawn. »Mein Vater?«

»Xanax und Mojitos passen nicht zusammen.«

»Wurde mir verschrieben.«

Beth und Dawn nehmen ihre Pillen und spülen sie mit Rum und Pfefferminzschnaps runter. Nach ein paar Minuten werden die Drogen wirken, und sie werden nicht mehr wissen, wie sie heißen. Das habe ich schon oft gesehen.

Ich schüttle den Kopf und schaue auf meinen Martini. Das Glas ist noch halb voll. Ich trinke einen Schluck. Den besten Rat, was das Trinken angeht, hat mir mein Patenonkel gegeben. »Trink, bis du angeheitert bist«, sagte er immer. »Danach geht alles den Bach runter.« Mein Vater war nie ein großer Trinker. Er war mir ein Beispiel. Jede Nacht trank er ein Bier, und das war's. An meinen zehn Fingern kann ich abzählen, wann ich meinen Vater beschwipst erlebt habe.

Natürlich bin auch ich schon mehr als einmal abgestürzt. Ich bin umgekippt. Ich habe mich in der U-Bahn übergeben. Ich habe, ausgestreckt in einem dreckigen WC, kalte Kacheln an der Wange gespürt. Ich habe mich aufgeführt wie einer meiner schwierigeren Kunden. Solchen Mist habe ich zum Großteil vor meinem 30. Geburtstag gemacht. Heute trinke ich gern, aber ich hasse es, betrunken zu sein. Ich versuche, immer nur bis zu einem bestimmten Punkt zu trinken, und höre dann auf. Zwei Drinks ist die normale Obergrenze. Wenn ich auf einer Party bin, bitte ich darum, meine Margaritas oder meinen Wodka-Cranberry nicht so stark zu machen. Bei der Hochzeitsfeier meines Bruders habe ich den ganzen Abend an einem wässrigen Scotch mit Soda genippt. Ich bin nicht gern beschwipst. Ich übergebe mich nicht gern. Ich habe Angst vor Krebs und vor der Kotzerei bei der Chemo. Ich habe Krebspatienten erlebt, die von der Übelkeit wahnsinnig geworden sind. Bevor ich mich stundenlang übergeben müsste, würde ich mich lieber umbringen. Aber ich rauche, also labere ich genauso viel Scheiße wie alle anderen.

Ich nehme noch einen Schluck. In letzter Zeit trinke ich mehr, das macht mir Sorgen. Über die Jahre habe ich viele Menschen gesehen, die süchtig waren, und bin zu dem Schluss gekommen, dass jeder, und ich meine jeder, seinen Schmerz irgendwie betäubt. Es ist mir egal, ob Sie glauben, jemand leidet, weil er aus einem schlechten Elternhaus kommt, weil seine Träume unerfüllt bleiben, wegen der Menschheit an sich oder der Last der Ursünde. Jeder versucht es irgendwie abzutöten.

Ich höre eine Frau lachen. Es ist ein verführerisches Lachen. Ich drehe mich um. Das Lachen gehört einer schlanken Frau in einem Leder-Minirock und hohen Schuhen. Sie sitzt an einem der Tische an der Wand. Ein junger Mann knabbert an ihrem Hals. Die Frau ist Ende 40 und sieht immer noch umwerfend aus. Ich kenne sie. Sie ist Alkoholikerin. Jede zweite Nacht geht sie mit einem anderen Kerl nach Hause. Ihre Eroberungen sind gewöhnlich jüngere Männer. Sie hat mit der Hälfte aller Kellner in der Stadt geschlafen. Auch mich hat sie mal angemacht. Sie tat mir leid, und ich ignorierte sie. Sie nannte mich eine Schwuchtel. Ich schaue sie mir genau an. Sie wird nicht für immer so gut aussehen. Irgendwann wird der Schnaps seinen Tribut fordern. Männer werden nicht mehr von ihr angetan sein, sondern angewidert. Bald wird sie nur noch mit Alkohol ihren Schmerz betäuben können.

Ich habe ansehen müssen, wie Leute süchtig wurden nach Crack und Alkohol, Religion und Sex, Geld und Macht. Auch

Shoppen kann eine Sucht sein, genau wie Sport, Schokolade und Seifenopern, im Internet surfen oder sich zu übergeben. Solange Glück und Frieden rar sind, werden sich Menschen Ersatz suchen, um das Geplapper in ihren Köpfen abzuschalten. Kellner haben auch Schmerzen. Sie müssen schmerzende Gelenke aushalten, verspannte Rückenmuskeln, angeknackste Egos, zerrüttete Nerven und Angst.

Ich schaue in den Spiegel. Ein einsam aussehender Mann starrt mich an. Erst seit ich Kellner bin, trinke ich Tag für Tag. Ärzte sagen, zwei Drinks am Tag schaden nicht. Das mag wahr sein. Vielleicht trinke ich mehr, weil ich älter werde. Vielleicht trinke ich mehr, weil ich ein fauler Kellner bin, dessen Leben auf nichts hinausläuft. Das Schreiben ist Glückssache. Ich kämpfe noch immer mit dem Exposé. Wenn das nicht funktioniert, dann habe ich nichts in der Hand, nichts, worauf ich mich freuen kann. Ich habe eine Scheißangst.

Beth und Dawn bestellen noch eine Runde Mojitos. Vor einer halben Stunde waren sie nüchtern, jetzt sind sie betrunken. Sie quasseln in ihre Handys. Sie haben vergessen, dass ich auch da bin. Das ist okay. Sie sind jung. Sie feiern gern. Sie werden sich bewusstlos trinken, den Rausch ausschlafen und am nächsten Tag zur Arbeit erscheinen. Ich sage immer, Alkoholismus kann man bei einem Menschen erst diagnostizieren, wenn er 27 ist. Vorher sind alle nur Gelegenheitstrinker. Wenn man Ende dreißig ist, so wie Crackhead Pete und ich, dann liegen die Dinge anders.

Crackhead Pete hat irgendwann ein hübsches Mädchen geheiratet. Sie haben ein Geschäft eröffnet, und er hat das Trinken und die Drogen unter Kontrolle bekommen. Er ist nicht mehr der verzweifelte Typ, den ich vor Jahren kennengelernt habe. Er ist ein schönes Beispiel dafür, dass jeder erlöst werden kann.

Ich lächle reuevoll. Ich habe Pete oft zusammengeschissen, als ich sein Boss war. Ich habe in den Chor derjenigen eingestimmt, die ihn eine Cracknase nannten. Jetzt hat er ein paar von den Dingen, die ich gern hätte. Was für ein Tritt in den Arsch.

»Arthur«, sage ich ein bisschen zu laut. »Noch einen, bitte.«

»Du überschreitest heute Abend dein Limit?«, fragt Arthur.

»Japp.«

Er macht mir meinen Drink und schiebt ihn zu mir rüber. Ich weiß, dass ich gegen meine eigenen Regeln verstoße. Ich will mich Beth und Dawn anschließen. Mir ist, als sei in meinem Kopf eine tote Zone, die mich daran hindert, mit der menschlichen Rasse etwas gemeinsam zu haben. Ich will so betrunken sein wie meine Kunden. Hinter mir lacht die sexy Trinkerin. Plötzlich habe ich kein Mitleid mehr mit ihr. Auch ich will sie ficken. Wenn Menschen verzweifelt und einsam sind, dann wollen sie sich mit irgendjemandem zusammentun. Ich stütze den Kopf auf meine Hand und schlürfe meinen dritten Drink. Ich bin an einem schlechten Ort. Das Café verwandelt sich von einer bequemen Jeans in eine Zwangsjacke. Mir ist schwindlig. Der Profikiller kommt hervor. Ich brauche eine Narkose.

Ich will nicht mehr denken.

4. JULI

Trotz meines Katers komme ich am nächsten Tag pünktlich zur Arbeit. Ich muss. Fluvio ist im »Bistro Duetto« und bereitet die große Eröffnung vor. Es ist Mittag an einem wunderschönen 4. Juli. Das »Bistro« ist voll. Wenn es nach mir ginge, läge ich noch im Bett. Da ich aber keine Rücksicht auf verkaterte Kellner nehme, darf ich ebenso wenig krankmachen. Das würde man mir bis in alle Ewigkeit vorwerfen. Kellner sind wie arrogante Teenager. Sie kriegen sofort Wind von der kleinsten Heuchelei.

Mit belegter Zunge und dem Gefühl, jemand habe mir einen Eispickel in den Hinterhauptlappen gesteckt, versuche ich das Klappern und die lärmende Geschäftigkeit der Menge zu ignorieren. Ich stelle mir vor, ich sei in ein Kraftfeld gehüllt, das die nervenaufreibenden Schreie der Kinder auslöscht und den hämmernden Kopfschmerz lindert. Nach ein paar Minuten muss ich mir eingestehen, dass die therapeutische Vorstellung nicht wirkt. Das Paracetamol schlägt auch nicht an. Ich habe schon mehr als die zulässige Dosis für Erwachsene genommen. Ich schaue aus dem Fenster des »Bistro«. Menschen drängen sich auf dem Bürgersteig und tanken die Lebensenergie der Sommersaison. Eine schöne Frau in Shorts und einem durchsichtigen T-Shirt schlendert vorbei. Ich schaue mir gerade heimlich das Muskelspiel ihrer gebräunten Beine an, als ein paar Highschool-Jungs, die ihr hinterhergaffen, abrupt stehen bleiben und mir die Sicht versperren. Ich bin ein wenig verärgert. Ich sehe schon länger Frauen nach, als diese Jungs auf der Welt sind. Sie müssen noch ein wenig Diskretion lernen. Aber wem sage ich das? In gewisser Hinsicht sind Männer doch immer 15 Jahre alt.

»He«, sagt Beth, als sie zur Tür hereinkommt. Sie sieht scheußlich aus.

»Ach nein«, gluckse ich. »Sieh mal einer an.«

»Verschon mich«, grummelt Beth. »Du warst letzte Nacht auch hackedicht.«

»Nicht so wie du, Schätzchen«, sage ich. »Ich habe nicht auf den Tischen getanzt.«

»Habe ich das?«

»Das Video ist morgen im Internet zu sehen.«

Beth zeigt mir den Stinkefinger. »Erzähl keinen Quatsch.«

»Wenigstens bist du noch gut nach Hause gekommen.«

»Ich war nicht zu Hause«, stöhnt Beth. »Ich habe dieselben Klamotten an wie gestern.«

»Wie entzückend.«

»Ich habe mein Hemd im Waschbecken durchgewaschen, ich bin also nicht vollkommen schmuddelig.«

»Mach dir nichts draus«, antworte ich. »Ich hatte heute Morgen auch keine saubere Hose, also habe ich diese hier gebügelt.«

»Igitt.«

»Sie ist so schmutzig, ich dachte, sie steht von selbst auf und begeht Selbstmord.«

Beth lacht. Ich mag es, wenn Beth lacht. Sie hat dann immer so einen strahlenden Ausdruck, der die Finsternis der menschlichen Sünde vertreiben könnte. Auch verkatert ist sie noch hübsch.

»Wie viele sind heute gebucht?«, will sie wissen.

»Etwa 51.«

»Autsch«. Beth zuckt zusammen. »Kann heute nicht mal nichts los sein?«

»Wenn man einen Kater hat, ist immer viel los«, sage ich. »Dieses Geschäft ist wie ein gnadenloser Gott.«

»Ich weiß nicht, wie ich das durchstehen soll«, stöhnt Beth.

»Der Lohn der Sünde ist der Tod, junge Dame«, sage ich mit gespieltem Ernst. »Jetzt beeil dich. Du hast einen Tisch.«

»Würg.« Beth schüttelt den Kopf. »Kaum zu glauben, dass schon der 4. Juli ist.«

»Ich weiß«, antworte ich. »War nicht letzte Woche Valentinstag?«

»Und ich war noch nicht einmal am Strand«, sagt Beth. »Wo ist die Zeit geblieben?«

Beth geht nach hinten und macht sich bereit. Sie wird es schon schaffen. Beth hat von allen Kellnern im »Bistro« die beste Arbeitsmoral.

Die Glocke an der Eingangstür klingelt. Eine junge Frau von etwa 25 Jahren tritt ein. Sie hat ein breites Lächeln im Gesicht.

»Erinnerst du dich noch an mich?«, fragt sie.

Ich blättere im Geiste mein Buch der Gesichter durch. »Sophie?«, frage ich vorsichtig.

»Du erinnerst dich!«, schreit das Mädchen auf.

Ich erinnere mich. Sophie. Sie war Hilfskellnerin, als ich vor sechs Jahren im »Bistro« angefangen habe. Damals war sie 19, noch so eine Studentin im ersten Semester, die ein paar Mäuse im Sommer dazuverdienen wollte. Zu meiner Überraschung hatte sie sich in mich verknallt. Fluvio zog mich deshalb immer auf.

»Natürlich erinnere ich mich an dich, Sophie«, sage ich und gehe auf sie zu, um sie zu umarmen. »Wie geht es dir?«

»Prima«, sagt Sophie. »Ich bin im zweiten Jahr an der juristischen Fakultät.«

»Du wirst Anwältin?«, sage ich. »Gut! Dann kannst du mich verteidigen, wenn ich diesen Ort in die Luft sprenge.«

Sophie lacht. Wir umarmen uns. Sie duftet nach Parfum.

»Du siehst fantastisch aus, Sophie«, sage ich, als wir uns voneinander lösen. »Sehr erwachsen.«

»Bäh!«, sagt Sophie und legt ihre Hand an ihre Wange. »Erinnerst du dich noch an die Frisur, die ich hatte, als ich hier gearbeitet habe?«

»Irgendwas mit Pink, glaube ich.«

»Oh, du erinnerst dich.«

»Das vergisst man nicht.«

Jetzt ist Sophies Haar lang und gestylt. Ihre Klamotten sitzen sehr gut. Als sie noch im »Bistro« gearbeitet hat, trug sie unförmige Kleider, die ihre Figur verhüllten. Der Babyspeck ist längst weg, sie bewegt sich mit der Anmut einer selbstsicheren Frau. Mein Puls beschleunigt. Ich merke, dass ich sie begehre. Ich versuche daran zu denken, dass das Mädchen 14 Jahre jünger ist als ich. Ich spüre, was alle Männer fühlen, wenn ihnen klarwird, dass die kleinen Mädchen, die sie kannten, Frauen geworden sind. Das Gefühl werde ich wohl auch noch haben, wenn ich mir die Radieschen von unten ansehe. Ich denke an das geflügelte Wort von Lew Archer: »Wenn ein Mann älter wird, dann zieht er, wenn er klug ist, ältere Frauen vor.« Das ist ein guter Rat. Ich frage mich aber, wie es Ross Macdonalds Detektiv ergangen wäre, wenn er jeden Tag zwischen heiratsfähigen 20-Jährigen hätte arbeiten müssen.

»Bist du noch mit Allie zusammen?«, fragt Sophie.

»Oh«, sage ich und winke ab. »Wir haben uns vor zwei Jahren getrennt.«

»Ihr wart doch ewig zusammen«, ruft Sophie aus. »Was war denn los?«

»Die Dinge ändern sich eben«, sage ich. »Aber alles ist gut. Allie ist verlobt.«

»Wirklich?«

»Ja. Nächstes Jahr ist die Hochzeit.«

»Wow«, sagt Sophie.

»Und du? Hast du einen Freund?«

»Ja«, sagt Sophie. Sie errötet leicht. »Es ist ziemlich ernst.«

»Gut. Das freut mich für dich.«

Sophie kichert wie alle Frauen, wenn sie verliebt sind. »Danke.«

»Hör zu«, sage ich. »Warum gehst du nicht nach hinten und sagst hallo? Viele werden sich noch an dich erinnern.«

»Das würde ich gern tun.«

Sophie geht in Richtung Küche, ich schaue ihr nach, und mein Magen krampft sich zusammen. Sie so glücklich und selbstsicher zu sehen führt mir vor Augen, wie öde mein Leben ist. Als ich noch mit psychisch Kranken arbeitete, konnten die älteren Patienten die jüngeren nicht ausstehen. Ich fange an zu verstehen, warum. Junge Menschen haben ihr ganzes Leben noch vor sich. Ihre Möglichkeiten scheinen unendlich zu sein. Je älter ich werde, desto mehr Einschränkungen häufen sich an.

Junge Menschen erinnern mich daran, dass mich die schnelle Strömung der Zeit mitreißt. Wenn ich die Mädchen draußen vor dem »Bistro« sehe oder erkenne, dass aus Sophie eine junge Frau geworden ist, geht es nicht nur um Sex. Ich fange an zu begreifen, nicht auf intellektueller Ebene, aber tief in mir drinnen, dass ich älter werde. Sophie ist noch so eine Mahnung, dass die Zeit nicht aufzuhalten ist, dass das Leben nicht wartet. Manchmal, wenn ich über diese existenzielle Angst nachdenke, habe ich das Gefühl, dass ich zu einem einsamen Mann in seinen mittleren Jahren werde. Ein Dichter hat einmal gesagt: »Zeit ist das Feuer, in dem wir verbrennen.« Ich bin nicht wirklich alt, aber wenn ich Sophie sehe, bin ich nicht mehr ganz so knusprig.

Sophie kommt zurück und verabschiedet sich. Wir tauschen unsere E-Mail-Adressen aus. Wahrscheinlich werden wir uns nie wiedersehen. Nicht, weil wir uns nicht mögen, sondern weil wir uns in verschiedene Richtungen bewegen. Sophie glaubt, wir werden unser Leben lang befreundet bleiben. Das ist süß. Eines Tages wird ihr klarwerden, dass Freunde mit unglaublicher Schnelligkeit kommen und gehen. Das gilt besonders im Restaurantgeschäft. Man kann jahrelang Seite an Seite mit Leuten arbeiten, ihre Hoffnungen und Ängste teilen, aber wenn man weiterzieht, ist die Wahrscheinlichkeit groß, dass man sich aus den Augen verliert. Ich habe gelernt, mich damit zufriedenzugeben, Leute für eine bestimmte Zeit zu kennen. Eine Beziehung künstlich in die Länge zu ziehen ist meistens keine gute Idee. Haben Sie sich schon einmal gefragt, warum Mädchen sich von ihrem Freund trennen, sobald sie das Studium abgeschlossen haben? Darum.

In letzter Zeit mache ich mir oft Gedanken über die Vergänglichkeit. Ich habe Angst, dass die Zeit zu schnell vorbeigeht. Ich glaube, darum war ich gestern Nacht in der Bar so aufgebracht und habe zu viel getrunken. Ich wollte mich betäuben. Vielleicht stecke ich in der Midlife Crisis, von der alle reden. Ich betrachte das sommerliche Bild, das sich mir vor dem Fenster des »Bistro« bietet. Die Tatsache, dass wieder eine Jahreszeit zu Ende geht, verstärkt das Gefühl des Verlusts. Ich sollte mich nicht darüber wundern, dass ich mich so fühle. Ich glaube, die Zeit vergeht anders, wenn man Kellner ist. Schneller eben.

Kellner leben außerhalb des normalen Raum-Zeit-Kontinuums. Leute mit Neun-bis-fünf-Jobs sind für Kellner fremdartige Wesen. Wenn Sie morgens aufstehen, kriechen wir unter die Decke. Wenn Sie tief schlafen, fangen wir erst zu feiern an. Kellner sind, wenn man es genau nimmt, Nachtgestalten. Am Anfang ist das alles sehr romantisch, aber nach einer Weile verschwimmen die Abende zu Dunkelheit und Neonlicht, und die Monate verfliegen so schnell wie Tage. Viele Kellner verbringen ihre Freizeit mit Schlafen. Deshalb ist es für Kellner schwer, Beziehungen zu sogenannten normalen Menschen aufrechtzuerhalten. Das ist für alle, die in der Gastronomie arbeiten, ein Problem. Den Freitagabend abzugeben, nur weil man mit den Kumpels abhängen will, kann ein schmerzliches Loch in den Geldbeutel reißen. Erst kürzlich hat eine Bekannte von mir ihre Samstagabendschicht abgegeben, weil sie zur Hochzeit ihrer Freundin wollte. Sie musste ein Kleid kaufen, das sie nur einmal anziehen kann, und sie verzichtete auf einen Großteil ihres wöchentlichen Einkommens. Weil sie so viel weniger Geld zur Verfügung hatte, konnte sie ihrer Freundin kein großes Geschenk kaufen. Das war ihr peinlich. Leute, die noch nie in der Gastronomie gearbeitet haben, müssen eines begreifen: Wenn sich Kellner Zeit für ihre Freunde nehmen, dann geben sie ein Geschenk im Wert von Hunderten von Dollar – ihre Zeit. Die Kellnerin hat wahrscheinlich finanziell gesehen dem Brautpaar mehr gegeben als all die anderen Brautjungfern. Da das Geschenk nicht in einem Umschlag steckte, lästerten die Brautjungfern über den Geiz meiner Bekannten, und sie war verletzt. Ich habe sie getröstet und ihr gesagt, so sei das eben, wenn Frauen in dem Pool der unverheirateten, verbitterten und über 30-Jährigen schwimmen. Aber ich schweife ab.

Das Zeitdilemma trifft beide Seiten. Wollen sich Kellner an einem Montag oder Dienstag mit Freunden treffen, müssen sie Verständnis dafür zeigen, dass ihre Freunde nach einem langen Arbeitstag müde sind. Meine Freunde haben Verständnis für meinen Tagesrhythmus und Lebensstil. Aber wenn ich sie besuche, schlafen sie gegen neun Uhr abends schon fast ein. Wir leben in verschiedenen Galaxien. Manchmal werden sie sauer, wenn ich zu einer Party nicht komme. Aber sie wissen auch, dass ich 200 Dollar verliere, wenn ich komme. Das ist eine teure Party.

Diese unterschiedlichen Arbeitszeiten sind unpraktisch für Liebesbeziehungen. Oft tun sich Kellner mit anderen aus der Gastronomie zusammen, weil nur sie dieselben Arbeitszeiten haben. Wenn zwei Kellner ein Paar sind, dann wollen sie an denselben Tagen frei haben. Arbeiten sie auch noch in ein und demselben Restaurant, werden sie schnell zu einem Problem. Trennen sie sich, kann die Stimmung im Speisebereich toxisch werden. Jeder kennt das. Eine Beziehung aufrechtzuerhalten ist noch schwieriger, wenn sich ein Kellner mit jemandem außerhalb unseres amüsanten Clans zusammentut. Es ist unmöglich, den Freund oder die Freundin zufriedenzustellen, wenn man samstagnachts arbeitet und die bessere Hälfte allein zu Hause sitzt. Meine Arbeitszeiten waren ein Grund dafür, warum meine letzte Beziehung gescheitert ist. Meine Ex hatte die Nase voll davon, Silvester allein zu verbringen und den Valentinstag eine Woche später zu feiern. Ich mache ihr keinen Vorwurf. Um die Feiertage herum hatte ich immer schlechte Laune.

Als Kellner sieht man die Feiertage aus einer anderen Perspektive. Man wird Teil einer Maschine, die die Menschen um ihr Geld erleichtert. Nach ein paar Jahren im Gastgewerbe macht der Kommerz die Feiertage bedeutungslos und zu einem ganz normalen Tag im Kalender. Das ist das Problem.

Seit Menschengedenken waren Feiertage dazu da, einen bestimmten Zeitabschnitt zu markieren. Die Druiden zelebrierten die Ernte, die Römer feierten die Wintersonnenwende, und die Inkas gedachten des Laufs der Sterne. Menschen benutzen bestimmte Tage, um sich in der Zeit zurechtzufinden. Wie viele von uns haben schon gesagt: »War das vor oder nach Weihnachten?« Feiertage erinnern uns daran, welche Zeit im Jahr es ist. Die Desensibilisierung gegenüber Feiertagen ist noch ein Grund dafür, warum Zeit für Kellner schneller vergeht als für normale Leute. Jeder, der schon mal Tische bedient hat, kennt das Gefühl von »Ist schon wieder Muttertag?«.

Manchmal habe ich das Gefühl, als lebte ich in einer anderen Dimension, abgetrennt von der normalen Wirklichkeit durch eine kaum zu erkennende, aber undurchdringliche Barriere. Ich sehe, was die normalen Leute machen. Ich sehe, wie meine Freunde heiraten und wie ihre Kinder älter werden. Ich sehe, wie aus Mädchen wie Sophie erwachsene Frauen werden. Ich sehe, wie die Seiten des Kalenders umgeblättert werden. In solchen Momenten hasse ich es, Kellner zu sein. Ich bekomme eine Höllenangst und denke, das Restaurantgeschäft sei eine Falle, in der die produktivsten Jahre meines Lebens verpuffen. Ich fühle mich wie ein eifersüchtiger Geist, der den Lebenden zusieht.

Nicht immer habe ich mich so von der Zeit abgekapselt gefühlt. Als ich noch das Priesterseminar besuchte, dachte ich, die Zeit sei heilig. Die Stundenliturgie, die täglichen Gebete strukturierten den Tag. Ich kam jeden Morgen, Abend und jede Nacht mit meinen Seminarbrüdern in der Kapelle zum Gebet zusammen. Je nach Texten, Liedern und Antiphonen wusste man, welche Jahreszeit gerade war. Ich mochte das Nachtgebet am liebsten. Kurz vor dem Schlafengehen, wenn die Welt draußen still war, versammelten wir uns in unserer dunklen Kirche und sannen darüber nach, wie wir den Tag verbracht hatten. Wir baten um Vergebung. Wir baten um Führung. Wir hielten an der Hoffnung fest. Als wir fertig waren, wandten wir uns dem Götzenbild der Jungfrau Maria zu und sangen auf Lateinisch eine Hymne. Der Klang von 30 leise ein Wiegenlied singenden Männern ist mir unvergesslich geblieben. Ich vermisse die Heiligkeit der Zeit. Jetzt kommt sie mir billig vor.

Die Zeit zum Philosophieren ist vorbei. Fluvio kommt von den Vorbereitungen aus dem anderen Restaurant zurück und erteilt Befehle. Jahr für Jahr organisieren die ortsansässigen Händler am 4. Juli ein Feuerwerk am Fluss. Hoffentlich schaffe ich es, alle meine Tische abzukassieren, bevor die Show beginnt. Ich liebe Feuerwerk.

Aber wie sollte es anders sein: Als die erste Rakete gezündet wird, setzt sich ein Paar in meinen Bereich. Beth und die anderen sind schon draußen. Auch die meisten Gäste.

Ich fühle mich wie ein enttäuschter kleiner Junge. Auch ich will das Feuerwerk sehen. Fluvio geht raus und bewundert das Feuerwerk. Ich marschiere zu dem Tisch. Zwei ältere Leute, die sich für die Aufregung draußen nicht interessieren, blicken in die Speisekarte.

»Guten Abend«, sage ich und versuche professionell zu wirken. »Kann ich Ihnen etwas von der Bar bringen?«

»Was empfehlen Sie heute?«, sagt der Mann und blickt von der Speisekarte auf.

Ich zähle die Specials auf und betrachte dabei die glänzenden Sternenkränze, die sich in der Fensterscheibe auf der gegenüberliegenden Straßenseite widerspiegeln. Das Kaleidoskop des Feuers hoch oben am Himmel wirft Farbmuster auf die Gesichter der Zuschauer. Das »Bistro« wackelt und klirrt zum ungefährlichen Trommelfeuer über den Häuptern.

Ich bin sauer. Ich versäume das Feuerwerk. Noch ein Feiertag geht vorüber, und ich sitze im »Bistro« fest. Ich muss dieses Feuerwerk sehen. Ich muss nach draußen zu den anderen. Ich muss ein normaler Mensch sein, kein Diener, nur für *eine Minute*. Der Anblick des Feuerwerks wird zur psychologischen Notwendigkeit.

»Entschuldigen Sie«, sage ich. »Würde es Ihnen etwas ausmachen, wenn ich mir das Feuerwerk ansehe?«

»Wir wollen essen«, protestiert der Mann.

»Es dauert nur ein paar Minuten«, flehe ich.

Die Frau streckt ihren Arm aus und tätschelt die Hand ihres Mannes. Sie kommunizieren ohne Worte. Aus irgendeinem Grund habe ich das Gefühl, dass die alte Frau mich versteht.

»Natürlich, mein Lieber«, sagt sie und sieht mich an. »Wir können warten. Gehen Sie nur.«

»Danke, Madam.«

Ich renne zur Tür hinaus. Das Finale hat gerade begonnen. Ich mache große Augen. Einen Moment lang fühle ich mich wie ein Schuljunge. Der Nachthimmel erglüht im Feuer. Der Bass der Explosionen hallt in meinem Brustkorb nach, und die Alarmanlagen der Autos ringsum gehen los.

Ich spüre eine Hand auf meinem Arm. Fluvio.

»Was machst du denn hier?«, schreit er. »Du hast Gäste!«

»Das geht in Ordnung«, sage ich. »Mach dir keinen Kopf.«

»Geh zurück«, befiehlt Fluvio.

Ich ziehe meinen Arm weg und schaue ihm direkt in die Augen.

»Für ein paar Minuten werde ich ein normaler Mensch sein«, sage ich. Fluvio starrt mich mit offenem Mund an. Er will etwas sagen, überlegt es sich aber doch anders. Er stürmt davon und murmelt irgendetwas in seinen Bart. Ich sehe Beth und die anderen auf der anderen Straßenseite und gehe zu ihnen.

»Irre, oder?«, überschreie ich das Getöse.

»Es ist wunderschön«, schreit Beth und hüpft dabei vor Aufregung. Ich stehe neben meinen Mitarbeitern. Auch die Jungs aus der Küche sind nach draußen gekommen. Wir sind normale Menschen und feiern den 4. Juli. Ich muss lächeln. Mein alter Soziologieprofessor hätte gesagt, Feuerwerk sei eine Art »säkulare Liturgie«. Hier draußen inmitten der Woge von Menschlichkeit fühle ich mich so, wie ich mich in der Kapelle gefühlt habe – verbunden mit etwas, das größer ist als ich. Plötzlich ist mein Kater verflogen. Die Explosionen rücken die Zeit wieder an Ort und Stelle. Ich fühle mich nicht mehr ausgeschlossen und abgekapselt. Unter dem aufflammenden Sommerhimmel bin ich wieder menschlich. Die Chinesen glaubten, ein Feuerwerk vertreibe die bösen Geister. Ich glaube, sie hatten recht. Das Spektakel ist zu Ende. Die Luft riecht nach Schießpulver. Die Menschenmenge löst sich auf, und Asche rieselt vom Himmel wie Schnee. Ich gehe ins »Bistro« zurück an meinen Tisch.

»Danke, dass Sie gewartet haben«, sage ich zu dem alten Ehepaar. »Ich weiß es sehr zu schätzen.«

»Ist schon in Ordnung«, sagt die alte Frau. »Man lebt nur einmal.«

RUSSELL CROWE UND ICH

Mittagszeit, einen Monat später. Ich komme eine halbe Stunde zu spät zur Arbeit. Ich kann Armando erkennen, der mich durch die Fensterscheibe ärgerlich ansieht.

»Du solltest um zwölf hier sein«, sagt er, als ich zur Tür hereinkomme.

»'tschuldigung, Mann«, erwidere ich. »Hab verschlafen.«

»Faule Ausrede«, brummt Armando. »Warum machst du deine faulen Ausreden nicht zum Thema in deinem Blog?«

»Vielleicht mache ich das«, stänkere ich zurück.

»Nächstes Mal sei pünktlich.«

»Okay, kleiner Boss.«

Armando schüttelt den Kopf und geht weg. Der Souschef ist zwar Fluvios Cousin, aber in der Restauranthierarchie steht er unter mir. Armando leitet die Küche. Ich leite den Speisebereich. Aber seit der Eröffnung des »Duetto« hat sich die Stimmung beim Personal verändert. Fluvio bringt die Kellner vom alten ins neue Lokal, und das macht die Sache auch nicht besser. Wir sind ständig unterbesetzt, überfordert, und die Gemüter sind erhitzt. Ich hatte es vorhergesehen. Fluvios Mangel an Organisationstalent schadet beiden Restaurants. Die Köche aus dem »Duetto« kommen ins »Bistro« und klauen unsere Vorräte und vorgekochten Gerichte. Drei Kellnerinnen, die in das neue Restaurant übergelaufen sind, gehen sich unablässig an die Gurgel, weil jede die Managerin des »Duetto« sein will. Die schwelenden Ressentiments im »Bistro«, die durch Fluvios Anwesenheit unter Kontrolle waren, kommen jetzt an die Oberfläche. Der Bruch zwischen Armando und mir geschah jäh und war radikal. Armando hat immer schwer gearbeitet, musste aber nie mit Händlern feilschen und Nachschub bestellen. Jetzt hat Fluvio zu viel um die Ohren, und Armando muss diese Extrapflichten übernehmen. Das und seine Freundin, die gerade bei ihm eingezogen ist, machen Armando zu einem viel beschäftigten Mann. Ich versuche tolerant zu sein. Einerseits bin ich stinksauer auf Armando. Seit Saroya bei ihm eingezogen ist, kommt man mit ihr immer weniger klar. Ich muss zugeben, dass ich nie zu den pünktlichsten Mitarbeitern gehört habe, aber Saroya gebührt der Preis für Langsamkeit. Seit sie mit dem Küchenchef zusammenlebt, kommt sie, wann sie will, und geht, wenn der Geldfluss versiegt. Fast nie springt sie für Kollegen ein, wenn diese einen Ersatz für eine Schicht brauchen. Noch schlimmer, sie hört überhaupt nicht auf das, was ich sage. Stelle ich sie zur Rede, droht sie, Armando zu sagen, ich würde sie schikanieren. Und Armando ist verärgert, weil *ich* zu spät komme?

Ich melde mich im Computer an und hole mir eine Tasse Kaffee. Beth zählt den Gästen an einem Tisch die Mittagsspecials auf. Das »Bistro« ist voll. Beth und ich stellen Blickkontakt her, und ich werfe ihr einen Brauchst-du-Hilfe-Blick zu. Sie schüttelt den Kopf. Alles ist unter Kontrolle.

Das Telefon fängt an, um Aufmerksamkeit zu rufen. Ich lege die Entfernung zwischen Computer und Telefon in acht Schritten zurück und nehme beim dritten Klingeln ab.

»WARUM GEHST DU NICHT RAN?«, schreit Fluvio.

»Aber ich bin doch dran«, sage ich sachlich.

»Es klingelt und klingelt …«

»Ich war beim dritten Klingeln dran. Entspann dich.«

»Du bist sowieso spät dran«, sagt Fluvio.

»Und ich werde auch spät gehen«, antworte ich. »Denk dran.«

»Wie auch immer. Was ist noch los?«

»Ich habe mein Exposé an den Agenten geschickt«, sage ich
fröhlich. »Morgen wird er anfangen, es an Verleger zu schicken.«

»Oho«, sagt Fluvio.

»Willst du mir nicht Glück wünschen?«, frage ich.

»Wird sowieso nix draus.«

»Dankeschön.«

Es herrscht einen Moment lang Schweigen. Ich höre Fluvio in
den Hörer atmen.

Dann platzt es aus ihm heraus. »Du wirst niemals von hier
weggehen.«

Ich halte den Hörer vor mich hin und starre ihn an. Oft spricht
Fluvio mit der Überzeugung eines Mannes, der glaubt, seine
Worte seien ein Gesetz, in dem Moment, in dem er sie ausspricht.
Das ist typisch für Leute, die unter Größenwahn leiden. Der Sa-
lonpsychologe in mir weiß, dass Fluvio sich dadurch entspannt.
Seit der Eröffnung des neuen Restaurants hat er extrem viel
Stress, also sagt er die Dinge, die er gerade hören muss. Er *braucht*
mich im »Bistro«. Ich habe versucht ihm klarzumachen, dass ich
ihm durch die schwierigen Zeiten helfen werde. Er ist trotz meiner Zusicherungen ausgeflippt.

Viele Chefs und Restaurantbesitzer haben übergroße Egos und
fordern übertriebene Gehorsamkeit von ihren Mitarbeitern. Es
fällt Kellnern und Personal schwer, sich dem filigranen Netz aus
Missbrauch, Belohnung und Schuld zu entziehen, auf das sich
der Persönlichkeitskult eines Gastronomen stützt. Wenn Kellner
etwas für sich tun wollen – vorsprechen, studieren oder mit Frau
und Kindern Zeit verbringen –, sehen das die Kontrollfreaks oft
als Verrat. Kluge Chefs oder Besitzer, die mit sich selbst im Reinen sind und möglichst langfristige Allianzen schmieden wollen,
ermutigen ihre Untergebenen, ihr menschliches Kapital weiter-
zuentwickeln. Wie lautet noch einmal der alte Spruch? Sei nett
zu denen, die aufsteigen, dann werden sie nett zu dir sein, wenn
du fällst.

Fluvio allerdings macht mit seinem Kontrollwahn jeden, der im »Bistro« arbeitet, nervös und von ihm abhängig. Er ermutigt niemanden, seinen Traum zu erfüllen. Da ich mit meiner Webseite noch kein Geld verdient hatte, konnte ich Fluvio damit nie beeindrucken und bewegte mich außerhalb seines psychologischen Radars. Jetzt, da es so aussieht, als würde sich meine Arbeit auszahlen, wünscht er sich, dass ich scheitere. Er redet hinter meinem Rücken schlecht über mich und hofft, dass ich auf die Nase falle. Plötzlich muss ich daran denken, wie Caesar Fluvio rausgeschmissen hat, als er anfing, etwas für sich zu tun. Ach, dass sich die Misshandlungen endlos fortsetzen müssen.

»Wir werden sehen. Fluvio«, erwidere ich. »Wir werden sehen.«

Am anderen Ende höre ich im Hintergrund drei Kellnerinnen streiten. Zu viele Egos, nicht genug Talent.

»Ich muss auflegen«, sagt Fluvio und legt auf.

Ich wiege den Hörer in der Hand und schließe die Augen zu einem stillen Gebet. Ich könnte es nicht ertragen, wenn Fluvio Recht behielte. Sein blasierter »Habe ich dir doch gesagt«-Blick wäre unerträglich.

Kurze Zeit später stehen Beth und ich in der Küche und trinken Kaffee. Die Mittagsschicht geht zu Ende. Das Restaurant ist fast leer. Beth kann es nicht erwarten, nach Hause zu kommen.

»Ich habe sechs Doppelschichten hintereinander gearbeitet«, stöhnt sie. »Ich kann nicht mehr.«

»Der Irrsinn wird nicht ewig dauern«, antworte ich. »Das ›Duetto‹ wird irgendwann auf eigenen Füßen stehen.«

»Besser früher als später.«

»Du sagst es«, erwidere ich. »Ich habe zwölf Tage hintereinander gearbeitet.«

Beth und ich trinken unseren Kaffee schweigend.

Nach einer Minute fragt Beth: »Was geht eigentlich zwischen dir und Armando vor?«

»Wir tragen einen Minimachtkampf aus«, antworte ich.

»Das Verhältnis zwischen euch ist ziemlich angespannt.«

»Hab ich auch schon festgestellt.«

Beth trinkt einen Schluck Kaffee. Sie sieht nachdenklich aus. »Du weißt, dass Louis und Saroya Mist über dich erzählen?«, sagt sie.

»Das ist nichts Neues.«

»Ja«, sagt Beth. »Aber jetzt behaupten sie, dein Blog sei dir zu Kopf gestiegen – dass dir das Schreiben wichtiger sei als dein Job.«

»Ich erinnere mich noch an die Zeit, in der sie nur darüber meckerten, dass ich ihnen die besten Tische stehle«, witzele ich.

»Das ist nicht komisch«, sagt Beth. »Machst du dir nie Gedanken darüber, dass jemand, der hier arbeitet, deine Anonymität preisgibt und dir deinen Blog versaut?«

Beths Frage lässt mich aufhorchen. Seit ich mit »Waiter Rant« angefangen habe, habe ich mich sehr bemüht, meine Anonymität zu wahren und den echten Namen und die Adresse des »Bistro« zu verheimlichen. Aber der Blog ist nicht geheim. Jeder im Restaurant weiß von der Webseite. Erst hatten alle Spaß daran und amüsierten sich über die Namen, die ich ihnen gegeben hatte. Es war auch gut, dass ich nie irgendetwas Fieses oder Kritisches über das Personal geschrieben habe. Ich verzichtete auf ein paar saftige Anekdoten, aber ich arbeite eben gern in einem friedlichen Umfeld. Zu den Kunden war ich weniger freundlich, und wenn sie je von meiner Webseite erfahren, muss ich wahrscheinlich damit aufhören. Die Anonymität schützt mich vor der Rache der Kunden und bewahrt mir meinen Job. Jetzt werden die Spannungen zwischen mir und dem Personal immer größer. Ich frage mich, ob mich jemand verpfeifen wird, um mich loszuwerden.

»Bisher hat es noch niemanden gestört«, sage ich optimistisch.

»Hoffen wir, dass dein Glück anhält«, meint Beth.

In dem Moment sehe ich aus den Augenwinkeln rotes Haar. Holly, eine der Hostessen, geht an der Küchentür vorbei, einen Gast im Schlepptau. Das Gesicht des Mannes sehe ich nur für eine Sekunde – aber das reicht.

»Ist das nicht Russell Crowe?«, frage ich Beth.

»Ich glaube, ja«, erwidert Beth.

Beth und ich kommen schlendernd aus der Küche und tun so, als ordneten wir Servietten. Ich werfe heimlich Blicke nach hinten. Jawohl – in einer der Sitzecken ist Russell Crowe.

»Er ist es«, sage ich, als ich wieder in die Küche gehe.

»Wow.« Beth ist von Ehrfurcht ergriffen.

»Kommst du klar?«, frage ich. »Du kennst unsere Regeln bezüglich Filmstars.«

»Ja, ich weiß«, seufzt Beth. »So tun, als seien sie nicht berühmt.«

»Kein Problem?«

»Kein Problem.«

Beth geht raus, um sich um Russell Crowe zu kümmern. Ich gehe hinunter in die Vorküche. Ich suche Armando, unseren Souschef.

»Rat mal, wer gerade gekommen ist«, sage ich.

»Wer?«

»Der Gladiator.«

»NIE IM LEBEN!« Armando kreischt fast. Unsere Feindseligkeit ist vergessen. *Gladiator* ist einer seiner Lieblingsfilme. Von mir übrigens auch.

»Hinter den Herd, Mann«, sage ich. »Der Typ soll auf deine Liste der Berühmtheiten, für die du schon gekocht hast.«

Armando stürmt die Treppen hoch. Er ist außer sich vor Freude.

Ich gehe die Treppen hoch. Zu Mr. Crowe hat sich ein weiterer Gast gesellt. Beth kümmert sich gut um die beiden. Wenn sie nervös sein sollte, so sieht man es ihr nicht an.

Das »Bistro« hat seit jeher eine ziemlich eiserne Regel hinsichtlich prominenter Gäste – sie sind uns egal. Kellner dürfen nicht um Autogramme bitten. Wir behandeln Promis wie jeden anderen Gast. Verstehen Sie mich nicht falsch. Es ist immer schön, wenn berühmte Gäste Ihr Restaurant besuchen. Das sorgt für Begeisterung und ist gut fürs Geschäft. Im »Bistro« waren schon viele berühmte Gäste – oscargekrönte Schauspieler und Regisseure, bekannte Rockstars, Nobelpreisträger und umwerfend schöne Supermodels.

Aber die Gefahr, ein Lieblingstreff von Promis zu werden, ist genauso groß wie die, ein Mafia-Lieblingstreff zu werden. Am Ende hat man die ganzen reichen und mächtigen Leute am Hals, die denken, sie könnten rund um die Uhr Partys feiern und ihre dunklen Machenschaften abwickeln. Das ist schlecht fürs Geschäft. Promis sind notorisch untreu. Die nichtberühmten Gäste dagegen zahlen die Stromrechnung. Es zahlt sich nicht aus, wenn man die Brot-und-Butter-Klientel abschreckt, weil man um die Berühmtheiten herumscharwenzelt.

Also ist es dem »Bistro« egal, und die Berühmtheiten finden das angenehm. Die meisten berühmten Gäste wissen es zu schätzen, dass wir sie normal behandeln. Vielleicht essen darum so viele bekannte Menschen im »Bistro«. Wenn wir viel Aufhebens um sie machen würden, gingen sie woanders hin oder behandelten uns wie irgendein x-beliebiges Speiselokal in L.A. Vergiss es! Das Letzte, was ein Lokal braucht, ist ein Typ wie Jeremy Piven, der ohne zu reservieren hereinkommt und eine DVD als Trinkgeld auf den Tisch legt.

Ich gehe in die Küche. Beth quasselt am Handy aufgeregt mit einer Freundin.

»Er sieht so gut aus«, schwärmt Beth. »Er hat hypnotisierende Augen.«

Ich finde, Mr. Crowe sieht im wahren Leben viel kleiner aus als auf der Leinwand.

»Wenn er mich fragen würde, ob ich mit ihm das Wochenende auf Mykonos verbringe, glaubst du, mein Freund hätte was dagegen?«, fragt Beth unschuldig ins Telefon.

Ich schüttle meinen Kopf. Beth lächelt.

»Nur so ein Gedanke«, sagt Beth zu ihrer Freundin. »Ich muss weitermachen. Bis später. Tschüß.«

»Wie geht's?«, frage ich.

»Mir ist ein bisschen schwindlig«, antwortet Beth.

»Du machst das schon.«

»Als ich ihm in die Augen sah, hatte ich alle Specials vergessen.«

»Daran ist er bestimmt gewöhnt.«

»Wow«, sagt Beth.

»Wenn Charlize Theron hier wäre, würde es mir genauso gehen.«

Mr. Crowe und sein Gast beenden ihr Mittagessen, zahlen die Rechnung und gehen.

»Schönen Nachmittag noch«, sage ich, als er an mir vorbeigeht.

»Ihnen auch, Partner«, sagt er lächelnd.

Beth schnappt sich die Rechnung vom Tisch. Sie hat ein nettes Trinkgeld bekommen.

»Ich liebe dich, Russell!«, ruft sie. Ich bin froh, dass niemand mehr im »Bistro« ist.

»Fang nicht an, am Stuhl zu schnüffeln«, witzle ich.

Beth hat sich zusammengerissen, solange der Superstar da war. Aber jetzt ist der Druck weg.

»Wow«, sage ich. »Russell Crowe hat hier gegessen. Wir sollten ein Schild aufstellen.«

Beth hört mich gar nicht. Sie redet schon wieder in ihr Handy.

»Mom«, plappert sie. »Du wirst nie erraten, wer gerade hier war!«

Ich überlasse die aufgeregte Beth ihrem Telefonat. Um ehrlich zu sein, ich bin auch schwer beeindruckt. Als ich an jenem Abend nach Hause komme, stelle ich die Beschreibung dieser Begegnung auf meine Webseite. Ich gebe dem Posting den Titel »Gladiator«.

Am nächsten Morgen klingelt mein Telefon zur unchristlichen Zeit von neun Uhr. Es ist Fluvio. Ich kann es an der Nummer auf dem Display erkennen. Ich überlege, ob ich abnehmen soll. Wenn Fluvio mich zu Hause anruft, ist das nie ein gutes Zeichen.

»Was?«, sage ich.

»Ist dein Computer an?«

»Was?«

»Geh an deinen Computer.«

»Warum?«

»Tu es einfach«, sagt Fluvio.

Ich wälze mich aus dem Bett, wecke meinen Laptop aus dem Schlafmodus und setze mich.

»Was soll ich mir denn ansehen?«

»Geh zu dieser Webseite«, sagt Fluvio und buchstabiert mir eine URL. Binnen Sekunden lese ich einen Artikel auf einer Russell-Crowe-Fanseite. Die »Gladiator«-Geschichte von meinem Blog ist dort markiert – und die Adresse und der wahre Name des »Bistro« werden genannt.

»Ach du Scheiße!«, rufe ich.

»Die Frau, die diese Webseite betreibt, hat mir geschrieben und davon erzählt«, plappert Fluvio. »Jetzt wissen die Leute, dass du hier bist!«

Ich schüttle den Kopf. Woher sollte ich wissen, dass Russell Crowe Groupies hat, die jeden seiner Schritte rund um den Globus verfolgen? Ich dachte, das sei ein Job für Paparazzi.

»Schick mir die E-Mail-Adresse von der Dame«, sage ich. »Ich werde sie bitten, es herunterzunehmen.«

»Finden Leute heraus, wo du arbeitest, musst du aufhören!«, sagt Fluvio. Toll. *Jetzt* interessiert er sich dafür.

»Entspann dich, Fluvio. Sieh nicht gleich rot.«

»Kümmere dich darum«, sagt Fluvio.

»Mach ich.«

Ich lege auf und schaue aus dem Fenster. Ich bekomme es plötzlich mit der Angst zu tun. Mein Agent versucht in diesem Moment mein Buch zu verkaufen. Ein Teil des Reizes, den mein Blog hat, ist meine Anonymität. Verdammt.

Ich schicke eine E-Mail an den Administrator der Webseite. Erstaunlicherweise schreibt mir die Dame sofort zurück. Sie wird den Artikel von der Seite nehmen. Den Rest des Tages verbringe ich damit, ängstlich das Internet nach Hinweisen zu durchstreifen, ob meine Tarnung aufgeflogen ist. Nichts. Das Problem wurde rechtzeitig entdeckt.

Die nächsten Tage sind dennoch stressig. Mein Agent ruft mich an und hält mich auf dem Laufenden. Ich frage mich, ob das ständige Gefühl des zukünftigen Autors, er müsse sich übergeben, zum normalen Prozedere gehört. In der Arbeit ist es auch nicht besser.

»Warum bedienst du den Tisch?«, fragt Saroya an einem Abend, an dem nichts los ist. »Weil ich Geld verdienen will«, ätze ich.

»Es ist nichts los«, zischt Saroya. »Du verdienst noch Geld als Manager. Du solltest nicht auch noch kellnern.«

Fluvio bezahlt mir nicht genug. Manager sein allein reicht nicht. Wenn ich Glück habe, dann deckt mein Managergehalt gerade meinen Krankenversicherungsbeitrag, um die 450 Dollar, und meine Steuern. Das Kellnern macht den Großteil meines Verdiensts aus. Wenn nichts los ist, dann halte ich mich für gewöhnlich zurück und lasse die anderen Kellner bedienen. Aber wenn die Miete fällig wird, egal, wie schlecht das Geschäft ist, arbeite ich mit. Das macht Saroya wahnsinnig. Irgendwie ist sie mit Wahdi aus dem »Amici's« verwandt, glaube ich.

»Ich habe auch Rechnungen zu bezahlen«, sage ich.

»Du bist gierig«, zischt Saroya.

»Hör doch auf, bitte …«

»Es ist unfair!«

Ich lasse mir jetzt nicht von der Freundin des Küchenchefs eine Lektion erteilen.

»Pech für dich«, sage ich.

Beleidigt zieht Saroya ab in die Küche. Jetzt heult sie sicherlich Armando die Ohren voll. Mir ist es egal – und das ist das Problem.

Ich bin nicht der beste lebende Kellner oder Manager. Weit gefehlt. Ehrlich gesagt, kann ich ein echter Fiesling sein. Das Personal klagt zu Recht über meinen Management-Stil. Ich berufe mich auf das Vorrecht der Oberkellner. Niemals übernehme ich die Drecksarbeit, und ich arbeite immer im besten Bereich des Hauses. Die Kellner machen sich darüber lustig, sagen, ein Schild mit der Aufschrift EIGENTUM VON sollte in den Boden meiner Station eingelassen werden. Ich kontere, dass sie meine Überreste hier beisetzen sollen. Dann können sie alle auf mir herumtrampeln.

Beth regt sich besonders darüber auf, dass ich mir die Rosinen aus dem Kuchen picke – also die Gäste, die gutes Trinkgeld geben. Das, was übrig bleibt, überlasse ich den weniger ranghohen Kellnern. Das klappt natürlich nur bis zu einem gewissen Grad. In meinem Bereich haben nur 14 Leute Platz. Das »Bistro« ist ein populäres Restaurant. Ich kann mir nicht jeden guten Trinkgeldgeber schnappen, der des Weges daherkommt. Außerdem bin ich nicht *soo* gierig. Ich muss eine bestimmte Summe im Monat verdienen. Solange ich dieses Ziel erreiche, bin ich glücklich. Ich muss nicht jeden Cent haben. Sobald ich mein finanzielles Ziel erreicht habe, lasse ich es langsamer angehen und die anderen Kellner zum Zug kommen. Ich weiß, das klingt gönnerhaft, aber so ist es nun mal in vielen Restaurants. Der Oberkellner ist der König.

Auch andere Sachen, die ich mache, treiben die Kellner zur Weißglut. Ich komme nicht nur dauernd zu spät, ich kann auch ein ziemlicher Tyrann sein, was die POS-Kasse betrifft. Im »Bistro« gibt es nur einen Computer für die Bestellungen. Wenn es voll ist, dann kommt es zu einem Stau, und jeder gerät ins Hintertreffen. Und ich? Ich bin berühmt dafür, mich vorzudrängeln. Mein Modus operandi ist folgender: Ich tue so, als handle es sich um einen Managernotfall, und kann meine Bestellung vor allen anderen eingeben. Aber ich habe Leute auch schon buchstäblich weggeschubst, sie aus dem System ausgeloggt, obwohl sie noch dabei waren, eine Bestellung einzugeben. Oder ich stand ganz nah daneben und murmelte verärgert in ihr Ohr: »Beeil dich, verdammt.« Die meisten Mitarbeiter haben sich an meine Verrücktheiten gewöhnt, aber manche, wie Inez, haben zurückgeschlagen. Richtig so. Bei den harten Fällen greife ich auf eine List zurück. Sehe ich einen Kellner, der sich dem POS nähert, wenn ich dranmuss, sage ich: »Ist das dein Handy, das da klingelt?« Einmal habe ich sogar auf den Boden gedeutet und gesagt: »Bäh, ist das ein Tampon?« Die Kellnerin (sie hatte zuvor lauthals alle darüber informiert, dass sie gerade ihre Tage hat) suchte panisch den Boden ab, und ich schlich mich an ihr vorbei und gab meine Bestellungen ein. Sie hat den ganzen Abend nicht mehr mit mir gesprochen. Die Lektion? Reden Sie nicht so laut über Ihre Körperfunktionen.

Sechs Jahre lasse ich Fluvios Stuss schon über mich ergehen. Ich habe ein Recht auf die besondere Behandlung, die ich mir zuteil werden lasse. Wenn ich mich mit Sammy vergleiche und den anderen Managern, die ich kenne, dann bin ich ein Heiliger. Ich klaue keine Trinkgelder, ich besteche keine Kellner, ich quetsche das Küchenpersonal nicht aus, und ich belästige keine Kellnerinnen. Ich weiß, ich weiß, etwas nicht zu tun, was man sowieso nicht tun sollte, ist keine Tugend. Aber in der Gastronomie kommt es dem schon sehr nahe.

Ich bin nicht der beste Manager der Welt, aber ich bin auch nicht der schlechteste. Das »Bistro« hat bisher für seinen Service immer eine gute Bewertung bekommen. Also muss ich ja etwas richtig machen. Soweit es mich angeht, ist ein guter Restaurantmanager wie ein guter Polizeichef. Er erlaubt den einen oder anderen Diebstahl, damit seine Stadt funktioniert. Und der Boss weiß, dass seine Beamten die kleinen Dealer, Prostituierten und Buchmacher, die sie konzessionieren, nach Informationen über die großen und gefährlicheren Kriminellen aushorchen können. Ein Restaurantmanager ist auch nicht anders. Ich sehe über das gelegentliche Trinken am Arbeitsplatz hinweg, über das Kiffen oder die kleinen Dealereien in der Hintergasse. Ich bringe Rechnungen in Ordnung, vertusche Fehler und beruhige die Gäste, wenn die Kellner Mist bauen. Selten muss ich dazwischenfahren und dem Kellner zeigen, wo der Hammer hängt. Ich bin auch derjenige, der ihnen Fluvio vom Hals hält. Würde ich seine Tobsuchtsanfälle nicht abbremsen, wäre die Atmosphäre im »Bistro« so vergiftet wie die Atmosphäre auf dem Planeten Venus.

Ich bin fast immer der Letzte, der geht. Ich muss mich mit den wütenden und verrückten Kunden befassen, und ich bin derjenige, der in einer Krisensituation einen kühlen Kopf bewahrt. Als die Frau mit dem Schlaganfall ins Krankenhaus gebracht worden war, bekam Louis einen Nervenzusammenbruch und brabbelte, er sei zu mitgenommen, er könne nicht bleiben. Er weinte ununterbrochen wegen eines Typen, den er im »Red Lobster« hatte sterben sehen. Aber Louis meldet sich auch krank, wenn er sich in den Finger geschnitten hat. Ich weiß nicht, wie er oder Saroya einen Notfall bewältigen sollen. Doch erinnern sich die Kellner daran? Nein. Kellner beschweren sich ständig über irgendetwas. Sie meckern und stöhnen, wenn sie kein Geld verdienen, und sie jammern, dass sie überarbeitet sind, wenn es viel zu tun gibt. Man kann nie gewinnen.

Allerdings sind manche ihrer Beschwerden durchaus berechtigt. Ich habe es mir in meinem Job zu bequem gemacht, und diese Bequemlichkeit metastasiert zu Arroganz. Die Hilfskellnerinnen behaupten, ich sei faul. Ich nenne es Energie sparen, aber sie haben recht. Ich tue nichts, was ich nicht tun muss. Fluvios Herumgenerve wird langweilig. Aber ich weiß, er wird mich niemals rausschmeißen. Wäre ich Fluvio, würde ich mich rausschmeißen, aber in seiner Panik scheut er es, einen neuen Manager einzuarbeiten. Ebenso wie Rizzo weiß ich, wie viele Leichen er im Keller hat. Und ich bin mit vielem durchgekommen, weil ich von jedem schmutzigen und dummen Ding, das er gedreht hat, weiß. Seit der Eröffnung des neuen Restaurants und dem Hin und Her mit dem Personal merke ich allerdings langsam, dass der Boden unter meinen Füßen zu wackeln beginnt. Neue Leute treten in Erscheinung, Leute, die mich ersetzen könnten und sollten. Diese Erkenntnis beunruhigt mich. Die Dinge fangen an, sich zu verändern, wie das Verhältnis zwischen Armando und mir.

Die Nacht zieht sich ereignislos in die Länge. Ich bewirte ein paar Tische. Saroya verdient, trotz aller Nörgelei, mehr Trinkgeld als ich. Dann, 15 Minuten bevor wir schließen, kommt Russell Crowe mit 15 Leuten zur Tür rein.

»Ach du Scheiße«, murmele ich. »Der schon wieder.«

»Die bleiben ewig«, schnattert Saroya aufgeregt.

»Super. Ich bin verdammt erschöpft.«

»Du sitzt fest«, sagt Saroya schadenfroh. »Ich gehe nach Hause zu meiner Tochter. Schönen Abend noch.«

Saroya gibt mir ihr Bargeld und die Rechnungen und läuft zur Tür raus. Ich gehe hinüber zu Russell Crowe und dem lautstarken Tisch.

»Hallo«, sagt Russell Crowe über den Lärm seiner wilden Horde hinweg.

»Schön, Sie wiederzusehen, Sir«, sage ich.

»Alle mal leise«, befiehlt Mr. Crowe und macht eine Geste, die Ruhe bedeutet. »Der Kellner will uns die Specials sagen.«

Mr. Crowes Gäste hören sofort auf zu reden und sehen mich an.

»Danke, Sir«, sage ich.

»Keine Ursache.«

Zwar hat Mr. Crowe schon des Öfteren im »Bistro« gespeist, aber zum ersten Mal bin ich sein Kellner. Ich muss zugeben, dass ich von diesem Star fasziniert bin. Er ist in persona wirklich kleiner, als er auf der Leinwand aussieht. Aber Beth hatte recht, was seine Augen angeht. In ihnen liegt ein starker Ausdruck, der einen berührt und bewegt. Nein, ich möchte nicht mit ihm nach Mykonos fliegen, aber ich verstehe jetzt, warum er auf der Leinwand eine solche Ausstrahlung hat. Irgendwie bringe ich das mit den Empfehlungen zu Ende, ohne mich zum Idioten zu machen.

»Exzellente Rezitation«, sagt Mr. Crowe und klatscht. »Sie sollten Schauspieler werden.«

Die Gäste brechen in Applaus aus. Ich erlaube mir eine leichte Verbeugung.

»Sind Sie Schauspieler?«, fragt mich Mr. Crowe.

»Nein, Sir«, erwidere ich.

»Gut. Dann bringen Sie uns verdammt noch mal Wein.«

Mr. Crowe bestellt mehrere Flaschen – nichts Besonderes. Nachdem ich die erste Flasche gezeigt habe, winkt Mr. Crowe ab, er verzichtet auf die prätentiöse Weinliturgie.

»Öffnen Sie sie einfach, mein Freund. Nicht so förmlich.«

»Ja, Sir.« Ich schenke ihm Wein ein.

»So«, sagt Mr. Crowe sanft, mit einem Anflug von Knurren in seiner Stimme. »Sie sind derjenige, welcher, oder?«

»Wer, Sir?« Ich versuche unschuldig auszusehen. Jemand auf Mr. Crowes Gehaltsliste muss über meinen Blog auf die Webseite des Groupies gestoßen und ihm meine Geschichte zu lesen gegeben haben.

»Der Kellner.«

»Wie bitte?«

»Sie sind *der* Kellner.« Mr. Crowe sieht mich auf eine Weise an, die meinen Tausend-Yard-Kellner-Blick wie ein Dauerflämmchen in einem Hurrikan erscheinen lässt. »Sie sind der Mann, der diesen *Blog* schreibt.«

Ich überlege, ob ich mich verstellen soll. Dann kommt mir ein sonderbares Bild von Mr. Crowe in den Kopf, wie er von seinem Sitz aufspringt und mich mit einem römischen Breitschwert enthauptet. Für die Kellner des »Bistro« wäre das vielleicht die größte Befreiung, aber ich hänge an meinem Kopf.

»Ja, Sir«, sage ich laut. »Der bin ich.«

Mr. Crowe lächelt. »Wo ist denn nun das Beth-Mädchen?«, fragt er. Oh mein Gott. Er hat das mit dem Stuhlgeschnüffel gelesen.

»Sie hat heute Abend frei«, sage ich. »Sie war Ihre Kellnerin, als Sie das letzte Mal da waren.«

»Aah«, sagt Mr. Crowe. »Ich verstehe.«

»Aber sie hat sich gefreut, Sie kennengelernt zu haben, Sir.«

Mr. Crowe starrt mich unbarmherzig an. »Sie werden nicht wieder über mich schreiben, oder?«

»Nein, Sir.« (Im Geiste kreuze ich die Finger hinter meinem Rücken.)

»Gut. Also dann, ich habe Hunger. Bestellen wir.«

Mr. Crowe und seine Tischgenossen geben ihre Bestellung auf, speisen, hinterlassen ein großartiges Trinkgeld und gehen. Während seine Gäste das Restaurant verlassen, gibt mir Mr. Crowe die Hand.

»Viel Glück, mein Freund.«

Millionen von Menschen haben meinen Blog gelesen. Nur wenige haben versucht, mich ausfindig zu machen. Der Einzige, der mich in den drei Jahren gefragt hat, ob ich *der* Kellner bin, der den »Waiter Rant«-Blog verfasst, war Russell Crowe. Stellen Sie sich das mal vor.

»Ich danke Ihnen, Sir.«

Ich schließe ab, schalte das Licht aus und fahre mit einer sonderbaren Leichtigkeit in mir nach Hause. Dem Drang, die Geschichte auf meinem Blog aufzuschreiben, widerstehe ich. Ich konnte dieser Kugel ausweichen und sollte das Schicksal nicht herausfordern.

Ein paar Tage später ist der Buchvertrag unter Dach und Fach. Russell Crowe hat mir Glück gebracht.

Vielleicht wird er mich in einem Film spielen.

WENN ETWAS SCHIEFGEHEN KANN, GEHT ES SCHIEF

Ich habe einen Buchvertrag bekommen – und die Neuigkeit spricht sich herum. Die nicht gerade enthusiastischen Reaktionen auf mein Glück überraschen mich nicht. Manche Mitarbeiter gratulieren mir aufrichtig, Saroya will nur wissen, wie viel Geld ich bekomme, und Louis und Armando tun so, als sei es nichts Besonderes. Als ich Fluvio im »Duetto« anrufe, um ihm die gute Nachricht mitzuteilen, sagt er nur ungläubig: »Wirklich?« Danach tödliche Stille. Keine Glückwünsche. Trotz seines Mangels an Begeisterung sagte ich ihm, ich wolle meine Stunden reduzieren, damit ich mehr Zeit fürs Schreiben hätte. Wir hatten schon vor einem Monat darüber gesprochen, aber jetzt klang Fluvio wie ein Mann, der seine Spielschulden nicht bezahlen will. Nachdem ich aufgelegt hatte, bekam ich dieses nervöse Gefühl im Bauch. Ich glaube, dass ich mit dem Buchvertrag Fluvio und den anderen Mitarbeitern gegenüber einen folgenschweren Schritt getan habe. Manche freuten sich, Teil meines Blogs zu sein. Jetzt haben sich ihre Ansichten geändert – und nicht zum Besseren.

Ich dusche und mache mich auf den Weg zur Arbeit. Es ist ein heißer und schwüler Samstagabend. Glaubt man dem Thermometer, hat es draußen 40 Grad. Das Restaurant ist bis auf den letzten Platz besetzt. Eine Schlange von Gästen, die reserviert haben, wartet sichtlich verärgert vor der Tür. Das wird kein guter Abend. Die Gäste sind gereizt, wir haben schon wieder eine neue Hostess, und Fluvio ist im anderen Restaurant.

»Die Gäste draußen wollen Gratiscocktails«, jammert die Hostess.

»Sie dürfen keinen Alkohol vor der Tür trinken«, antworte ich. »Das ist verboten. Sag ihrem Kellner, dass sie eine Runde spendiert bekommen, sobald sie an ihrem Tisch sitzen.«

»Du bist ihr Kellner«, schnappt die Hostess wütend. »Sag du es ihnen.«

Die Hostess, eine dünne Blondine von 19 Jahren, setzt ihre weiblichen Reize ein. Das arme Kind hat die Illusion, dass ihr Sexappeal sie vor dem Zorn der nach Tischen suchenden Yuppies schützen wird. Den Kunden ist es egal, wie süß sie ist. Gutaussehende Hostessen sind wie gut aussehende Mädels in L.A. Sie sind so alltäglich, dass sie nichts Besonderes mehr sind. Verwundert darüber, dass ihre Attraktivität sie vor diesem Grad an Feindseligkeit nicht mehr schützt, knickt die Hostess ein und besetzt alle Tische in meinem Bereich auf einmal. Ich kann unmöglich guten Service bieten, wenn ich ein wirbelnder Derwisch bin und 14 Kunden gleichzeitig mit Cocktails und Specials versorgen muss. Jetzt, 90 Minuten später, wollen meine ersten Gäste zahlen. Da sie gleichzeitig plaziert wurden, wollen sie auch alle gleichzeitig gehen. Das heißt, ich vollführe die Derwischroutine noch einmal. Ich möchte der Hostess ihren hübschen Hals umdrehen, aber ich brauche sie, sie muss ans Telefon gehen. Ich kann sie auch nicht konstruktiv kritisieren, denn egal, wie behutsam ich es auch formulieren würde, sie bekäme einen Nervenzusammenbruch und liefe zur Tür hinaus.

Beth kommt angerannt. »Der Drucker funktioniert schon wieder nicht«, hechelt sie. »Kannst du ihn reparieren?«

»Klar«, sage ich. »Eine Sekunde.«

Ich atme einmal tief durch und öffne die Eingangstür.

»Meine Damen und Herren«, sage ich zu denen, die draußen warten. »Danke für Ihre Geduld. Ihre Tische sind in ein paar Minuten für Sie bereit.«

»Wie wär's mit einem Drink?«, fordert ein dicker Mann. Schweißperlen stehen ihm auf dem Kinn.

»Die erste Runde geht auf mich«, sage ich. »Laut Stadtverordnung darf ich Ihnen aber keinen Alkohol auf dem Bürgersteig ausschenken.«

»Wie Sie meinen«, sagt der Mann. »Lassen Sie uns endlich rein.«

Mein Besänftigungsversuch schlägt fehl, ich gehe wieder hinein und zum Drucker. Das rote Farbband ist alle. Ich öffne den Büroschrank, aber natürlich ist kein Ersatz da. Fluchend schnappe ich mir meinen Schlüssel und renne die Treppen runter in das Büro im Keller.

Ich hasse es, in Fluvios Büro zu gehen. Es ist eine fensterlose Höhle, in der es nach saurem Schweiß und schmutzigen Socken riecht. Als ich die Tür aufmache, werden meine schlimmsten Befürchtungen wahr – das Büro ist voller Giftstoffe. Auf Fluvios Schreibtisch sammeln sich Teller mit fossilierten Essensresten und verschmierte Viertellitergläser mit den kondensierten Resten von vergessenen Cola Lights. Der Gestank im Büro ist unerträglich. Ich suche und frage mich, wie lange ich den Atem anhalten kann. Farbbänder kann ich nicht finden. Fluchend greife ich zum Telefonhörer und rufe Fluvio im neuen Restaurant an.

»Guten Abend«, antwortet die Hostess. »Bistro Duetto.«

»Gib mir Fluvio«, japse ich, weil ich nur flach atmen will.

»Mit wem spreche ich?«

»Mit dem Manager vom anderen Restaurant.«

Nach einer Minute ist Fluvio am Apparat. »Was ist denn los?«, bellt er.

»Wo sind die Farbbänder?«

»Im Büroschrank.«

»Ich bin in deinem Büro«, sage ich. »Ich kann sie nicht finden.«

»Sieh unter dem Schreibtisch nach.«

Ich sehe nach. Kein Farbband. Nur ein Knäuel Kabel.

»Kein Glück, Boss.«

»Sie müssen da sein.«

Plötzlich stürmt Louis ins Büro. »Hey, Mann«, ruft er. »Ich muss Kreditkarten einbuchen, und wir haben kein Farbband.«

»Jetzt krieg nicht gleich eine Panikattacke, Louis«, sage ich und halte dabei die Muschel zu. »Ich suche schon danach.«

»Alter, es ist verdammt viel los da oben.«

»Ich weiß, Louis. Gib mir eine Minute.«

Ich atme erneut tief durch und beruhige mich. »Fluvio«, sage ich sanft. »Hast du sie vielleicht woanders hingetan?«

»Vielleicht in den Vorratsraum …«

»Danke«, sage ich und lege auf. Ich muss aus dem Büro raus, bevor ich mich übergebe.

Und, siehe da, neben den Nudeln finde ich die Farbbänder.

Ich renne die Treppen hinauf, ersetze das Farbband, sammle die Kreditkarten meiner Gäste ein und rase zurück zur POS-Kasse. Das Terminal war für ein paar Minuten ausgeschaltet, und die Kellner hinken mit den Rechnungen hinterher, sie stehen Schlange.

»Na toll«, murmele ich.

»Zieh eine Nummer«, sagt Beth.

»Ich saufe ab«, sage ich. »Ich sehe es kommen.«

»Ich bin schon die ganze Nacht am Absaufen.«

»Gehen in deinem Bereich alle auf einmal?«, frage ich.

»Ja«, erwidert Beth grimmig. »Bei dir auch?«

»Ja.«

»Das ist wegen dieser verblödeten Hostess«, zischt Beth verärgert. »Sie hat keine Ahnung, wie man plaziert.«

»Es ist erst ihr erster Abend«, sage ich.

»Das ist keine Entschuldigung«, meint Beth.

Wie bestellt, rennt die Hostess auf uns zu. Sie ist außer sich.

»Die Gäste beschweren sich, es sei zu heiß«, sagt sie.

»Ich schalte die Klimaanlage ein«, antworte ich.

»Ja, es ist heiß hier«, sagt Beth.

»Ich koche da vorn schon«, wimmert die Hostess.

Plötzlich fühle ich den Schweiß, der mir die Achseln hinunterrinnt, mein Hemd klebt mir am Rücken. Es ist *wirklich* heiß hier.

»So heiß sollte es nicht sein«, sage ich.

Ich gehe hinüber zum Schalter für die Klimaanlage. Das Thermostat zeigt 31 Grad an. Ich versuche die Anlage höherzustellen, aber auf dem digitalen Display steht ERROR. Ich halte meine Hand vor einen der Lüftungsschlitze. Es kommt heiße Luft heraus.

Der Schweiß, der mir den Rücken runterläuft, wird plötzlich kalt. In der heißesten Nacht des Jahres gibt die Klimaanlage ihren Geist auf. Mit all den warmen Körpern im Restaurant wird die Temperatur ins Unendliche klettern. Wir werden nicht einmal mehr das Essen zu kochen brauchen – es wird sich selbst kochen.

»Oh, oh«, sage ich. »Das bedeutet Ärger.«

»Was ist denn los?«, will Beth wissen.

»Die Klimaanlage ist ausgefallen.«

»Du machst Witze.«

»Ich wünschte, es wäre so.«

Ich eile zum Telefon, blättere das Telefonbuch durch und rufe die Klimaanlagenleute an.

»Mr. Freeze«, antwortete eine müde Stimme.

»Spreche ich mit Frank?«, frage ich.

»Ja.«

»Hier ist das ›Bistro‹. Unsere Klimaanlage funktioniert nicht.«

»Was steht auf dem Display?«

»ERROR.«

»Kommt Luft raus?«

»Ja, warme.«

»Schalten Sie das verdammte Ding aus, oder der Motor brennt durch«, sagt Frank. »Da stimmt was nicht.«

»Können Sie kommen und es reparieren?«

»Jetzt?«

»Frank«, sage ich. »Es ist Samstagabend, und das Restaurant ist voller Gäste.«

»Hören Sie«, sagt Frank. »Um die Sache zu beheben, muss ich mit Leitern anrücken und Ihre Kunden stören.«

»Ja, aber …«

»Abgesehen davon habe ich gerade einen Großauftrag reinbekommen«, sagt Frank. »Sie sind nicht die Einzigen mit Problemen.«

»Also habe ich Pech gehabt.«

»Jawoll«, sagt Frank. »Sagen Sie Ihrem Boss, dass ich morgen vorbeikomme.«

»Okay, Frank.«

»Kommt der Typ?«, fragt die Hostess.

»Pech gehabt«, stöhne ich. »Keine Klimaanlage.«

»Die Gäste werden ausrasten«, sagt die Hostess mit vor Angst zitternder Stimme.

»Ruf Fluvio an und sag ihm, was los ist.«

»Er wird mich anschreien«, sagt die Hostess. »Ruf du ihn an.«

»Ich muss mich um Rechnungen kümmern«, sage ich und zwinge mich, geduldig zu bleiben. »Ich muss abrechnen, damit meine Gäste gehen können und Platz für die gemacht wird, die draußen warten. *Comprende?*«

Die Hostess sagt nichts. Sie tritt den Rückzug an und beißt sich auf die Knöchel ihrer Hand.

»Halt die Ohren steif, Baby«, sage ich. »Du schaffst das schon.«

Plötzlich klopft es ans Fenster. Ich blicke auf. Der fette Mann deutet auf die dicke, teure Uhr an seinem Handgelenk. Ich deute mit dem Zeigefinger, dass er noch eine Minute warten muss. Meine innere Stimme sagt mir, dass der Mann ausflippen wird, wenn er feststellt, dass die Klimaanlage nicht funktioniert.

Ich gehe wieder an die POS-Kasse und buche alle Kreditkarten ein. Ich lege die Rechnungen auf die entsprechenden Tische, wünsche allen eine gute Nacht und gehe in die Küche.

»Armando«, rufe ich. »Die Klimaanlage ist kaputt.«

»Was?«, japst Armando. »Das ist nicht wahr.«

»Doch.«

Wir schauen beide gleichzeitig auf das Küchenthermometer. Es zeigt fast 41 Grad an.

»Wir werden alle sterben«, schreit Armando.

»Trink einfach viel«, sage ich.

Armando stöhnt und geht zurück an die Arbeit. Die Küchenjungs sind tapfer, aber ich habe Mitleid mit ihnen. Bald wird sich die Küche auf 43 Grad aufheizen.

Die Gäste in meinem Bereich erheben sich und gehen. Die Hilfskellner eilen herbei und säubern die Tische. Bevor sie auch nur neues Besteck auf die Tische legen können, stürmt der fette Mann herein und pflanzt sich auf einen Stuhl.

»Ich will meinen Martini«, sagt der Mann wütend. »Und stellen Sie die Klimaanlage an.«

Das wird Ärger geben. Ich beschließe, die Sache hinter mich zu bringen.

»Es tut mir schrecklich leid, Ihnen das sagen zu müssen, Sir«, sage ich. »Aber unsere Klimaanlage ist ausgefallen.«

»Was?«, sagt der Mann, und die blauen Adern an seinen Schläfen fangen an zu pulsieren.

»Sie ist vor einigen Minuten kaputt gegangen«, sage ich.

Das Gesicht des Mannes wird dunkelrot. »Das ist ja unglaublich.«

»Es tut mir leid, Sir«, sage ich. »Ich kann es nicht ändern.«

»Komm, Hilary«, sagt der Mann zu seiner Frau. »Wir gehen.«
Im Stillen bin ich dankbar.

»Das ist ein schlechter Witz«, murmelt der Mann und kämpft
sich aus seinem Stuhl. »Und Sie sind inkompetent.«

Die Beleidigung des Mannes überhöre ich. Würde ich darauf
reagieren, käme nur noch ein neues Problem hinzu. Die Hostess
und ich schauen dem Mann und der Frau nach, die in die Hitze
der Nacht hinausstürmen.

»Ich mache ihm keinen Vorwurf«, sage ich. »Ich würde in dieser Hitze auch nicht essen wollen.«

»Fluvio will mit dir reden«, sagt die Hostess und hält mir
ängstlich den Hörer vors Gesicht. »Er will, dass du ihm sagst,
was los ist.«

»Hast du es ihm nicht gesagt?«, frage ich und halte das Telefon
von mir weg.

»Er will es von dir hören.«

Fluvio glaubt nie, was ihm jemand erzählt. Alles, was er hört,
muss er sich von mehreren bestätigen lassen. Heute Nacht bin
ich zu beschäftigt, um auf seinen Irrsinn einzugehen.

»Sag ihm, ich habe zu tun«, antworte ich. »Sag ihm, die Klimaanlage ist ausgefallen und der Typ kann sie erst morgen reparieren.«

»Aber er …«

»Mach schon.«

Vor der Tür tummeln sich Leute, und meine Tische sind gleich
wieder besetzt – zwei Sechsertische, zwei Zweiertische und ein
Vierer. Ich kümmere mich zuerst um die Zweiertische. Die Sechsertische sind ins Gespräch vertieft, ich kann mir ein wenig Zeit
lassen. Ich bringe Cocktails an die Zweiertische und sage die Empfehlungen auf, danach gehe ich zum Vierertisch, frage, ob sie etwas
von der Bar wünschen, husche wieder zu den Zweiertischen und
nehme die Bestellungen entgegen. Hastig laufe ich zum POS-
Computer, gebe die Daten ein, mixe die alkoholischen Chemieex-

perimente des Vierertisches und serviere sie. Die Köpfe an den Sechsertischen drehen und wenden sich auf der Suche nach ihrem Kellner. Sie sind als Nächstes dran. Ich nehme ihre Getränkebestellung auf – Wein und Martinis – und dann die Essensbestellung auf meiner Rückreise. Die Klingel der Küche läutet. Die Vorspeisen der Zweiertische sind fertig. Die Tür klingelt. Eine Reservierung. Die Hostess ist verschwunden, wahrscheinlich auf die Toilette. Ich serviere die Vorspeisen, begrüße die Neuzugänge und führe sie zu ihrem Tisch. Danach rase ich in den Weinkeller, schnappe zwei Weinflaschen, eile zur Bar, mache die Martinis, bringe die Drinks an den ersten Sechsertisch, renne zurück, schnappe mir die Weinflaschen, eine rote und eine weiße, und öffne sie an dem anderen Sechsertisch. Die Hilfskellnerin bitte ich, einen Eiskübel zu bringen. Die Küchenklingel bimmelt wie verrückt. Die Vorspeisen des Vierertischs. Die Türglocke klingelt. Noch mehr Reservierungen. Wo, zum Teufel, ist die Hostess? Der Zweiertisch will mehr Brot. Die Dame am Vierertisch möchte noch einen Cosmo. Was empfehlen Sie heute? Ich bin gegen Rosmarin allergisch. Muss das mit Knoblauch sein? Können Sie mir ein Veal Parmigiana zubereiten? Ist das heiß hier. Können Sie etwas wegen der Klimaanlage machen? Das Telefon klingelt. Ich blicke auf die Nummer, die angezeigt wird. Fluvio. Ich werde es ignorieren. Er hat Tausende von Dollar für die Installation von Videokameras ausgegeben, soll er sehen, wie es hier zugeht.

Plötzlich spüre ich ein Tippen auf meiner Schulter. Es ist Beth. Tränen stehen ihr in den Augen.

»Was ist denn los?«

»Der Computer funktioniert nicht.«

»Oh, Scheiße«, sage ich.

»Er ist einfach schwarz geworden«, sagt Beth. »Ich habe eine Menge Bestellungen, die in die Küche gehen müssen.«

»Okay«, sage ich und atme tief durch. »Ich werd versuchen, was zu machen.«

»Wie soll ich die Bestellungen aufgeben?«, fragt Beth.

»Warte.«

Ich versuche, den Computer neu zu starten. Normalerweise funktioniert das, aber heute Abend nicht. Ich überprüfe die Verkabelung. Alles ist korrekt angeschlossen.

»Ich weiß nicht, was los ist«, sage ich. »Wir müssen den Computerfachmann anrufen.«

»Oh Gott«, stöhnt Beth. »Ich kann nicht glauben, was hier los ist.«

Ich winke alle Kellner zu mir.

»Hört zu«, sage ich. »Ich habe schlechte Neuigkeiten. Der Computer ist tot. Wir müssen auf die altmodische Art arbeiten.«

»Die altmodische Art?«, fragt Saroya. »Was soll das heißen?«

»Du musst alles auf einen Zettel schreiben und die Rechnung im Kopf zusammenrechnen.«

»Das habe ich noch nie gemacht«, sagt Saroya.

»Nun, wir müssen es heute Abend so machen.«

»Das kotzt mich echt an.« In Louis' Stimme klingt Panik mit. »Das kotzt mich echt an.«

»Du hast es doch schon gemacht, Louis«, sage ich. »Hilf Saroya.«

»Und was ist mit den Kreditkarten?«, fragt Louis.

Das POS-System schickt die Bestellungen in die Küche, stellt die Rechnungen auf und fungiert als Kreditkartenterminal. Es ist hochmoderne Technik – solange sie funktioniert.

»Wir müssen den alten Kartenleser benutzen«, sage ich. »Den, den wir vor dem POS hatten.«

»Das alte Scheißding?«, schreit Louis. »Das druckt doch nur die weiße Kopie.«

»Ich weiß«, sage ich. »Aber was anderes haben wir nicht.«

»Laut Gesetz müssen wir dem Gast einen Beleg aushändigen!« Louis schreit. »Ich mache nichts Illegales.«

Überlassen Sie es Louis, in einer Krise kleinlich zu werden.

»Drück einfach noch mal auf drucken«, sage ich. Es fällt mir schwer, ruhig zu bleiben. »Der zweite Ausdruck ist dann für den Kunden.«

»Das ist doch Scheiße, Mann«, sagt Louis. »Ich will nach Hause.«

»Beruhige dich, Louis«, sage ich. »Es ist ein Notfall.«

»Fick dich!« Louis stürmt davon. »Ich halte diesen Mist nicht mehr aus. Wenn du den Computer nicht reparierst, bin ich weg.«

»Louis …«

»Als Manager bist du ein Witz«, ergreift Saroya das Wort. »Du solltest wissen, wie man das Zeug repariert.«

»Ich arbeite dran, Saroya.«

Die Wahrheit ist, Fluvio hat so viel Panik, die Kontrolle zu verlieren, dass er mir nie irgendetwas über die Computer gezeigt hat. Ich weiß nicht, wie man sie wieder zum Laufen bringt. Normalerweise hat Fluvio sie wieder in Gang gesetzt, aber er braucht mit dem Auto eine Stunde bis hierher.

»Du bist ein Clown.« Saroya stampft beleidigt davon.

Beth sieht mich traurig an. »Schön, wenn einen die Mitarbeiter unterstützen, hm?«

Ich lächle. Wir beide wissen, Saroya und Louis sind Sonnenschein-Kellner, glücklich und professionell, wenn alles läuft, boshaft und rachsüchtig, wenn nicht. Sobald es etwas haariger wird, kommen sie mit ihrer Das-ist-nicht-meine-Angelegenheit-Art. Und ihre Professionalität fliegt zum Fenster raus.

»Halt zu mir, Baby«, sage ich.

»Ich bringe Cocktails an deine Tische und sage ihnen die Specials, während du den Computerfritzen anrufst.«

»Danke«, sage ich dankbar. »Du bist mein Lebensretter.«

Ich lege in die alte Kreditkartenmaschine eine Papierrolle ein, stecke den Stecker in den Telefonanschluss und mache einen Test, indem ich meine American-Express-Karte mit einem Penny belaste. Ich drücke die Daumen und warte darauf, dass das Gerät die Transaktion beendet. Wenn das nicht funktioniert, muss ich die alte Prägemaschine vom Speicher holen. Ich habe so ein Ding seit den frühen 1990er Jahren nicht mehr benutzt. Nach endlosem Warten beginnt die Maschine das Papier auszuspucken. Ich seufze erleichtert. Ich greife nach dem schnurlosen Telefon und rufe den Computerfritzen an. Ich erkläre ihm, welches Problem wir haben, und wir gehen eine Checkliste mit Maßnahmen durch. Keine funktioniert.

»Ich muss kommen und nachsehen«, sagt der Computerfachmann. »Klingt, als sei irgendwo ein Kabel defekt.«

»Können Sie jetzt kommen?«, bettele ich.

»Klar«, sagt der Computermann. »Aber ich brauche eine Weile.«

»Woher kommen Sie denn?«

»New Jersey.«

»Scheiße«, sage ich. »Kommen Sie so schnell wie möglich. Ich gebe Ihnen ein Abendessen aus.«

»Schon auf dem Weg.«

»Oh, Mr. Manager«, kräht Louis. »Ich brauche einen Taschenrechner, ich muss die Rechnungen zusammenrechnen.«

»Was ist mit dem Rechner neben der Kasse?«, frage ich.

Louis lächelt mich zuckersüß an. »Batterie leer.«

Ich spüre, wie sich eine Locke an meinem Hinterkopf aufstellt. Magensäure steigt mir die Speiseröhre hoch. Zum ersten Mal seit sechs Jahren habe ich Angst, dass alles zusammenbricht. Ein Zusammenbruch in einem Restaurant passiert, wenn eine Reihe von Ereignissen – eins allein hätte keine sonderlichen Auswirkungen – einen perfekten Sturm der Fehltritte, Fehler und Pannen erzeugen, der dann zu einen katastrophalen Totalausfall führt. Ich habe es einmal im »Amici's« erlebt. Der Manager konnte keine Kunden mehr ins Restaurant lassen, bis Kellner und Küche sich erholt hatten. Der beste Weg, um einen Restaurantcrash zu vermeiden? Man sollte sichergehen, dass alle Vorarbeiten erledigt sind und man für alles einen Backup hat. Fallen Klimaanlage und Computersystem gleichzeitig aus, ist das im Buch eines jeden Restaurantbetreibers ein Desaster.

»Bitte, geh in Fluvios Büro und hol den auf seinem Schreibtisch«, erwidere ich knapp.

»Uh uh, Mr. Manager«, spöttelt Louis. »Das ist *dein* Job.«

Louis einfach hinzurichten würde nichts bringen, also gehe ich in Fluvios stinkiges Büro und hole den anderen Taschenrechner. Als ich den Raum betrete, summt das Haustelefon.

»Fluvio ist dran«, sagt die Hostess. »Ich habe ihm das mit dem Computer gesagt. Er will mit dir sprechen.«

Diesmal kann ich dem Mann nicht entgehen. Ich greife nach dem Hörer. »Hier ist totales Chaos, Boss.«

»Ich lass dich allein, und du kommst nicht klar«, sagt Fluvio angewidert.

»Deine Klimaanlage ist kaputt und dein Computersystem auch«, sage ich. »Was erwartest du eigentlich von mir?«

»Ich habe keine Zeit für diese Scheiße«, knurrt Fluvio. »Ich will das Computerproblem mit dir am Telefon regeln.«

»Mein Bereich ist voller Gäste, die sich gerade gesetzt haben«, sage ich. »Die werden sauer …«

»Die anderen Kellner bewältigen das.«

»Das werden sie nicht. Die stecken auch in der Scheiße.«

»Hör zu …«

»Fluvio«, sage ich. »Der Computertyp kommt. Die Klimaanlage ist bis morgen außer Betrieb. Mehr kann ich nicht tun. Ich habe die alte Kreditkartenmaschine in Gang gesetzt, und wir schreiben Zettel für die Küche.«

»Zettel?«, ruft Fluvio. »Ich werde Geld verlieren.«

»Ich muss jetzt gehen, Fluvio.«

»Erklär mir, wie du einen Überblick über das Geld behältst.«

Mein Herz pumpt vor Wut wie wild. Das sind die Momente, in

denen sich Fluvios Kontrollmanie auf das Geschäft auswirkt. Es ist ihm lieber, dass ich ihm immer weiter jedes Detail erkläre, als dass ich mich um die Gäste kümmere, die ihm das Geld ja geben.

»Es ist eine verrückte Nacht, Fluvio«, sage ich. »Wir gehen alles durch, wenn du hier bist.«

»Aber …«

»Ich muss jetzt, Boss«, sage ich und knalle den Hörer auf. Das ist heute Abend schon das zweite Mal, dass ich einfach auflege.

Ich renne zurück in den Speisebereich zu meinen Tischen. Dank Beth haben zwei meiner Tische schon ihre Getränke. Ich bin gerade dabei, die Gäste an den anderen Tischen zu fragen, was sie zu trinken wünschen, als mich die Hostess am Ärmel zieht.

»Fluvio«, sagt sie. »Er will jetzt sofort mit dir reden.«

»Ich habe zu tun«, sage ich wütend.

»Er ist ziemlich sauer auf dich.«

»Pech.«

»Was soll ich ihm sagen?«

»Sag ihm, wenn er mich weiter belästigt, dann gehe ich sofort.«

Die Hostess starrt mich mit weit aufgerissenen Augen an. »Wirklich?«

»Ich mein's ernst«, sage ich. »Sag ihm, er soll sich verdammt noch mal beruhigen.«

»Das werde ich ihm nicht sagen.«

»Dann denk dir was aus.«

Ich nehme die Getränkebestellungen auf. Alle Gäste beschweren sich über die Hitze und den langsamen Service. Ich sage so oft »Es tut mir leid«, dass es klingt wie eine Tonbandaufnahme. Louis und Saroya rennen herum und schießen aus dem Hinterhalt. Fluvio ruft weiter an. Die Gesichter der Kunden verschwimmen zu einer Collage aus gierigen, fettverschmierten, zitternden

Lippen und fleischigen Mündern. Die Hitze macht mich wahnsinnig. Meine Unterhose ist klatschnass geschwitzt und reibt an meinen Beinen. Ich werde wieder einen Ausschlag bekommen. Der Druck in meinem Kopf wird größer. Ich habe das Gefühl, gleich brennt irgendeine Sicherung durch. Ich steuere schnurstracks auf den Maschinengewehr- Moment zu.

»Ich gehe mal raus«, sage ich zur Hostess.

»Du gehst!«, kreischt die Hostess. »Jetzt?«

»Ich brauche frische Luft«, sage ich. »Bin gleich wieder zurück.«

Ich trete hinaus, laufe um die Ecke und biege in die Hintergasse an der Rückseite des Restaurants. An der Wand stehen mehrere Plastikmülltonnen. Ich atme tief durch und trete mit voller Wucht gegen eine der Tonnen. Ich bin an die Grenzen meiner Belastbarkeit gestoßen.

»Wichser!«, schreie ich.

Aus Erfahrung weiß ich, dass ich, wenn ich die negative Energie, die sich in mir angestaut hat, nicht ablasse, später dafür mit Schmerzen, Depressionen und schlaflosen Nächten bezahle. Gegen Mülltonnen zu treten ist zwar nicht gerade professionelles Wutmanagement, aber es ist weitaus besser, als sich an einer lebenden Person abzureagieren.

Ich gebe der Tonne noch ein paar Tritte, und die Wut in meiner Seele kommt heraus wie Erbrochenes. Danach bin ich erschöpft.

Ich lehne mich an die warme Ziegelsteinwand, fummle eine Zigarette aus meiner Tasche und zünde sie an. Ich blicke zur Mülltonne. Der Plastikcontainer nimmt seine frühere Form wieder an – nichts passiert. Ich komme mir albern vor, ziehe an meiner Zigarette und schließe die Augen. Plötzlich höre ich Stimmengemurmel. Ich öffne die Augen und schaue über die Straße. Zwei Frauen mittleren Alters stehen vor einer Bar und rauchen. Sie haben alles mit angesehen. Ich winke ihnen verlegen zu.

»Schwierige Nacht?«, ruft eine der beiden.

»Die schlimmste«, antworte ich.

»Wenn es Sie verrückt macht«, sagt die andere Frau, »sollten Sie sich vielleicht eine andere Arbeit suchen.«

»Vielleicht haben Sie recht.«

»Nicht aufregen, Mister«, sagt die erste und schüttelt den Kopf.

»Danke«, antworte ich und komme mir vor wie ein Volltrottel. Ich trete die Zigarette aus und schleiche zurück ins Restaurant.

Irgendwann hat sich alles beruhigt. Armando hält trotz der Hitze die Küche in Betrieb, der Computermann hat das POS-System repariert, die Kellner, auch ich, haben endlich alles im Griff, und die Gäste, sie haben Mitleid mit uns, geben uns am Ende ziemlich gutes Trinkgeld. Selbst Fluvio beruhigt sich wieder. Nachdem ich abgeschlossen habe, stolpern Beth und ich aus dem »Bistro« zum »Café American« für unseren wohlverdienten Cocktail.

»Gott sei Dank, es ist vorbei«, sagt Beth, den Martini in der Hand.

»Ja, wirklich«, sage ich. Wir stoßen an. »Danke für deine Hilfe.«

»Keine Ursache.«

»Ich dachte, wir gehen unter«, sage ich.

»Sind wir aber nicht«, sagt Beth.

»Hätten wir aber können.«

Ich erzähle Beth von meinem Ausraster in der Hintergasse.

Sie lacht. »Hoffentlich wirst du nicht mal sauer auf mich.«

»Fluvio hat mich irre gemacht«, sage ich. »Früher bin ich mit seinem Schwachsinn klargekommen, aber …«

»Er macht jeden irre«, sagt Beth.

Ich starre in meinen Drink. »Ich weiß nicht, wie lange ich es noch aushalte.«

»Ich würde es dir nicht verübeln, wenn du gehst.«

»Und?«, sage ich und reiße mich zusammen. »Was ist bei dir so los?«

»Mein Freund und ich streiten uns dauernd«, sagt Beth traurig.

»Tut mir leid, das zu hören.«

»Wir haben nie Zeit, etwas gemeinsam zu unternehmen.«

»Restaurantarbeitszeiten können ein Problem sein.«

»Das ist es nicht«, sagt Beth. »Ich glaube, wir lieben uns einfach nicht mehr. Wir sind wie Bruder und Schwester.«

»Wie lange seid ihr schon zusammen?«

»Seit ich 19 bin.«

»Fünf Jahre sind eine lange Zeit.«

»Ich glaube, es wird nicht mehr lange halten.«

Ich will Beth sagen, die Wahrscheinlichkeit, dass ein Mensch, in den man sich mit 19 verliebt hat, mit 25 ein anderer sein kann, ist sehr groß. Viele Beziehungen überleben diesen Prozess nicht. Aber das würde auch nichts nützen.

»Ich will etwas Besseres für mich«, fährt Beth fort und sieht mir ehrlich in die Augen. »Ich will mit jemandem zusammen sein, der verrückt nach mir ist. Ich bin es wert.«

Plötzlich bleibt mir die Luft weg. Beth ist es wert, das ist sicher. Ich will es ihr sagen. Doch dann denke ich an unseren Altersunterschied. Ich lasse den Moment vorübergehen und behalte meine Gefühle für mich. Beth und ich leben in verschiedenen Welten.

Wir machen es uns im klimatisierten »Café American« gemütlich und gehen dann getrennter Wege. Ich stolpere um drei Uhr morgens nach Hause und falle, ohne meine verschwitzte Arbeitskleidung auszuziehen, ins Bett.

In meinen Träumen verfolgt mich ein Mob von Kunden wie die fackelschwingenden Dorfbewohner in einem Frankensteinfilm durch die Straßen und verlangt sein Geld zurück. Dann bemerke ich, dass ich nackt bin. Aus Angst davor, dass mich die

Bullen verhaften, renne ich in den Garten hinter dem Haus meiner Kindheit. An einem Fenster erscheint ein kleiner Junge und deutet schreiend auf mich. Ich will weglaufen, aber ein Loch im Boden verschluckt mich. Ich falle, ich schreie auf.

Ich erwache auf dem Boden meines Badezimmers. Das Morgenrot fällt durch die Gardinen und sprenkelt die Wände dunkelrot. Mir fällt die Redewendung ein »Abendrot verspricht dem Bauern Lohn und Brot, hingegen Morgenröte verheißt dem Bauern arge Nöte«. Ich sitze auf dem Fliesenboden, und mir wird eins klar: Etwas muss sich ändern, und zwar bald. Ich muss an die Frauen denken, die mich dabei beobachtet haben, wie ich gegen die Mülltonne getreten habe. Ich denke an meine Wut. Es gab schon zu viele frustrierende Nächte im »Bistro«. Ich stehe auf und öffne das Fenster. Die Sonne, rund und rot, erhebt sich über dem östlichen Horizont und verspricht einen weiteren heißen Tag.

Die verdammte Klimaanlage ist hoffentlich repariert.

DÄMONEN

Es ist Mitte September. Die Klimaanlage ist noch immer nicht ganz in Ordnung, also stehe ich vor dem »Bistro«, trinke einen Espresso und genieße das kühle abendliche Zwielicht. Langsam bricht die Dunkelheit über den Tag herein, und ich beobachte die Büromädchen, mittags noch ärmellos, wie sie sich mit Schal und Lederjacken über den bloßen Schultern zur nächsten Happy Hour aufmachen. Ich spüre in der frischen Luft einen Anflug von Trauer. Es ist, als wolle sich der Sommer, ohne dass es jemand merkt, aus der Stadt stehlen. Bald werden die Miniröcke von langen Hosen ersetzt, und wohlgeformte Beine werden in unrasierten Winterschaf fallen. Ich sage mir, ich sollte in eine Stadt ziehen, in der kurze Röcke 365 Tage im Jahr an der Tagesordnung sind – eine Stadt wie Las Vegas –, aber ich würde die Jahreszeiten zu sehr vermissen.

Während die Sonne hinter den Horizont abtaucht, schwärmen die Menschen, die auswärts zu Abend essen, aus. Ich kann genau sagen, welche Bevölkerungsschicht in welches Restaurant geht. Die Jungen und Hippen gehen Sushi essen, Paare in meinem Alter ins »Alain's« oder »Café American«, und die wohlhabenden Älteren kommen zu uns. Die, die ins »Bistro« kommen, erkennt man schon aus einer Meile Entfernung. Sie brauchen bloß eine Vierergruppe von Jungpensionären zu suchen – zwei Männer, die Seite an Seite schlendern, und ihre Ehefrauen zehn Schritte hinter ihnen, die vor jedem Schaufenster haltmachen. Ich seufze vor mich hin. Bald werden sich diese Leute im Restaurant stapeln.

Ich trinke einen Schluck von meinem Espresso und versuche den Frieden und die Ruhe vor dem Sturm zu genießen. Der Nordwind rauscht durch die Blätter der Bäume. Ich blicke auf. Das Laub hat sich noch nicht verfärbt, aber bald wird es losgehen. Der Herbst ist meine Lieblingsjahreszeit.

Dann sehe ich aus meinen Augenwinkeln die neue Videokamera, die Fluvio unter dem »Bistro«-Schild installiert hat. Meine Gedanken verdüstern sich, und mein Zen-Augenblick ist ruiniert. Fluvio reicht es nicht, uns im »Bistro« auszuspionieren, jetzt hat er neue Geräte in der Hintergasse und an der Vorderseite angebracht. So kann er sehen, wann jemand von den Mitarbeitern eine rauchen geht, mit dem Handy telefoniert oder einfach nur mal frische Luft schnappt. Ich blicke in das schwarze Auge der Kamera und frage mich, ob Fluvio mich in diesem Moment beobachtet. Bestimmt. Fluvio hält Abstand zu mir. Das letzte Mal, als wir miteinander gesprochen haben, habe ich bemerkt, dass er mir etwas verschweigt. Später habe ich von Kollegen erfahren, was dieses Etwas war – Louis hat allen erzählt, er werde der neue Manager. Das erstaunt mich nicht. Fluvio hat schon öfter, wenn er auf mich sauer war, meinen Job anderen Kellnern angeboten. Aber Louis? Der Typ, der einen Herzinfarkt simuliert hat, damit er früher nach Hause gehen kann? Das ist, wie wenn du herausfindest, dass jemand einem Killer 39,95 Dollar gezahlt hat, um dich um die Ecke zu bringen. Es ist eine Beleidigung.

Und ich bin beleidigt. Obwohl er eine Nervensäge ist, mag ich Louis. Dass er jetzt hinter meinem Rücken agiert, schmerzt darum umso mehr. Würde er mir sagen, dass er meinem Job will, ich würde ihm Glück wünschen. Dasselbe gilt für Fluvio. Anscheinend wird er immer paranoider. Das erklärt auch die neuen Videokameras. Seit der Eröffnung des zweiten Restaurants ist die Stimmung unter den Mitarbeitern schlecht. Jeder will der Boss sein. Jeder ist gestresst. Alle streiten sich ums Geld und um Schichten. Louis und Saroya umkreisen mich wie Haie, die Blut im Wasser gewittert haben. Die Atmosphäre im »Bistro« ist vergiftet. Total gereizt trinke ich meinen Espresso aus und gehe wieder rein. Jetzt ist das »Bistro« leer, aber der Anblick täuscht. In Wirklichkeit sind wir für heute Abend ausgebucht. Alle kommen zwischen 19 und 19 Uhr 30. Alle Tische sind vergeben. Es wird wie in einem Tollhaus zugehen.

Die Klingel an der Eingangstür läutet. Ein großer Mann mit Schnurrbart, er trägt einen Blazer mit Flicken an den Ellenbogen, tritt in Begleitung seiner Frau ein. Sie sind halbe Stammgäste. Sie sind Arschlöcher.

»Guten Abend«, sage ich und lächele freundlich. »Schön, Sie wiederzusehen.«

Das Paar beachtet mich nicht. Stattdessen gehen sie an einen Vierertisch am Fenster und nehmen Platz. Dass auf dem Tisch ein Reservierungsschild steht, scheint sie nicht zu interessieren.

»Erwarten Sie noch zwei Gäste?«, frage ich, als die Frau das Schild beiseiteschiebt.

»Nur wir zwei«, antwortet der Mann brüsk. »Bringen Sie mir einen Back auf Eis. Meine Frau möchte einen Cosmopolitan.«

Ich stöhne innerlich. Ich habe keine Lust auf das, was als Nächstes kommt.

»Haben Sie eine Reservierung für heute Abend?«, frage ich behutsam.

»Nein«, sagt die Frau. Sie sieht überrascht aus. »Brauchen wir eine?«

»Ich sage es nur ungern«, sage ich, »aber der Tisch ist für vier Personen reserviert.«

»Setzen Sie sie woanders hin«, schnaubt der Mann.

»Ich fürchte, das kann ich nicht, Sir.«

Der Mann blickt sich ungläubig im leeren Restaurant um. »Das Lokal ist leer.«

»Ich weiß, Sir. Aber unsere Reservierungen kommen in der

nächsten halben Stunde, und ich habe nur einen einzigen Tisch zur Verfügung für unangemeldete Gäste.«

»Welchen Tisch würden Sie uns geben?«, will die Frau wissen.

»Den dort«, sage ich und deute auf einen Tisch am Gang.

»Der Tisch gefällt mir nicht.«

Ich zucke entschuldigend mit den Schultern. »Es tut mir leid, Madam, aber …«

»Wir setzen uns dort hin«, erklärt der Mann. Er deutet auf einen anderen Tisch, auf dem auch ein Reservierungsschild steht.

»Es tut mir leid, Sir, aber der Tisch ist ebenfalls reserviert.«

»Sie meinen, den Tisch kann ich auch nicht haben?«

»Sir«, antworte ich. »Diese Tische sind für Leute gedeckt, die reserviert haben.«

»Nun, wir sind Stammgäste.« Der Mann ist verärgert. »Überlegen Sie sich etwas.«

Die Arroganz des Mannes macht mich wütend. Ich musste schon so oft irgendeinen Mist einstecken, dass ich vergessen habe zu zählen. Wut steigt in mir auf. Normalerweise behalte ich meine Gefühle mit Humor unter Kontrolle – aber heute Abend habe ich keine Lust, mich anzustrengen.

»Sir«, sage ich erregt, »wenn Sie reserviert hätten und ich würde Ihren Tisch anderen Gästen geben, wie würden Sie sich dann fühlen?«

Der Mann sieht mich an, als wäre ich die Hundescheiße unter seinem Schuh. »Komm, Dolores«, sagt er und steht abrupt auf. »Wir gehen. Ich mag das Verhalten dieses Menschen nicht.«

»Es tut mir leid, dass wir Ihnen heute Abend keinen Platz bieten können«, sage ich voller Sarkasmus.

»Sie sind ein Trottel«, sagt der Mann.

»Ich bezweifle sehr, dass Sie das zu mir sagen würden, wenn wir uns außerhalb des Restaurants befänden.«

»Was haben Sie gesagt?«, faucht der Mann.

»Sie haben mich verstanden.«

»Ich werde mit Fluvio darüber sprechen.«

»Tun Sie das. Vergewissern Sie sich, dass Sie meinen Namen sagen.«

»Ich komme hier nicht noch einmal her.«

»Gut.«

Der Mann und die Frau stürmen zur Tür hinaus.

Ich spüre einen stechenden Schmerz. Das sind die Magensäfte, die meine Magenschleimhaut verätzen. Ich ziehe eine Tablette gegen Sodbrennen aus meiner Tasche und spüle sie herunter.

»Nun«, sage ich mir, »das hast du erledigt.« Ich schüttle den Kopf. Ich glaube, ich verliere den Bezug zur Wirklichkeit.

»Was ist denn mit den Leuten?«, fragt Beth, die zu mir herübertänzelt. »Die sehen ziemlich sauer aus.«

»Sie wollten am Fenster sitzen, hatten aber keine Reservierung.«

»Der Mann sah aus, als wolle er dir eine runterhauen.«

»Kannst du dir das vorstellen?«, sage ich bitter. »Echauffiert sich wegen eines Tisches?«

»Alles in Ordnung?«, fragt Beth. »In den letzten Wochen bist du neben der Spur.«

»Ich brauche Urlaub, Beth«, erwidere ich. »Ich muss *weg* von solchen Leuten.«

»Reg dich nicht auf.«

»Ich versuch 's.«

Ich lächle kläglich, als Beth davongeht. Ganz tief im Inneren weiß ich, was los ist – ich leide unter Burn-out. Jeder Kellner muss dieser Situation irgendwann ins Auge sehen. Wenn man sich jahrelang in der schädlichen Atmosphäre eines Gastronomiebetriebs aufhält, hat man irgendwann keine Lust mehr, gastfreundlich zu sein. Man sieht die Kunden, mit denen man sein Gehalt verdient, als Feinde an. Da Kellner zu Gästen nicht unfreundlich sein sollten, entwickeln sie eine kundenfreundliche

Rüstung, die die empfindlichen Stellen der Seele gegen Angriffe schützen soll. Eine Weile kann man diese Rüstung tragen, vielleicht ziemlich lange, aber irgendwann zeigen sich Risse. Man kann sich nicht für immer verstecken. Die korrosive Atmosphäre im »Bistro« zerfrisst das bisschen Rüstung, das noch übrig ist.

Wegen Fluvios ständigem Theater, zusätzlich zu dem ganz normalen Irrsinn, hat der Geist der Gastfreundlichkeit meine Seele schon vor einiger Zeit verlassen. Ich habe das Gefühl, ich tue das, was ich im letzten Jahr meines Priesterseminars gemacht habe – ich bluffe. Die Angst vor Armut ist einer der Hauptgründe, warum ich in meinen ganzen Dreißigern als Kellner gearbeitet habe. Das ist meine eigene Schuld – nicht die Fluvios oder des Restaurantgeschäfts. Nach dem Abschluss des Buchvertrags, als ich begriff, dass ich nicht von Fluvio oder von den Kunden im »Bistro« abhängig bin, stieg eine gewaltige Wut in mir auf. Ich dachte, der Auftrieb würde meine Bitterkeit lindern und das Bedienen würde mir wieder Spaß machen. Falsch gedacht. Das genaue Gegenteil ist geschehen. Wie ein Fabrikarbeiter, der in der Lotterie gewinnt und plötzlich merkt, dass er seinen Job *hasst,* kämpfe ich gegen das Bedürfnis an, herumzurennen und allen zu sagen, sie sollen sich diesen Job in den Hintern schieben. *Jeden Tag* möchte ich zur Tür hinausgehen und nie wieder zurückkehren.

Wieder geht die Türglocke und unterbricht meine Gedanken. Wie ich erwartet hatte – die vier Rentner, die vorhin draußen herumgelaufen sind, treten ein und benehmen sich sofort, als seien sie ein Gottesgeschenk an die Welt. Es gibt nichts Schlimmeres, als Gäste bewirten zu müssen, wenn man selbst ein seelisches Wrack ist. Man reagiert auf jede Art von Kritik überempfindlich. Wenn sich ein Gast über eine schmutzige Gabel beschwert, interpretiert man das als Anklage gegen die ganze eigene Existenz. Manchmal will man ausrasten und sich selbst die Eingeweide herausreißen, wie der Kellner in dem alten *Monty-Python*-Sketch. Trotz meines jüngsten Erfolgserlebnisses komme ich mir noch immer vor wie ein Verlierer. Glauben Sie mir, dieses Gefühl verstärkt sich noch, wenn man arrogante Menschen bedienen muss.

»Jetzt aber genug mit dem Selbstmitleid«, sage ich mir. »Du hast dich schon an einem Kunden abreagiert. Jetzt versuche, für den Rest des Abends professionell zu sein.«

Wie schon viele Abende zuvor, bekomme ich mich unter Kontrolle, verstaue meinen Ärger und meine Traurigkeit in einem Geheimfach meiner Seele und lächle. Binnen einer halben Stunde sind meine Tische voll besetzt, mit Cocktails versorgt, über Specials unterrichtet und mit Vorspeisen beschäftigt. Tische zu bedienen hat etwas mit Gnade zu tun. Man kann sich so in seine Tätigkeit vertiefen, dass man seinen Ärger vergisst. Mein Geist entspannt sich, während mein Körper die Arbeit erledigt. Für ein paar Minuten finde ich Trost in der Routine. Natürlich hält der Frieden nicht lange an.

»Louis hat ein Problem mit Tisch neun.« Saroya tippt mir auf den Arm.

»Was denn jetzt?«, frage ich müde.

»Diese lesbische Frau ist wieder da, und sie ist betrunken.«

»Ach, Mensch.«

»Du bist der Manager, oder nicht?« Saroya lächelt durchtrieben. »Bring das in Ordnung.«

Gereizt gehe ich nach hinten zu Louis.

»Was ist los?«, frage ich.

»Du musst der Frau sagen, dass sie gehen soll«, schnaubt Louis. »Ich werd's nicht tun.«

»Ist sie betrunken?«

»Ja, und ich bediene sie nicht.«

Die Frau, um die es geht, ist eine 40-jährige Brünette, die einmal eine der besten Kundinnen des »Bistro« war. Als ich anfangs ihr Kellner war, fand ich sie reserviert, kalt und peinlich genau – aber sie hat mir nie Probleme gemacht und regelmäßig 20 Prozent Trinkgeld gegeben. Sie kam immer so gegen 17 Uhr 30, bestellte einen Martini und las die *New York Times,* während sie darauf wartete, dass ihre Freundin von der Arbeit kam. Sie bestellten ein gutes Abendessen, teilten sich eine Flasche Wein und rundeten den Abend mit Dessert und Digestiv ab.

Die Jahre verstrichen, und dann wurden aus einem Martini zwei und schließlich drei. Wenn die Freundin dann endlich kam, war die Brünette schon sturzbetrunken und konnte kaum noch deutlich reden. Um die Sache noch schlimmer zu machen, trank sie dann auch noch die Weinflasche allein aus und schluckte zwei Schnäpse. Irgendwann kam sie allein. Ich fand heraus, dass ihre Freundin sie wegen der Trinkerei verlassen hatte. Der Alkoholismus hatte sie ihre Freunde gekostet, ihren Job und sogar ihr Haus. Einmal war die arme Frau so betrunken, dass sie ihr Abendessen mit einer Supermarktkarte bezahlen wollte. Nach mehreren solchen Vorkommnissen ordnete Fluvio an, wir sollten ihr keinen Alkohol mehr ausschenken, wenn sie schon wie eine Schnapsdrossel roch. Aber das war einfacher gesagt als getan. Das letzte Mal, als jemand ihr nichts mehr bringen wollte, wurde sie furchtbar wütend und machte eine ungeheure Szene.

»Sagst du ihr nun, dass sie gehen soll?«, will Louis wissen. »Ich will sie nicht bedienen.«

Ich werfe einen verstohlenen Blick um die Ecke. Die Frau ist auf ihrem Stuhl zusammengesunken. Die verdörrte Haut spannt sich über den Wangenknochen und hebt die Flecken im Gesicht hervor. Eine von vielen geplatzten Äderchen schlängelt sich über ihre Nase. Jetzt greift der Alkohol auch ihre Gesundheit an.

»Okay, Louis. Ich kümmere mich drum.«

Ich gehe an den Tisch der Frau.

»Hallo«, sage ich sanft.

»Hi«, erwidert die Frau.

Der zuckersüße Geruch von Alkoholausdünstungen steigt mir in die Nase. Diese Frau trinkt schon den ganzen Tag lang billigen

Wein. Ihr Blut ist so getränkt mit dem Zeug, dass es aus ihren Poren herauskommt.

»Möchten Sie gern wissen, welche Specials wir heute haben?«, frage ich.

»Ich möchte gern eine Flasche Chianti«, sagt die Frau, und die Überbleibsel ihres gebieterischen früheren Selbst treten in Erscheinung.

»Es tut mir leid, Madam«, sage ich und versuche so unvoreingenommen wie möglich zu klingen. »Ich kann Ihnen keinen Alkohol mehr bringen.«

»Warum nicht?«, fragt die Frau und versucht, geradeaus zu schauen.

»Sie haben schon ein paar Drinks gehabt.«

»Na und?«

»Ich kann mich wirklich nicht mit Ihnen darüber streiten. Wenn Sie schon betrunken sind, darf ich Ihnen nichts mehr geben.«

»Ich verlange einen Drink«, platzt die Frau heraus. Sie sieht aus, als würde sie zusammenbrechen.

Ich sehe sie an, und während ich überlege, was ich als Nächstes tun soll, fällt mir ein Satz aus der Bibel ein. »Wer aber nicht hat, dem wird auch das, was er hat, genommen werden.« Diese Zeile ist aus dem Matthäus-Evangelium, aus dem Gleichnis »von den anvertrauten Pfunden«. Es ist eine einfache Geschichte. Ein Herr begibt sich auf eine lange Reise. Bevor er fährt, gibt er seinen drei Dienern unterschiedliche Geldbeträge, die sie für ihn anlegen sollen. Als der Herr von seiner Reise zurückkehrt, fragt er seine Bediensteten, was sie mit dem Geld gemacht haben. Der erste sagt, er habe fünf Talente bekommen und habe fünf dazuverdient. Das ist besser als ein leistungsstarker Hedgefonds – der Herr war zufrieden. Der zweite sagte, er habe zwei Talente bekommen und zwei dazuverdient. Das war mehr als die Durchschnittsrente – der Herr war begeistert und lobte die beiden Bediensteten, dass sie so gut und treu gewesen waren, und er bat sie, seinen Reichtum mit ihm zu teilen. Boni für alle.

Der dritte Bedienstete, ein Mann, der nur ein Talent erhalten hatte, wusste, dass sein Herr kompromisslos war, und so hatte er das Geld zur Sicherheit vergraben. Er gab also nur das zurück, was er auch bekommen hatte. Der Herr wurde ärgerlich und nannte ihn einen bösen und faulen Diener. Der Typ hätte wenigstens in Zertifikate investieren sollen, um ein paar Zinsen zu verdienen. Der Herr verlangte, dass man dem Diener das eine Talent wegnahm und es dem mit den zehn gab. Dann befahl er, den faulen Knecht in die Finsternis hinauszuwerfen, wo er heulte und mit den Zähnen klapperte. »Denn wer da hat, dem wird gegeben werden, und er wird die Fülle haben; wer aber nicht hat, dem wird auch das, was er hat, genommen werden.«

Diese Frau war einmal eine kluge und arbeitsame Frau gewesen. Alle Ressourcen, die sie hatte, jedes Pfund, das sie besaß, waren jetzt in einem Meer von Alkohol versunken. Sie hatte ihre Talente verspielt. Alles war ihr genommen worden. Ich weiß nicht, warum die Frau so ist, wie sie ist, aber eins ist sicher, sie leidet. Statt sich ihrem Kummer zu stellen, therapiert sie sich mit billigem Wein.

Ich kann den Kummer der Frau nachvollziehen. Ich habe meine Talente auch vergeudet. Ich bin wie dieser furchtsame Diener, der das eine Pfund, das ihm gegeben wurde, eingegraben hat. Ich weiß, ich sollte nicht mehr kellnern. Meine Freunde und meine Familie, die Leute, die mich kennen und lieben, sehen etwas anderes in mir. Verstehen Sie mich nicht falsch, es ist nicht schlecht, Kellner zu sein. Aber wenn man ein Kellner ist, der meint, er sollte eigentlich etwas anderes tun, dann reißt einen der Zwiespalt zwischen dem, was man ist, und dem, was man sein sollte, entzwei. Wie wenn man einen Menschen heiratet, aber einen anderen liebt.

Warum habe ich Angst, meine Talente zu nutzen? Weil ich Angst davor habe zu scheitern. Ich warte immer auf das nächste

Desaster. Darum habe ich auch nie diesen Coffee Shop aufgemacht. Darum haben meine Beziehungen nicht funktioniert. Darum habe ich noch immer Angst, dass meine Schreiberei erfolglos bleibt. Darum habe ich nicht gekündigt. Ich habe Angst, dass ich scheitern werde, wenn ich etwas anderes mache.

Meine Ängste werden in furchtbaren Alpträumen sichtbar – bedrohliche, wilde Bilder, wie ich aus Wut heule, weil die Welt mir alles wegnimmt. Leute sagen mir, dass ich ein Betrüger bin, frühere Freundinnen verspotten mich in der Finsternis, Männer mit versteinerten Gesichtern jagen mich durch Straßen, Sadisten foltern meinen Hund, und alte Menschen zeigen weinend auf tote Babys im Rinnstein, die dort verwesen. Wenn ich, was selten geschieht, einen meiner Peiniger fange, dann wird der Traum zu einer höllischen Gewaltorgie, in der ich jede nur erdenkliche Waffe benutze – auch meine Zähne. Das sind die Träume eines Mannes, der das Gefühl hat, sein Leben werde vom Strom der Zeit mitgerissen. Ich bin am Ort der Finsternis und klappere mit den Zähnen.

»Ich kann Ihnen keinen Alkohol geben«, sage ich zu der Frau und hole mich wieder in die Gegenwart zurück. »Aber es wäre schön, wenn Sie bei uns essen würden. Wir haben Fettucine Carbonara, die haben Sie doch immer bestellt.«

Die Frau sinkt in ihrem Stuhl zusammen. Sie ist besiegt. »Das ist schon okay«, sagt sie. »Ich habe keinen Hunger.«

»Warten Sie hier«, sage ich. »Trinken Sie ein wenig Wasser. So kommen Sie wieder zu Kräften. Ich bringe Ihnen einen Kaffee.«

»Das ist nicht nötig«, sagt sie und erhebt sich. »Ich sollte besser gehen.«

»Es tut mir leid, dass es nicht geklappt hat, aber bitte, kommen Sie wieder. Wir vermissen Sie.«

»Danke.« Die Frau fasst mich am Arm. »Danke für Ihre Freundlichkeit.«

Ich blicke ihr in die Augen.

»Keine Ursache«, sage ich.

»Wiedersehen.«

Ich schaue der Frau nach. Louis kommt auf mich zu.

»Na, die hast du ja leise hinausexpediert.« Er lächelt blasiert.

»Du hättest es nicht geschafft«, sage ich gereizt.

Louis blinzelt mich nur an.

»Und du glaubst, dass du meinen Job machen kannst?«, sage ich spottend. »Hör doch auf.«

Über Louis' Gesicht flackert ein unsicheres Grinsen. Wie bei einem kleinen Jungen, den man dabei erwischt hat, als er Süßigkeiten stibitzen wollte – oder bei einer Lüge.

»Ich …«

»Vergiss es, Louis. Wenn du meinen Job willst, dann bitte schön.«

Ich gehe zurück zum Fenster. Das »Bistro« ist erfüllt vom Besteckklappern und vom Murmeln zufriedener Gäste. Durch das große Fenster beobachte ich die Frau, die die Straße entlang durch die Kälte der Nacht torkelt. An der nächsten Ecke setzt sie sich auf eine Parkbank und legt ihr Gesicht in die Hände. Ich glaube, sie weint. Mir steigen die Tränen in die Augen. Diese Frau versenkt ihr Leben und ihre Talente im Alkohol. Ich begrabe mein Talent unter meiner Angst.

Seit meiner Kindheit denke ich, ich bin nicht gut genug. Ich hatte immer Angst, dass ich scheitern würde, wenn ich etwas probiere, und wenn ich scheiterte, wäre ich am Boden zerstört. Aus diesen beiden Faktoren setzt sich mein Seelenkorsett zusammen. Ich glaube, meine Angst rührt aus der Zeit, in der ich erfuhr, dass mein Zwillingsbruder bei der Geburt gestorben war. Als mir meine Eltern das behutsam und in guter Absicht erzählten, habe ich unkontrolliert zu weinen begonnen. Ich war untröstlich. Monate später, ja noch Jahre später brach ich in Tränen aus, wenn ich nur daran dachte. Natürlich hatte dieser zehnjährige Junge keine Ahnung, was er da fühlte – aber ich weiß es. Er hatte Angst. Als

Kind lernte ich, nicht einmal im liebenden Mutterleib war man vor dem Bösen sicher – das Schicksal meines Bruders hätte genauso gut mich ereilen können. Es hatte 50:50 gestanden, wer leben oder sterben würde. Mein Bruder starb direkt neben mir. Früh musste ich begreifen, dass die Welt grausam und gnadenlos sein konnte. Wenn mein Bruder vernichtet werden konnte, konnte ich auch vernichtet werden. Darum setzte ich in meinem Mischmasch aus der Schuld des Überlebenden und meinen Neurosen Scheitern mit Vernichtung gleich.

Also versteckte ich mich.

Ich dachte, Gott könnte mich in einer mächtigen, 2000 Jahre alten Institution beschützen. Falsch gedacht. Ich versuchte mich in einer Unternehmensfantasie zu verkriechen, bewaffnete mich mit teuren Anzügen und legte mir einen Möchtegern-Yuppie-Lebensstil zu – aber auch das schlug fehl. Irgendwann stolperte ich in die Gastronomie und versteckte mich hier. Das »Bistro« war wie ein Mutterleib, den ich nicht verlassen wollte. Obwohl es an Fluvio eine Menge zu kritisieren gibt, bewundere ich ihn dafür, dass er dieses Restaurant eröffnet hat. Er ist schon viele Male in seinem Leben gescheitert – und doch rackert er sich weiter ab. Er ist frustriert, eine Nervensäge, ängstlich und paranoid, aber er ist nicht gelähmt. Von ihm kann ich mir ein paar Scheiben abschneiden.

Das Feuer meiner eigenen Dämonen brennt mich aus. Es liegt nicht am Restaurantgeschäft oder an den Kunden – es liegt an mir. Der Mann, der ich gern wäre, kämpft gegen den, der er wird. Ich möchte meine Talente nutzen, bevor die paar, die ich habe, mir weggenommen werden. Das ist der Grund für meine Angst. Darum blaffe ich die Kunden an. Es klingt wie ein Klischee, aber es ist wahr – die größte Schlacht, die man zu kämpfen hat, ist die gegen sich selbst.

Als würde ein Licht in meinem Kopf angeknipst, wird mir eines klar: Ich war schon immer von dem einsamen Helden angezogen, dem Mann, der sich in seiner Einsamkeit und seiner Mehrdeutigkeit suhlt. Dem Mann voller Dämonen, der dennoch auf eigenen Beinen steht und Schönheit in sich und denen um sich herum sehen kann. Dem Mann, der die Grausamkeit der Welt erkennt und keine Angst bekommt. Das ist der Mann, der ich gern wäre. Ich will wie Philip Marlowe sein – *er muss der beste Mann auf der Welt sein und ein Mensch, der gut genug ist für jede Welt.*

»Aber durch diese schäbigen Straßen muss ein Mann gehen«, sage ich leise vor mich hin und sehe die betrunkene Frau weinen, während die Sommernacht den Rest des Tages verscheucht. »Der selbst nicht schäbig ist, der eine reine Weste hat und keine Angst …« Schluss, ich begrabe mein Talent nicht länger. Es ist an der Zeit, die Ängste der Kindheit abzulegen. Ich bin ein Mann. Ich muss endlich mein Leben in die Hand nehmen. Ich kann nicht für immer im »Bistro« bleiben.

»Ober«, ruft eine Frau in meinem Bereich. »Ich brauche noch einen Drink.«

Ich gehe zu ihrem Tisch hinüber und nehme ihr das Martiniglas ab, das sie mir hinhält.

»Mmmmm«, sagt die Frau. »Sie machen die besten Cosmopolitans.«

»Danke, Madam.«

»Ich sage meinem Mann immer, was für ein großartiger Kellner Sie sind«, sagt sie. »Sehr fähig.«

Die Frau sieht mich an. Sie ist ungefähr 50 Jahre alt. In ihrem Gesicht sieht man die Spuren des Lebens, das sie gelebt hat. Aber ihre Augen sind warm und jung.

»Aber zu fähig«, sagt die Frau. »Ich habe gesehen, wie Sie mit der Frau umgegangen sind. Ich habe es beobachtet. Sie sind mehr als nur ein Kellner, nicht wahr?«

Ich lächle. Kunden können sehr aufmerksam sein.

»Ja, Madam«, erwidere ich. »Das bin ich.«

DAS HANDTUCH WERFEN

Es ist der Samstagabend vor Halloween. Eine Nutte in Netz-strumpfhosen tippelt auf viel zu hohen Pfennigabsätzen am Fenster des »Bistro« vorbei. Ihr Freund, der als Jack the Ripper verkleidet ist, rennt entschlossen hinter ihr her und schwingt theatralisch ein Gummimesser. Vor dem Fenster bleiben sie stehen und winken den Gästen lebhaft zu. Ihre falschen Gedärme quellen unter ihrem kurzen Hemd hervor und baumeln hin und her. Die Brüste der Frau wackeln auch schön. Manche Gäste lachen und winken zurück. Irgendwo muss eine Kostümparty sein. Die Straßen sind voller beschwipster Kreaturen, die um Mitternacht im Vollrausch sein werden. Allerdings sind nicht alle Monster *vor* dem »Bistro«.

»Wie also kann ich das Bild erwerben?«, keift mich eine betrunkene Frau, die vor mir steht, an. »Ich habe nicht die ganze verdammte Nacht Zeit.«

Die Bilder an den Wänden des »Bistro« stehen zum Verkauf. Die nummerierten Reproduktionen von Gemälden hängen da schon seit Jahren.

»Es tut mir leid, Madam«, sage ich entschuldigend. »Ich habe noch nie eins dieser Bilder verkauft. Ich müsste Fluvio anrufen und ihn nach dem Prozedere fragen. Geben Sie mir ein paar Minuten.«

»Sie wissen nicht, wie Sie das Bild verkaufen sollen?« Die Frau tobt vor Wut. »Nehmen Sie es von der Wand, wickeln Sie es ein, und geben Sie es mir.«

»Ich glaube, Sie müssten direkt mit dem Künstler Kontakt aufnehmen, Madam …«

»Das ist mir egal«, sagt die Frau und stampft mit ihrem hochhackigen Schuh auf. »Beeilen Sie sich, und finden Sie es heraus.«

Ich habe keine Zeit für diesen Mist. Dies ist ein Restaurant, keine Kunstgalerie. Normalerweise würde sich die Hostess um diese Sache kümmern, aber wir schließen bald, und ich dachte, ich könnte sie früher gehen lassen. Fehler. In der Sekunde, in der sie weg war, schob sich ein Haufen nächtlicher Gäste durch die Eingangstür. Weil ich glaubte, dass die anderen Kellner alle Hände voll zu tun hatten, habe ich die Neuankömmlinge in meinem leeren Bereich plaziert. Saroya hat sofort Stunk gemacht und gejammert, ich nützte meine Stellung aus und nähme den anderen Kellnern die Gäste weg. Sie hat sich sogar bei Beth über mich beschwert. Und Louis? Er spricht nicht einmal mehr mit mir. Etwas früher am Abend habe ich ihn zurechtgewiesen, weil er in Hörweite von Kunden Obszönitäten von sich gab. Er ist immer noch sauer, dass ich ihm gesagt habe, er soll den Mund halten. Ich kann es ihm nicht verübeln. Einmal hatten Fluvio und ich Streit, und ich schrie eine Reihe von solch üblen Schimpfwörtern, dass der ganze Speisesaal in schockiertes Schweigen verfiel. Ich bin mir meiner Scheinheiligkeit durchaus bewusst. Nur ist es mir scheißegal.

Vor drei Wochen habe ich meine Arbeitstage von fünf auf drei reduziert. Ich hatte versucht, das Personal darauf vorzubereiten, aber sie lachten nur und dachten, das sei nur Gerede. Jetzt ist es Realität, aber es gibt immer noch böses Blut zwischen uns. Saroya hat mir rundheraus gesagt, ich solle mit dem Kellnern aufhören, denn nun sei ich »reich«. Schön wär's – aber ich bin nicht in der Position, mich bald auf Tahiti zur Ruhe setzen zu können. Ich möchte weiter arbeiten und schreiben, aber ich weiß im Grunde, dass meine Tage hier gezählt sind. Ich bin verletzt und verärgert. Meine schlechtesten Charaktereigenschaften zeigen sich. Ich trete arrogant, aufgeblasen und unhöflich auf. Meine Haltung gegenüber dem Personal ist im Wesentlichen mit »Fickt euch« zu beschreiben.

Das Personal hasst mich. Meine neuen Gäste sind auf einen Schlag gekommen, sie haben alle gleichzeitig Desserts bestellt. Eine betrunkene Dame stiehlt mir die Zeit, die ich für die 15 Cappuccinos bräuchte. Ich habe keinen guten Abend. Aber ich werde nicht wegen ein paar Cappuccinos absaufen. Abgesehen davon, meine berauschte Doyenne ist sturzbetrunken, sie kann froh sein, wenn sie in 20 Minuten auf zwei Beinen stehen, geschweige denn über Kunst reden kann.

»Sobald ich Näheres weiß«, erkläre ich ruhig, »sage ich Ihnen Bescheid.«

Die Frau starrt mich wütend an. Zumindest glaube ich, dass sie wütend ist. Es ist schwer zu sagen, was ihr Gesichtsausdruck bedeuten soll, denn all die Schönheits-OPs und das Botox haben ihr Gesicht zu einer Grimasse des ewigen Überraschtseins erstarren lassen. Hätte ich die Wahl, würde ich, trotz ihres kurzen Rocks und ihres durchtrainierten Hinterns, die abgehalfterte Nutte draußen nehmen.

»Machen Sie schon«, ruft sie betrunken.

»Ja, Madam.«

Sobald die Frau außer Hörweite gestolpert ist, rufe ich Fluvio im »Duetto« an. Das andere Restaurant ist voll, das kann ich hören.

»Warum kann ich der Frau das Bild nicht einfach geben?«, frage ich.

»NEIN!«, schreit Fluvio. »Sie muss mit dem Künstler sprechen.«

»Und seine Telefonnummer?«

»Die steht auf dem Schild neben dem Bild.«

»Auf dem Schild steht nur, dass man sich an einen Kellner wenden soll«, antworte ich. »Keine Telefonnummer.«

»Haben wir ihn nicht im Computer?«

»Kein Glück, Boss.«

»Such in meinem Büro.«

»Bist du verrückt? In der Unordnung werde ich gar nichts finden.«

»Warte! Bin gleich wieder da«, sagt Fluvio und hält mich in der Warteschleife.

Nachdem ich zwei Minuten lang Musik gehört habe, lege ich auf. Ich rufe das »Duetto« erneut an und bestelle der Hostess, Fluvio solle mich anrufen, sobald er die Information gefunden hat, dann gehe ich in die Küche, um die Desserts zu holen. Ich komme am Tisch der betrunkenen Frau vorbei, sie hält mich am Arm fest und zieht mich zu sich heran.

»Also, was ist denn nun mit dem Bild?«, fragt sie.

Ich kann mich gerade noch beherrschen, meinen Arm wegzuziehen. »Wir versuchen, die Telefonnummer des Künstlers ausfindig zu machen.«

»Jessas«, ruft die Frau und krallt sich in meinen Arm. »Das ist doch ungeheuerlich.«

»Was ist denn daran so schwierig, ein Bild zu verkaufen«, schimpft der Ehemann. Er hat ein blaues Seidenhemd an und eine teure Brille mit schwarzem Rand auf der Nase, die ihm die Aura von Erfolg verleihen soll. Der Mann sieht aus, als verbringe er jede freie Minute in einem Sonnen- oder Fitnessstudio. Der Effekt der teuren Kleidung und seines durchtrainierten Körpers wird allerdings durch schlecht transplantierte Haargruppen, die in gleichmäßigen Abständen auf seiner beginnenden Glatze eingepflanzt wurden, geschmälert. Die beiden, die mit ihnen am Tisch sitzen, sehen aus wie Pornostars, die früh in Rente gegangen sind – sie halten das Altern mit einer strahlenden Fassade, cartoonhaft überbetonten Körpern und vor Haarspray strotzendem Haar auf. Die Löcher, wo ihre Augen sein sollten, starren mich vollkommen teilnahmslos an. Irgendetwas sagt mir, dass die vier denselben Schönheitschirurgen haben.

»Sir«, sage ich. »Ich tue, was ich kann.«

»Das ist nicht gut genug«, schreit die Ehefrau.

»Sorry.«

Die Frau lässt meinen Arm los. Keiner sagt ein Wort, also verstehe ich das als Stichwort für meinen Abgang. Ich gehe wieder in die Küche und will mich meinen Cappuccinos widmen. Zwei habe ich fertig, als meine Aufmerksamkeit erneut in Anspruch genommen wird.

»Oh, Mr. Manager«, sagt Saroya und tippt mir auf die Schulter. »Fluvio ist am Telefon, und die Dame an meinem Tisch regt sich über das Bild auf.«

»Saroya«, antworte ich und nehme ein paar Cappuccino-Gläser aus dem Regal. »Ich habe wirklich zu tun. Könntest du mit Fluvio sprechen und ihn fragen, was los ist?«

»Nein.«

»Warum nicht?«

»Das ist nicht mein Job.«

»Aber mir steht das Wasser bis zum Hals.«

»Pech.« Saroya freut sich sichtlich über meine missliche Lage. Sie wird mir nicht helfen. Niemand wird mir helfen.

»Warum bist du nur so eine blöde Ziege?«, zische ich sie an.

Saroyas Augen blitzen mich wütend an. »Wenn du nicht so gierig wärst«, sagt sie erregt, »hättest du nicht so viele Tische, und dann stünde dir das Wasser auch nicht bis zum Hals.«

»Du bist mir eine, Saroya«, antworte ich. »Du stiehlst doch auch Tische.«

»Red mit Fluvio«, sagt Saroya und versucht mich aus der Tür zu schieben. »Ich werde deine Arbeit nicht machen.«

Jetzt reicht 's. »Weißt du was, Saroya«, sage ich. »Nur weil du mit dem Küchenchef zusammen bist, hast du noch lange nicht das Recht, mir zu sagen, was ich zu tun habe.«

»Was!«, schluckt Saroya. »Du hast gesagt, weil ich mit dem Küchenchef *ficke,* kann ich dir nicht sagen, was du zu tun hast?«

»Das habe ich nicht gesagt …«, schreie ich. Es gibt einen Unterschied zwischen den Wörtern *zusammen sein* und *ficken.*

Ein Ausdruck des Triumphs huscht über Saroyas Gesicht. »Ich werde Armando sagen, was du gesagt hast. Er wird dich umbringen.«

Ich schüttle den Kopf. Das hier ist eine ausweglose Situation. Ich beschließe, die Unterhaltung zu beenden.

»Ich bringe jetzt meine Nachspeisen raus«, sage ich drohend. »Es ist dein Tisch. Klär *du* das mit Fluvio. Klär *du* das mit der Frau. Klär *du* das mit dem verdammten Bild.«

»Idiot!«, zischt Saroya und stürmt aus der Küche.

Für die nächsten 20 Minuten konzentriere ich mich auf meine Desserts. Ich bin so wütend, dass ich alles und jeden ignoriere. Das Telefon klingelt wie verrückt, aber ich weiß, es ist Fluvio, und gehe nicht dran. Sollen er und sein beschissenes Chaos zum Teufel gehen.

Aus dem Augenwinkel sehe ich Armando, der sich mitten im Gang mit der verrückten Kunstdame unterhält. Saroya muss ihn gebeten haben, sich einzuschalten. Das überrascht mich. Es kommt nicht oft vor, dass Armando mit einem Gast spricht. Dann geschieht etwas. Armando, der sich die Unterhaltung noch einmal durch den Kopf gehen lässt, macht auf dem Hacken kehrt. Verdutzt fängt die Frau an mit den Fingern zu schnippen und Armando hinterherzurufen, als sei er ein kleiner Hund. Armando beachtet sie nicht. Da rennt die Frau hinter ihm her und packt ihn am Arm. Ich sehe Armandos wütenden Blick. Er hat sich schnell wieder im Griff, nimmt die Hand der Dame von seinem Arm und läuft weiter. Gut, denke ich bei mir. Es wird Zeit, dass Armando mit eigenen Augen sieht, wie verrückt Gäste sein können.

Armando kommt zu mir herüber. »Warum konntest du mit der Lady nicht fertig werden und mit meinem Cousin sprechen?«

»Ich bin ein viel beschäftigter Mann«, sage ich. »Du hast doch gesehen, wie viele Desserts ich zu servieren hatte.«

»Du bist viel beschäftigt, weil du dir alle Tische unter den Nagel gerissen hast.«

»Fang du nicht auch noch an«, brumme ich.

»Ich bin nicht hier, um deinen Job zu machen«, antwortet Armando ruhig. »Wenn du nicht damit fertig wirst …«

»Es war am Ende einfach zu viel«, unterbreche ich. »Keine Hostess und …«

»Mir egal«, sagt Armando. Wir sehen uns einen Moment lang an. Ich muss an junge Löwen in der Wildnis denken, die den alten Löwen vertreiben und die Macht übernehmen. Plötzlich komme ich mir vor wie der alte Löwe. Nach ein paar Sekunden des Anstarrens geht Armando zügig weg. Als er in der Küche verschwunden ist, kommt Saroya auf mich zu.

»Ich habe ihm erzählt, was du zu mir gesagt hast«, sagt sie in ihrem arroganten Singsang. »Er ist stinksauer auf dich.«

»Super«, murmele ich. »Jetzt hassen mich alle.«

»Du hast es verdient.«

»Du weißt genau, dass er dir mehr glaubt als mir.«

Saroya macht kehrt. Die Kunstfrau trinkt sich selbst in geistige Umnachtung und vergisst das Bild. Der Abend ist zu Ende. Die Kollegen gehen, ohne ein Wort mit mir zu sprechen. Armando verlässt das Restaurant, ohne mir die Hand zu schütteln – das ist das erste Mal. Auch die Hilfskellner glotzen mich sonderbar an. Mich beschleicht dasselbe Gefühl wie damals, kurz bevor ich den Job in der psychiatrischen Klinik verlor. Ich fühle mich wie der »Dead Kellner Walking«.

Das »Bistro« ist dunkel und leer. Ich schließe ab, fahre nach Hause und gieße mir einen riesigen Whisky ein. Mein Hirn läuft auf Hochtouren, an Schlaf ist nicht zu denken. Ich fange an, irgendetwas von Raymond Chandler zu lesen, aber nach ein paar Minuten klappe ich das Buch wieder zu. Ich ekle mich selbst an.

Philip Marlowe würde sich niemals so viel gefallen lassen wie ich. Und er würde auch nicht wie eine weinerliche selbstherrliche Zicke alles bis ins kleinste Detail analysieren. Ich bin nicht mehr gut für das »Bistro«, und das »Bistro« ist nicht mehr gut für mich. Es ist Zeit für eine Veränderung. Ich muss gehen. Ich denke an etwas, das mir mein Pfarrer im Priesterseminar vor langer Zeit gesagt hat: »Sei nie die Leiche bei deiner eigenen Totenwache.«

Ich kippe den Whisky hinunter und schalte das Licht aus. Darüber muss ich noch einmal schlafen. Um neun Uhr morgens klingelt das Telefon. Mein Kopf schmerzt dumpf. Meine Zunge fühlt sich an wie mit Wachs überzogen. Ich greife nach dem Schnurlostelefon auf dem Nachttisch und schiele auf das Display. Es ist Fluvio.

Ich liege im Bett und lasse den Anrufbeantworter anspringen. Durch die halbgeschlossenen Lider blicke ich auf einen Zweig vor dem Fenster, der sich im Herbstwind auf und ab bewegt. Seine roten und orangefarbenen Blätter tropfen wie glühende Kohlen von der Takelage eines brennenden herrenlosen Schiffes auf hoher See. Ein Blatt bleibt an der Fensterscheibe kleben. Trotzig flattert es gegen das Glas, bis es sich löst und ins Nichts geschleudert wird.

Ich springe aus dem Bett, gehe in die Küche und setze Kaffee auf. Während ich warte, toaste ich einen Bagel, bestreiche ihn mit Frischkäse und lege ein paar Tomatenscheiben darauf. Sobald der Kaffee durchgelaufen ist, gieße ich mir einen Becher voll ein und frühstücke stehend in der Küche. Danach stelle ich den Teller in die Spüle, gieße mir noch einen Kaffee ein und höre mir die Nachricht an, die Fluvio hinterlassen hat.

»He. Ruf mich an. Was ich über letzte Nacht höre, gefällt mir ganz und gar nicht. Ruf mich an, sobald du diese Nachricht gehört hast, ich erwarte, dass du für mich auf das Restaurant aufpasst. Mach keine Probleme. Ruf mich an.«

Ich seufze tief und wähle Fluvios Handynummer. Er nimmt nach dem ersten Klingelzeichen ab.

»Also, was war los?«, sagt er. Keine Einleitung. Kein Hallo.

»Es war verrückt letzte Nacht«, sage ich. »Was soll ich sagen?«

»Dass du überfordert bist?«

»Fluvio, die Frau wollte das Bild kaufen. Ich habe noch nie eins von diesen Bildern verkauft. Ich habe versucht, mit dir zu reden, aber du hattest zu tun, und meine Tische waren alle voll. Ich bat Saroya, mit dir zu reden, es war schließlich ihre Kundin. Sie sagte, es sei nicht ihre Aufgabe, und holte Armando.«

»Und warum bist du überfordert?«, wiederholt Armando.

»Komm schon, Fluvio. Das kann passieren. Ich habe mich um meine Gäste gekümmert, die Hostess war gegangen.«

»Ich bezahle dich dafür, dass du die Dinge regelst, wenn ich nicht da bin. Ich möchte mir nicht den Kopf darüber zerbrechen müssen, dass du nicht klarkommst.«

Ich möchte Fluvio sagen, dass er sich keinen Kopf zu machen braucht. Denn er hat meinen Job ja Louis bereits versprochen.

»Sorry, Fluvio«, sage ich stattdessen. »Ich wünschte, es wäre anders gelaufen.«

Fluvio schweigt. Während ich seinem gepressten Atmen zuhöre, fängt das Frühstück in meinem Magen zu rumoren an. Früher konnte ich mit den Verdrehtheiten von Fluvio umgehen, aber nach sechs Jahren kann ich es nicht mehr. Vielleicht sollte ich Fluvio sagen, dass ich kündige. Aus irgendeinem Grund aber schaffe ich es nicht.

»Noch was, Boss?«, frage ich.

»Nein«, antwortet Fluvio. »Ich will mir keine Sorgen mehr machen.«

»Ich weiß.«

»Wir reden später weiter.«

»Okay.«

»Tschüss.«

Ein paar Stunden später betrete ich, mein gereinigtes Ober-
hemd um die Schultern gelegt, das »Bistro«. Saroya wartet schon
ungeduldig auf mich.

»Du bekommst Ärger«, sagt sie, wieder mit diesem Singsang in
der Stimme, wie ein kleines Mädchen, das sein Geschwisterchen
verpetzt. »Armando will mit dir reden.«

»Ach ja?«, sage ich und logge mich ins POS-System ein. »Worüber?«

»Darüber, was du letzte Nacht zu mir gesagt hast.«

»Kann ich mir vorstellen. Ist er in der Küche?«

»Ja, aber er ist …«

Ich gehe weiter und stecke meinen Kopf durch die Küchentür.
Armando sitzt neben dem Herd und prüft eine Rechnung.

»Du willst mit mir reden?«, frage ich.

Armando blickt auf und lächelt flüchtig. »Ja«, sagt er. »Gib
mir eine Minute.«

»Ich warte draußen.«

Sara, eine der anderen Kellnerinnen, eine große Brünette, deren Mann gerade aus dem Irak zurückgekehrt ist, stellt sich zu
mir. »Habe gehört, ihr hattet eine harte Nacht?«

»Hab schon schlimmere erlebt«, witzle ich.

»Was war denn los?«

»Zu viele Häuptlinge«, antworte ich. »Nicht genug Indianer.«

»Oh.«

»Also, gehen wir?« Armando tritt aus der Küche.

»Japp.«

»Komm mit«, sagt Armando und lächelt milde. »Wir reden im
Büro.«

Irgendetwas sträubt sich in mir, weil er mit mir wie mit einem
Untergebenen spricht. Aber ich beiße mir auf die Zunge. Ich will
das nur hinter mich bringen, damit die Luft rein ist.

Wir gehen runter in Fluvios Büro. Armando macht es sich in

Fluvios Sessel gemütlich. Ich schiebe eine paar bekleckerte Anziehsachen von einem Klappstuhl und setze mich.

»Hör zu, Armando«, fange ich an. »Wegen Saroya …«

»Vergiss es«, sagt Armando und winkt ab. »Ich will mit dir über etwas anderes reden.«

»Aha.« Ich bin überrascht.

»Ich habe mit meinem Cousin und dem Personal gesprochen«, sagt Armando. Dabei dreht er den Sessel hin und her und blickt an die Decke. »Und wir alle sind der Meinung, dass du deine Haltung hier ändern musst.«

»Wie denn?«

»Alle finden, dass du unfair bist, dass du die guten Tische für dich nimmst, dass du immer mehr Gäste hast als die anderen.«

»Darüber meckern die Kellner schon seit Jahren«, entgegne ich. »Was ist denn jetzt so anders?«

»Hör zu«, sagt Armando. »Sie sagen, du führst dich unmöglich auf. Und sie haben es langsam satt.«

Ich rutsche unruhig auf meinem Stuhl hin und her. Das Büro stinkt nach Fett und Schweiß. Das war nicht die Unterhaltung, die ich erwartet habe. Als sei ich aus dem Hinterhalt angegriffen worden, fange ich an, mich zu rechtfertigen. Als ich mich reden höre, frage ich mich, warum ich mich überhaupt vor Armando rechtfertige. Er ist nicht mein Vorgesetzter. Armando heuchelt Interesse und nickt an den richtigen Stellen freundlich. Aber ich weiß, er hört mir gar nicht zu. Er kann es kaum erwarten, etwas zu sagen. Ich frage mich, ob Fluvio diese Unterhaltung aufzeichnet. Ich würde es ihm zutrauen. Wunderbar. Jetzt werde *ich* paranoid.

»Na ja, ich habe mit meinem Cousin gesprochen«, sagt Armando, als ich ausgesprochen habe. »Und er hat mir gesagt, dass ich die Verantwortung für das Bistro trage. Wenn du nicht gewillt bist, dich zu ändern, bin ich befugt, dich gehen zu lassen.«

Ich unterdrücke meine aufwallende Wut. Armando ist ein netter Typ. Eines Tages wird er selbst sein eigenes erfolgreiches Restaurant führen. Im Moment aber tut er so, als sei er der Boss. Er muss noch viel lernen. Ich bin stinksauer auf Fluvio. Nach sechseinhalb Jahren sollte er den Mut haben, diese Unterhaltung selbst zu führen.

»Wow«, sage ich. Zum ersten Mal bin ich sprachlos.

»So sieht's aus.«

»Welche Veränderungen schweben dir denn vor?«, flüstere ich beinahe.

Armando redet und ich starre auf einen Punkt am Boden und tue so, als hörte ich zu. Es ist kein Zufall, dass wir uns drei Wochen nachdem ich meinen Stundenplan zusammengestrichen habe, hier unterhalten. Zugegeben, viele der Beschwerden des Personals sind berechtigt, aber der wahre Beweggrund von Fluvio ist Intoleranz gegenüber jedem, den er nicht kontrollieren kann. Darum ist er nicht hier.

Ich könnte mich wehren. Mir wird nicht direkt gekündigt. Warte ich lange genug, treiben Fluvios Irrsinn und Undankbarkeit die Mitarbeiter wieder in meine Ecke. Dann wäre er wieder von mir abhängig. Aber wie lange würde das dauern und zu welchem Preis? Ich bin es leid. Und ich habe nicht die emotionalen Reserven, die Meuterei der Belegschaft abzuwehren. Ich würde höchstens einen Pyrrhussieg erringen.

Jemand hat einmal zu mir gesagt: »Man ist bereit, etwas zu tun, wenn man so weit ist.« Ein guter Kellner weiß, wann es an der Zeit ist, das Handtuch zu werfen. Für mich war dieser Moment gekommen. Es bedurfte nur des Tropfens, der das Fass zum Überlaufen brachte, um die letzten Fesseln, die mich ans »Bistro« banden, zu kappen. Ich brauche Fluvios »Bistro« nicht mehr. Sechs Jahre lang war es mein Hafen. Jetzt werde ich auf eigenen Füßen stehen. Ich werde es schaffen, ich habe keine Angst. Ich verdiene etwas Besseres. Ich werde nicht scheitern. Ich werde nicht untergehen.

Es ist Zeit zu gehen.

Armando redet immer noch, aber ich kann ihn nicht hören. Seine Worte werden vom Nebel der Gefühle verschluckt. Glück, Erleichterung, Wut und Traurigkeit wechseln sich so schnell ab, dass sie zu einer einzigen unbestimmbaren Empfindung verschwimmen. Es gibt nichts zu sagen. Ich erhebe mich von dem Stuhl und gehe zur Tür.

»Wohin gehst du?«, sagt Armando.

»Ich bin hier fertig.«

»Aber …«

»Auf Wiedersehen, Armando.«

Ich gehe durch die Tür. Armando ruft mir hinterher. »Ich weiß, du kannst nicht glauben, dass das passiert. Aber es passiert. Glaub es.«

Kopfschüttelnd steige ich die Treppen hoch und gehe in den Speisebereich. Ich nehme meinen Mantel und meine Schlüssel. Es ist, als schiebe mich eine unsichtbare Hand in Richtung Tür. Unter Schock blicke ich auf die Holzdielen, die in der Nachmittagssonne wächsern schimmern. Ich bin schon so lange hier, dass jedes Astloch, jede Maserung mir so vertraut ist wie die Landschaften meines Gesichts. Ich muss so oft hin und her gelaufen sein, wie der Pazifik breit ist – ich kann nicht glauben, dass ich das nun das letzte Mal tue. Als ich an den mit Leinen gedeckten Tischen vorbeigehe, denke ich, wie viele Geschichten jeder Tisch erzählen könnte. An Tisch 3 hatte die Dame den Schlaganfall. An Tisch 9 brach die Alkoholikerin zusammen und weinte. An Tisch 15 hat der Mann seiner Freundin einen Heiratsantrag gemacht. An Tisch 17 habe ich mir an einer Weinflasche die Hand aufgeschnitten und den ganzen Tisch vollgeblutet. An Tisch 18 hatte ein Mann einen Krampf und fiel bewusstlos zu Boden. An Tisch 19 habe ich den Betrunkenen mit der Hure niedergewalzt, und an Tisch 20 hat mich Russell Crowe gefragt, ob ich Schauspieler sei. An Tisch 22 habe ich mich um das Valentinspaar ge-

kümmert, und an Tisch 24 habe ich einem unausstehlichen betrunkenen Mann gesagt, er solle machen, dass er rauskommt. An
Tisch 25 haben immer meine Lieblingsgäste gesessen, und Tisch
26 war der Tisch, an dem das Mädchen und der junge Mann sich
an Silvester für ihr Baby entschieden. Ich kann nicht glauben,
dass ich diese Tische niemals wieder bedienen werde. Irgendwie
gehören sie mir.

Verkehrslärm dringt von der Straße herein. Die Nachmittagssonne brennt auf das große Fenster und wirft das Logo des Restaurants in Spiegelschrift an die hintere Wand. Ich betrachte
den Schatten der Buchstaben und erinnere mich, wie das Sonnenlicht durch die Bleiglasfenster meiner alten Seminarkapelle
fiel. Ich erinnere mich an den Klang der Stimmen von 30 Männern, die sanft für die Jungfrau Maria sangen. Ich denke an Kevins Beerdigung und daran, wie ich ihn das letzte Mal lebend sah.
Ich denke an Beth und daran, wie sie auf das Gesicht ihrer toten
Freundin sanft Make-up auftrug. Tränen steigen mir in die Augen. Ich fühle eine große Erleichterung, so wie wenn eine gelieb-
te Person nach langer Krankheit stirbt und man weiß, dass das
Leiden nun ein Ende hat. Gefühle und Erinnerungen laufen in
meinem Kopf ab wie ein Film, der vorgespult wird. Ich erinnere
mich an einen glücklichen Fluvio und daran, wie er zum ersten
Mal mit seinem Sohn ins Restaurant kam. Ich erinnere mich daran, wie ich meine Ex-Freundin im Weinkeller geküsst habe. Ich
denke an den Bruder, den ich verlor, und den Bruder, den ich
habe. Ich erinnere mich an meine Eltern, als sie jung waren. Ich
denke ans »Amici's«. An Caesar. An Rizzo. Ich denke über Karma nach. Über Sünde und Vergebung. Egal, was ich heute über
das »Bistro« denke, am Ende war es gut für mich.

Als ich den Gang entlanggehe, bricht sich das Sonnenlicht, das
leicht getrübt durch das Fenster scheint, in meinen Tränen. Als
ich die Tür erreiche, tropfen sie auf den Boden. Ich lege die Hand
an die Glastür und atme tief durch. Ich flüstere »Auf Wiederse-

hen« und trete hinaus. Die Herbstluft ist kühl und klar. Der Wind raschelt laut in den Blättern der Bäume. Ich habe irgendwo gelesen, dass man Gottes Stimme im Wind flüstern hören kann. Vielleicht ist es seine Hand, die ich in meinem Rücken spüre. Ich lächle, wische die Tränen ab und gehe die Straße hinunter.

Ich bin nicht länger der traurige Mann am Fenster.

EPILOG: FRÜHLING

Ich stehe vor dem »Café Gerardi's« und genieße einen wunderschönen Frühlingstag. Als ich heute Morgen zur Arbeit kam, ging ein heftiges Unwetter über der Gegend nieder. Jetzt ist es windstill. Die Sonne hat wieder jedes Anzeichen für Regen verdunsten lassen. Ich atme tief ein und genieße den Geruch der frisch gewaschenen Welt. Abwesend greife ich nach meiner Schachtel Zigaretten, dann fällt mir wieder ein, dass ich aufgehört habe zu rauchen. Ich ziehe die Hand aus der Tasche und lächle vor mich hin. Den Job im »Bistro« hinzuschmeißen war das Beste, was ich für meine Gesundheit getan habe. Ich habe nicht nur das Rauchen aufgegeben, ich mache jetzt auch Sport, trinke weniger Alkohol, schlafe besser und habe viereinhalb Kilo abgenommen. Ich habe das Gefühl, dass ich, seit ich nicht mehr im »Bistro« arbeite, zehn Lebensjahre gewonnen habe. Alle meine Freunde sagen, ich wirke gelassener. Sie haben recht.

Ich drehe mich um und blicke durch das Fenster des »Café Gerardi's«. Ich habe nur einen einzigen Kunden. Einen dicken Mann mit Doppelkinn, der jede Woche für seine Flasche Kräuterlimonade und eine Schüssel Zuppa di Pesce kommt. Er ist einer von diesen traurigen Typen, die ungern um andere Menschen herum sind, sich aber trotzdem nach Gesellschaft sehnen. Jedes Restaurant hat so einen Kunden wie ihn. Ich habe ihn sozusagen adoptiert. Es hat einen Monat gedauert, aber jetzt lächelt er mich an, sobald ich seine Bestellung aufnehme. Man muss die kleinen Triumphe des Lebens würdigen. Als ich sehe, dass der Mann erst zur Hälfte aufgegessen hat, drehe ich mein Gesicht wieder der Sonne zu und tanke noch ein bisschen Vitamin D. Ich habe Zeit.

Seit etwa zwei Monaten arbeite ich im »Café Gerardi's«. Es ist nicht gerade das beste Lokal, aber es ist auch nicht das schlechteste. Da ich noch neu bin, bekomme ich die miesesten Schichten, habe die schlechtesten Tische, die problematischsten Kunden und die schmutzigsten Extraaufgaben. Als ich Beth von meinem Umkehr-Kellnerschicksal erzählt habe, lachte sie sich halb tot und sagte, das sei die Quittung für all meine Managersünden, die ich im »Bistro« begangen hätte. In gewisser Weise hat sie nicht Unrecht. Aber es macht mir auch Spaß, der einfache Kellner zu sein. Ich vermisse die Streits mit den Gästen nicht. Ich vermisse es auch nicht, den Mitarbeitern sagen zu müssen, sie sollen das Gras in ihrer Freizeit rauchen. Obwohl ich nur halb so viel verdiene wie im »Bistro«, bin ich glücklich. Ich arbeite nur fünf Schichten in der Woche. Ich habe mehr Zeit für den Rest meines Lebens.

Nachdem ich im »Bistro« aufgehört hatte, beschloss ich, erst einmal Urlaub vom Gastgewerbe zu machen. Ich brauchte eine Auszeit. Ich wollte sehen, wie ganz normale Leute ihren Urlaub verbringen. Und lassen Sie sich sagen, es war eine sonderbare Rückkehr in den Fluss der normalen Zeit. Als ich zum ersten Mal nach sieben Jahren Weihnachten wieder mit meiner Familie feierte, wusste ich gar nichts mit mir anzufangen. Als ich auf eine Silvesterparty bei einem Freund ging, musste ich mich beherrschen, nicht nach dem Tablett zu greifen und Kanapees zu servieren. Es dauerte einen Monat, bis ich aufhörte, von vergessenen Vorspeisen und nicht wieder aufgefüllten Limonadengläsern zu träumen.

Es war auch komisch, wie normale Menschen auswärts zu essen. Zuerst war ich gereizt, wenn ich hörte, wie Gäste ihren Kellnern das Leben schwermachten. Irgendwann aber entspannte ich mich und betrachtete die Dinge mit den Augen eines Gastes.

Nachdem ich in einigen exzellenten Restaurants zu Abend gegessen hatte, stellte ich erfreut fest, dass das »Bistro« nicht die ganze Welt der Restaurants ist.

Fluvio rief mich einen Tag nach meiner Kündigung an. Es war kein freundliches Gespräch. Bis auf ein einziges Mal haben wir danach nicht wieder miteinander gesprochen. Ich musste ihn anrufen, weil ich ein Problem mit meiner Krankenversicherung zu klären hatte. Bei der Gelegenheit erzählte er mir, er habe das »Duetto« schließen müssen. Irgendetwas sei mit dem Mietvertrag nicht in Ordnung gewesen. Er sagte, er habe eine Menge Geld verloren. Irgendwann später hat mir jemand erzählt, dass Fluvio seit dem Tag finanziell in echten Schwierigkeiten stecke und sein Crash unabwendbar gewesen sei. Ich persönlich glaube, dass das ganze schlechte Karma, das Fluvio über die Jahre angehäuft hat, ihn jetzt am Arsch hat. Bevor wir auflegten, sagte er mir, ich sei für ihn immer noch ein Freund. Das machte mich stocksauer. Wäre er mein Freund, hätte er mich wenigstens einmal angerufen, um zu fragen, wie es mir geht. Trotz meines klitzekleinen religiösen Erlebnisses nach meinem Ausstieg aus dem »Bistro« machten mir mächtige Gefühle der Wut und des Verlusts zu schaffen. Ich kam mir vor wie eine misshandelte Ehefrau, die ihren Mann verlässt und sich plötzlich dafür schämt, dass sie so lange bei ihm geblieben ist. Erst als ich aus dem »Bistro« raus war, habe ich kapiert, dass Fluvio sich einzig und allein für Fluvio interessiert. Ich sagte ihm, es täte mir leid, dass er das Restaurant aufgeben musste, und legte auf. Ich habe nie wieder etwas von ihm gehört.

Das Geschäft im »Bistro« brummt nach wie vor. Mit einigen der alten Mitarbeiter habe ich noch Kontakt. Beth ging zwei Monate nach mir, verließ ihren Freund und fand einen neuen Job, aber nicht mehr im Gastgewerbe. Jetzt geht sie mit einem neuen Typen aus und scheint glücklich zu sein. Manchmal treffen wir uns im »Café American« mit Celine, einer ehemaligen Hostess, trinken Martinis und erzählen uns alte Kriegsgeschichten. Ich habe auch ein paar meiner ehemaligen Kunden wieder getroffen. Meine liebsten, die Meyers, haben gesagt, das »Bistro« sei ohne mich nicht mehr das, was es einmal war. Sie gehen nicht mehr hin. Ich war sehr gerührt – aber ich habe das leise Gefühl, manche der »Freunde des Besitzers« sind erfreut darüber, dass ich nicht mehr da bin.

Saroya, Armando und Louis arbeiten noch immer im »Bistro«. Nach einigen Monaten und mit ein wenig Abstand verflog meine Wut auf sie. Sie sind nur Leute, die in einer gestörten Umgebung arbeiten. Am meisten vermisse ich die Hilfskellner und das Küchenpersonal. Das sind die feinsten Menschen, mit denen zu arbeiten ich die Ehre hatte.

Vor ein paar Wochen bin ich an dem Restaurant vorbeigegangen. Viele Kellner, die ich durchs Fenster sah, waren neu. Fluvio wechselt die Kellner immer noch mit rasender Geschwindigkeit. Als ich durch das Fenster schaute, überkam mich plötzlich ein komisches Gefühl. Es war, als ginge ich am Haus meiner Kindheit vorbei, nachdem meine Eltern es verkauft hatten. Sicher, an dem Haus hängen viele Erinnerungen – aber ich lebe dort nicht mehr.

Wenn ich nicht gerade im »Gerardi's« arbeite, schreibe ich. Zuerst war es schwierig, jeden Tag zu schreiben. Nach ein paar Monaten aber vertiefte ich mich so in die Arbeit, dass die sechs Stunden, die ich mir vorbehielt, wie sechs Minuten verflogen. Ich werde nervös, wenn ich länger als einen Tag nicht schreibe. Wörter auf ein weißes Blatt Papier zu bringen hat etwas Betäubendes. Es ist wie eine Droge.

Überall in der Wohnung liegen Notizblöcke herum, auf die ich Ideen kritzle, damit ich sie nicht vergesse. Einmal wachte ich auf und schrieb einen Dialogfetzen nieder, den ich im Traum gehört hatte. Mir hatte der Klang gefallen. Menschen, denen ich auf der Straße begegne, werden zu Charakteren. Artikel in Zeitungen werden Handlungsstränge. Sonnenuntergänge fordern mich heraus, sie zu beschreiben. Ein Autorenkollege erklärte mir, das seien die Symptome der Verwandlung in einen Schriftsteller. Ich glaube, er hat recht. Das Schreiben hat mich verändert – zum Besseren.

Ich sehe wieder durchs Fenster. Mein Gast hat seine Suppe gegessen. Ich gehe hinein, decke ab und lege dem Mann die Rechnung hin. Er gibt mir ein nettes Trinkgeld, lächelt und geht. Das »Gerardi's« ist jetzt leer. Ich nehme mir also eine Zeitung und setze mich an einen der hinteren Tische. Ich blicke auf die Uhr. Noch eine Stunde, dann kann ich nach Hause gehen. Während ich die Zeitung lese, sinne ich darüber nach, dass das Kellnern mir leichter fällt, seit ich im »Bistro« aufgehört habe. Die Gäste gehen mir nicht mehr so auf die Nerven. Erinnern Sie sich noch an die drei Gründe, warum jemand Kellner wird? Jetzt, da ich ein Kellner bin, der etwas *anderes* zu werden versucht, glaube ich, dass mein Leben einen neuen Sinn bekommt. Meine Reizbarkeit ist verflogen. Meine Gastfreundlichkeit ist zurückgekehrt. Ich sehe mich nicht mehr als Verlierer. Die furchtbaren Träume über vergeudetes Talent habe ich nicht mehr. Zum ersten Mal seit langem bin ich mit der Welt im Reinen. He. Ich habe schon lange nicht mehr vor einem Tisch einen fahren lassen.

Die Klingel der Eingangstür läutet. Ich blicke auf. Eine hoch gewachsene, schöne, rothaarige Frau steht in der Tür. Ich stehe auf, um sie zu begrüßen. Das Kellnerlächeln in meinem Gesicht ist echt.

»Kann ich noch zu Mittag essen?«, fragt sie.

»Natürlich, Miss«, sage ich freundlich. Ich werfe einen hastigen Blick auf ihre Hände. Kein Ehering. »Sie können sitzen, wo Sie wollen.«

Die Frau wählt einen Tisch am Fenster. Nachdem ich ihr ein Glas Sauvignon blanc gebracht habe, rattere ich die kurze Liste dcr Lunch-Specials herunter. Leider sucht sich die Frau das schlechteste Essen aus.

»Das würde ich nicht nehmen, Miss«, sage ich.

»Warum nicht?«, fragt sie.

»Es ist einfach nicht gut.«

»Ich dachte, Ihr Kellner müsstet immer sagen, dass alles gut ist«, kichert die Frau.

»Nur die unehrlichen.«

»Und Sie sind ein ehrlicher Kellner?«

»Jetzt ja.«

»Sie waren es nicht immer?«

»Nein.«

»Haben Sie je in ein Essen gespuckt?«

Ich lache. »Bisher noch nicht.«

»Ich habe auch jahrelang Tische bedient«, sagt die Frau und senkt ihre Stimme zu einem verschwörerischen Flüstern.

»Ich kann Ihre Beweggründe zweifellos nachempfinden.«

»Was machen Sie, wenn Sie nicht kellnern?«, fragt die Rothaarige.

»Ich bin Autor.«

»Wirklich?« Ihre grünen Augen zeigen Interesse. »Schreiben Sie gerade an einem Buch?«

»Ja.«

»Sehr cool. Worüber?«

»Über das Restaurantgeschäft.«

Es entsteht eine lange Pause. Sie starrt mich an. Meine Güte, denke ich. Sie mag mich.

»In einer Stunde habe ich Schluss«, sage ich mutig. »Vielleicht können wir uns auf einen Drink verabreden und Notizen vergleichen. Von Kellner zu Kellner?«

»Für ein Buch recherchieren?«

»So könnte man es sagen.«

Die Frau schürzt ihre Lippen nachdenklich. Nach einer langen

Pause sagt sie: »Ich habe in einer Stunde eine Verabredung. Ich fürchte, ich kann nicht.«

»Natürlich, Miss«, sage ich und schalte sofort zurück in den Kellnermodus.

»Trotzdem danke.«

»War mir eine Freude.«

»Also, was empfehlen Sie?«, fragt sie und schenkt wieder der Speisekarte ihre Aufmerksamkeit. Ich sage ihr, der Thunfisch sei exzellent. Sie bestellt, isst und bittet um die Rechnung.

»Schade, dass ich Ihr Angebot nicht annehmen konnte«, sagt sie und stopft ein paar Geldscheine in die Rechnungsmappe. »Vielleicht verschieben wir es auf ein anderes Mal?«

»Selbstverständlich, Miss«, antworte ich. Sie gibt mir freundlich eine Abfuhr, denke ich.

»Ich heiße übrigens Rachel«, sagt die Rothaarige und streckt mir ihre gepflegte, manikürte Hand entgegen.

»Steve«, sage ich und schüttele sie.

»Sehr angenehm, Steve«, sagt sie. »Viel Glück mit dem Buch.«

»Danke, Rachel.«

Ich begleite sie zur Tür, sage auf Wiedersehen und blicke ihr nach. In dem Moment, in dem sie um die Ecke biegt, kommt die Ablösung. Ich kann nach Hause gehen. Ich gehe zurück in den Speisebereich, nehme die Mappe vom Tisch und sehe nach. Da, neben meinen 25 Prozent Trinkgeld steckt ein Zettel mit der Telefonnummer von Rachel.

Manchmal liebe ich diesen Job.

ANHANG

40 Tipps, wie Sie ein guter Gast werden

1. Machen Sie eine Reservierung, und halten Sie sie ein. Es ist nicht unüblich, dass an einem Freitag- oder Samstagabend 20 Prozent der Gäste, die reserviert haben, nicht kommen – selbst wenn sie zuvor die Reservierung bestätigt haben. Viele Menschen in dieser von vielerlei Möglichkeiten besessenen Mobiltelefonwelt nehmen Reservierungen in zwei oder drei Lokalen vor und entscheiden erst in letzter Minute, in welches sie gehen werden – meistens, ohne dem anderen Restaurant Bescheid zu geben! Das ist nicht nur unhöflich, es ist nicht gut fürs Geschäft, weil das Management überbucht. Haben Sie sich je gefragt, warum Ihr Tisch nie bereit ist, wenn Sie zur besagten Zeit kommen? Das ist der Grund. Geben Sie nicht dem Restaurant die Schuld. Geben Sie den anderen Kunden die Schuld. Dank der Computer können wir nachverfolgen, welche Kunden uns stets reinlegen, und ihnen später eine Abfuhr erteilen. Passen Sie auf, dass Ihnen das nicht passiert. Treffen Sie eine Entscheidung, und bleiben Sie dabei.

2. Wenn Sie etwas später als zur reservierten Zeit kommen, bitte rufen Sie an. Wir halten Ihren Tisch frei. Vielleicht bekommen Sie ein halbe Stunde später nicht mehr den besonderen Tisch, den Sie wünschten, aber Sie bekommen noch einen. Eine Stunde später? Wenn es voll ist, drehen Sie um, und

335

gehen Sie nach Hause. Machen Sie sich erst gar nicht die Mühe.

3. Sagen Sie nie: »Ich bin mit dem Besitzer befreundet.« Restaurantbetreiber haben keine Freunde. Das entlarvt Sie in dem Augenblick, in dem Sie das Restaurant betreten, als unwissenden Wichtigtuer.

4. Setzen Sie sich an den Tisch, der Ihnen zugewiesen wird. Immer wenn die Hostessen die Gäste plazieren wollen, gehen die Kunden (meistens Frauen) an dem Tisch vorbei und jagen im Restaurant nach einem besseren. Bitte, überlassen sie das der Hostess. Sie versucht nur, die Gäste gleichmäßig im Restaurant zu verteilen, damit alle den besten Service bekommen, ohne den Kellner überzustrapazieren. Und glauben Sie mir: Wenn Ihr Kellner Sie wegen des Tischs jammern hört, weiß er, dass Sie ein nerviger Snob sind, der meint, er habe das Recht, wie ein Rockstar behandelt zu werden, und höchstwahrscheinlich auch noch ein miserabler Trinkgeldgeber ist. Sie haben Ihren Kellner noch gar nicht kennengelernt und ihn schon gegen sich aufgebracht.

5. Lassen Sie Ihre Kinder, wenn möglich, zu Hause. Verstehen Sie mich nicht falsch. Ich liebe Kinder – aber nicht in einem Edelrestaurant. Kluge Eltern, die keinen Babysitter bekommen, gehen früh zum Abendessen aus und sind wieder zu Hause, bevor ihre kleinen Engel ungestüm werden. Das ist cool. Uncool ist eine mit Ritalin vollgepumpte Göre, die im Restaurant herumrennt und um zehn Uhr abends aus vollem Hals schreit. Die Chancen, dass das Kind über den Haufen gerannt wird oder jemand etwas Heißes über es gießt, stehen nicht schlecht. Manchmal wollen Erwachsene einfach Erwachsene um sich herum haben. (Wir sollten außerdem Eltern für den Platz, den ihre superteuren, urbanen Kinderkarossen einnehmen, Geld abknöpfen.)

6. Wenn Sie schon Ihr Kind mitbringen und einen Hochstuhl

benutzen, dann stellen sie ihn nicht mitten in den Gang, nur damit Großmama Gesichter schneiden kann. Ich weiß, ich bin herzlos, aber ich könnte es nicht ertragen, wenn ich die Fontanelle Ihres Babys mit einem Tablett eindelle. Halten Sie Ihr Herzchen aus der Schusslinie.

7. Bleiben Sie freundlich. Sagen Sie bitte und danke. Seien Sie zuvorkommend zur Hostess, zu den Hilfskellnern, der Garderobiere, dem Barkeeper und dem Kellner. Behandeln Sie andere, wie Sie gern behandelt werden würden. (Ja, man muss die Menschen daran erinnern.)

8. Sagen Sie niemals: »Wissen Sie nicht, wer ich bin?« Warum? Haben *Sie* vergessen, wer Sie sind?

9. Schnipsen Sie nicht mit den Fingern, um die Aufmerksamkeit des Obers auf sich zu ziehen. Denken Sie daran, wir haben Messer in der Küche, die Knochen durchschneiden können.

10. Telefonieren Sie nicht mit Ihrem Handy. Ja, Sie, der immer erreichbare Blackberry-Junkie! Hat Ihnen noch niemand gesagt, dass es unhöflich ist zu telefonieren (oder SMS zu verfassen), während andere essen? Wenn Sie nicht zufällig ein Herzchirurg im Bereitschaftsdienst sind, schalten Sie es aus oder auf lautlos. Außerdem will niemand Ihren blöden *Der-Pate*-Klingelton hören. Und bitte, sprechen Sie nicht am Telefon, während der Ober Ihnen die Specials sagt oder Ihre Bestellung aufnimmt. Die noble Art ist es, hinauszugehen, wenn man einen Anruf machen will. Und, Jungs, wenn Sie an einem Tisch sitzen, dann vermeiden Sie das Handy-auf-den-Tisch-werfen-Manöver. Das riecht geradezu nach Peniskomplex und Unsicherheit. Lassen Sie es in der Hose stecken, Sie Meister des Universums.

11. Sagen Sie Ihrem Teenager, er soll den Gameboy weglegen und sich gerade hinsetzen.

12. Benutzen Sie nicht Ihren Laptop, wenn Sie gerade zu Abend essen. Beim Lunch ist es noch vertretbar, weil Sie vielleicht

arbeiten, aber zu jeder anderen Tageszeit sehen Sie damit irgendwie unheimlich aus. Lesen Sie ein Buch (vorzugsweise dieses hier) oder die Zeitung.

13. Bitte lassen Sie Ihren Kellner die Specials nur einmal aufsagen. Die meisten Gastwirte sind der Meinung, es gehöre sich in einem exzellenten Lokal, wenn Kellner die Empfehlungen 20 Mal auswendig hersagen. Aber dem ist nicht so. Bitte machen Sie uns das Leben nicht schwer, indem sie uns bitten, die Specials ausführlich zu beschreiben, bevor Ihre anderen Tischgäste kommen. Dann müssen wir es noch einmal machen. Ich bekomme auch so schon einmal im Jahr eine Kehlkopfentzündung!

14. Fragen Sie Ihren Kellner nicht nach seinem Namen, nur damit Sie ihn durch den halben Raum brüllen können, wann immer Sie etwas brauchen. Ich habe einmal einem aufmüpfigen Gast gesagt, ich heiße Sigismund. Das hat für ein aufregendes Dinner-Theater gesorgt.

15. Bestellen Sie eindeutig. Sagen Sie, was Sie wollen. Ein Kellner ist kein Hellseher. Klären Sie mit dem Kellner die Bestellung ab, der, wenn er klug ist, sie noch einmal wiederholt.

16. Wenn Sie Wein bestellen, riechen Sie nicht am Korken! Das stellt Sie als absoluten Amateur bloß. Warum sich einem gewissenlosen Sommelier ausliefern? Sie müssen den Korken nur *befühlen* und sich vergewissern, dass er noch intakt ist. Ist das Ende des Korkens feucht? Gut. Das bedeutet, der Wein wurde ordnungsgemäß gelagert. Vielleicht vergewissern Sie sich, dass der Name auf dem Korken mit dem auf dem Etikett der Flasche übereinstimmt. Skrupellose Restaurantbesitzer sind bekannt dafür, dass sie billigen Wein in alte Weinflaschen umfüllen und wieder verkorken. Ist Schimmel am Korken? Das ist ein schlechtes Zeichen. Und fangen Sie bloß nicht damit an, den Wein im Glas herumzuwirbeln, als wollten Sie Uran 235 in einer Zentrifuge spalten. Das ist so prätentiös.

Sie sollten den Wein schwenken und beobachten, wie er an der Innenwand festhält und herunterrinnt. Diese Schlieren, die an der Innenwand des Glases herunterrinnen, nennt man »Tränen« oder »Bögen«. Hat ein Wein Tränen, ist der Alkoholgehalt hoch und er wird vollmundig schmecken. Wenn Sie am Wein riechen, dann prüfen Sie, ob er nach Essig riecht, nach Schimmelkäse oder eingeschlafenen Füßen. Wenn nicht, ist der Wein schlecht und Sie lassen ihn zurückgehen. Machen Sie sich nichts daraus, wir bekommen das Geld meistens vom Händler zurück. Denken Sie daran, die Weinprobe dient nur dazu herauszufinden, ob der Wein trinkbar ist, nicht, ob er nach Ihrem Geschmack ist. Sie sollten schon vorab wissen, was Sie mögen. Wenn Sie den Wein nicht mögen, obwohl er vollkommen in Ordnung ist? Das ist Ihre Schuld.

17. Bitten Sie nicht um große Gläser, wenn es ein billiger Wein ist, besonders dann nicht, wenn Sie nur ein Glas bestellen. Diese angeberische Yuppie-Art macht mich rasend. Manche Weine, besonders die von hoher Qualität, müssen in großen Gläsern serviert werden, damit das Aroma sich besser entfalten kann. Statusbewusste Kunden, auch wenn sie nur Chianti trinken, der in einen Plastikbecher eingeschenkt werden könnte, wollen, dass alle um sie herum denken, sie tränken etwas Exklusives, und verlangen darum große Gläser. Ich habe immer zu bedenken gegeben, wie viel das über diese Gäste sagt – großes Ego ohne viel dahinter.

18. Wenn in einem Restaurant Wein serviert wird und Sie Ihren eigenen mitbringen, wird eine Korkengebühr erhoben. Die Gebühr ist für gewöhnlich identisch mit dem Preis für die billigste Flasche Wein, die im Restaurant verkauft wird. Wenn Sie Ihre eigene Flasche mitbringen, aber noch zusätzlich eine zum gleichen oder gar höheren Preis bestellen, erlassen Ihnen manche Restaurants, mit Sicherheit nicht alle, die Korkengebühr. Bringen Sie keine Flasche mit, die auch im Lokal ver-

kauft wird. Das ist unhöflich. Wenn Sie Bedenken haben, eine Flasche Wein mitzubringen, vermeiden Sie Ärger, rufen Sie einfach vorher an.

19. Sie sollten Ihre Grenzen im Hinblick auf Alkohol kennen.

20. Bestellen Sie nichts, was nicht auf der Speisekarte steht. Marschieren Sie nicht in ein italienisches Restaurant in der Annahme, dass der Chef Ihnen Sushi zubereiten wird, bloß weil er Thunfisch dahat. In Restaurants werden die Gerichte gekocht, die auf der Karte stehen, aber auch die vorher festgelegten Specials. Wenn Sie etwas bestellen, was nicht auf der Speisekarte steht, dann muss der Küchenchef etwas kochen, was er nicht regelmäßig kocht. In einer Küche ist die Wiederholung der Schlüssel zum Erfolg. Sie möchten doch auch, dass Ihr Herzchirurg 10 000 Bypässe gemacht hat, bevor er Ihre Brust aufreißt. Oder? Genauso ist es mit dem Chef – wenn er dasselbe Gericht 10 000 Mal im Monat kocht, dann stehen die Chancen gut, dass es jedes Mal ein Heimspiel ist.

21. Angemessene Änderungen sind bei Essensallergien akzeptabel. Lügen Sie nicht und behaupten, Sie hätten eine Allergie, nur damit der Küchenchef etwas Spezielles für Sie kocht.

22. Geben Sie Geld aus. Sie müssen nicht die Bank sprengen. Hauptgerichte zu teilen ist okay. Aber bitten Sie nicht um Wasser, Zitrone und Zucker und machen dann Ihre eigene Limonade daraus. Was kommt danach? Trauben, damit Sie Ihren eigenen Wein pressen können?

23. Benehmen Sie sich gut. Keine Hände unterm Tisch und kein Sex auf der Toilette – es sei denn, ich bin einer der Mitwirkenden.

24. Das Geheimnis, wie ein Stammgast behandelt zu werden? *Seien* Sie ein Stammgast. Jeder hat gern ein Lieblingsrestaurant, wo der Kellner das Lieblingsgetränk kennt und der Be-

sitzer Aufhebens um einen macht. Wir alle wollen einen besonderen Ort, wo wir immer einen guten Tisch bekommen oder eine Reservierung in der letzten Minute. Das Problem ist, die meisten Gäste glauben, sie hätten einen Anspruch auf diese Aufmerksamkeiten schon beim ersten Besuch in einem Restaurant. Falsch! Wollen Sie wie ein Stammgast behandelt werden, dann müssen Sie schon ein bis zwei Mal monatlich kommen. Mindestens. Mein ehemaliger Boss hat immer gesagt: »Beziehungen sind alles.«

25. Fassen Sie den Kellner oder Hilfskellner nie aggressiv an. Halten Sie nicht seinen Arm fest, und ziehen Sie nicht an Schürzen.

26. Erzählen Sie all Ihren Freunden von dem Restaurant und kurbeln Sie das Geschäft an. Der Besitzer liebt so was. Es ist kostenlose Werbung. Dann wird er sie *fast* wie einen Freund behandeln.

27. Bitten Sie den Gastwirt oder die Kellner nicht um Spenden. Glauben Sie mir, der Besitzer hasst das. Es gibt Tage, an denen es den Anschein hat, als strecke jeder Kunde seine Hand für eine Spende aus – egal, ob es Spenden für verwaiste Welpen sind, eine Tombola für das Restless-legs-Syndrom, Golf-Stiftungen oder eine Kiwanis-Auktion. Kein Restaurant kann für jede Wohltätigkeitsorganisation spenden, die an die Tür klopft. Irgendwann setzt Gebermüdigkeit ein. Wirklich geschmacklos ist, wenn Kunden einmal im Restaurant essen und denken, sie hätten das Recht, den Besitzer um eine 100-Dollar-Spende zu bitten, damit sie den College-Chor ihres Sohnes nach Paris schicken können. Bitte. Hören Sie doch auf.

28. Fördern Sie Ihren Kellner. Wenn Sie einen Kellner finden, der Ihnen zusagt, dann bitten Sie immer darum, in seinen Bereich gesetzt zu werden. Erzählen Sie Ihren Freunden von Ihrem Lieblingskellner, damit auch sie namentlich um diesen

Kellner bitten. Jetzt haben Sie dem Besitzer den Eindruck vermittelt, dass dieser Kellner unverzichtbar ist, und haben auch sein Gehalt erhöht. Der Kellner wird es Ihnen danken und sich gut um Sie kümmern.

29. Beanspruchen Sie nicht die Zeit des Kellners für sich. Versuchen Sie, nicht zu trödeln. Denken Sie daran, der Kellner muss den Tisch weitergeben, um Geld zu verdienen. Es ist okay, wenn Sie bis zum Schluss bleiben, aber dann müssen Sie auch mehr Trinkgeld geben, um das wettzumachen, was der Kellner verdient hätte, wenn er eine neue Runde Gäste am Tisch gehabt hätte.

30. Bitten Sie um die Rechnung. Es ist unfreundlich, wenn ein Kellner sie nur auf den Tisch legt. (Aber das tun wir, wenn es sehr voll ist.)

31. Ja, die Pantomime mit der verschnörkelten Unterschrift ist gerade noch hinnehmbar, auch wenn sie mich maßlos ärgert.

32. Begleichen Sie die Rechnung innerhalb von fünf Minuten. Ein gutes Zeichen, dass die Rechnung beglichen ist? Die Kreditkarte oder ein Geldschein lugt ein wenig aus der Geldmappe hervor. Legen Sie, um Gottes Willen, den Geldschein nicht auf Ihren Schoß, unter eine Serviette oder, mein Favorit, unter Ihren Ellenbogen. Das ist passiv-aggressive Scheiße. Es schreit nur danach, dass Sie sich von Ihrem Bargeld nicht trennen wollen. Sehen Sie nicht aus wie ein Geizkragen. Geben Sie mir einfach die verdammte Rechnung.

33. Bitten Sie nicht am Ende um getrennte Rechnungen. Das ist Ihr Problem. Das hätten Sie mir vorher sagen sollen.

34. Wenn Sie Ihr Geld oder Ihre Kreditkarte vergessen haben, werden Sie nicht das Geschirr abwaschen müssen. Das würde uns die Versicherung nie erlauben. Sind Sie Stammgast, dürfen Sie am nächsten Tag bezahlen. Kennen wir Sie nicht? Dann rufen wir die Bullen und lassen Sie wegen Service-Diebstahls verhaften.

35. Geben Sie mindestens zwischen 15 und 20 Prozent Trinkgeld. Wenn Sie es nicht tun, machen Sie den Stammgaststatus, den Sie anstreben, zunichte. Versuchen Sie immer, das Trinkgeld in bar zu geben. Wenn Sie einen Lieblingskellner haben, geben Sie mindestens 20 Prozent oder sogar 25. Geben Sie noch mehr, wirkt das allerdings verschwenderisch. Heben Sie sich das für besondere Anlässe wie Weihnachten auf. Sie wollen dem Kellner nicht die Würde stehlen, indem Sie versuchen, seine Zuneigung zu kaufen. Wir sind keine Huren. Bleiben Sie sachlich und professionell.

36. Zahlen Sie einen Teil Ihrer Rechung mit einem Geschenkgutschein, dann achten Sie darauf, dass Sie auf die gesamte Summe der Rechnung Trinkgeld geben – nicht auf den Betrag, der übrig bleibt, wenn der Geschenkgutschein eingelöst ist.

37. Geben Sie der Garderobiere Trinkgeld: einen Dollar pro Mantel.

38. Wenn Sie in einem schicken Restaurant etwas zum Mitnehmen bestellen, sind 10 Prozent Trinkgeld angemessen.

39. Kommen Sie niemals 15 Minuten vor der Schließzeit. Die Köche sind müde und bereiten Ihr Gericht sofort zu, damit sie die Küche aufräumen können. Während Sie noch beim Salat plaudern, schmachtet Ihr Hauptgericht unter einer Wärmelampe, und der Tellerwäscher versprüht derweil industrielles, kanzerogenes Säuberungsmittel in unmittelbarer Nähe. Essen Sie lieber in einem Imbiss.

40. Wenn Sie es sich nicht leisten können, Trinkgeld zu geben, können Sie es sich auch nicht leisten, zum Essen auszugehen. Bleiben Sie zu Hause.

50 Wege, um festzustellen,
ob Sie in einem schlechten Restaurant arbeiten

1. Das Management heuert Sie in dem Moment an, in dem Sie sagen: »Ich suche Arbeit.«
2. Sie übernehmen gleich in der ersten Woche die Freitags- und Samstagabendschichten. (Weil die Kellner mit alarmierender Regelmäßigkeit kündigen.)
3. Ihr Boss bittet Sie nicht um eine Lohnsteuerkarte und fragt auch nicht nach irgendeiner Art von Ausweis.
4. Das Einarbeiten besteht aus einer flüchtigen Tour durchs Restaurant, und der Oberkellner sagt: »Schwimm oder stirb.«
5. Das Restaurant zahlt in der Einarbeitungszeit kein Gehalt. Lehrlinge werden oft als unbezahlte Sklavenarbeiter eingesetzt, und dann wird ihnen nach der »Probezeit« gesagt, es habe »leider nicht geklappt«.
6. Pornobilder als Bildschirmschoner auf dem PC des Besitzers.
7. Pornobilder als Bildschirmschoner am POS-System.
8. Das Küchenpersonal hat sich Namen für die Mäuse ausgedacht.
9. Die Toilette für die Angestellten ist so ekelhaft, dass ein Loch im Boden besser wäre.
10. Das Toilettenpapier in der Angestelltentoilette könnte als Sandpapier durchgehen.
11. Der Besitzer bumst die Hostess.
12. Es sind entweder zu viele oder zu wenige Kellner da.
13. Die Angestellten drohen einander Prügel an.
14. Der Manager fordert Bestechungsgeld für gute Schichten am Samstagabend.
15. Der Besitzer, der Geschäftsführer oder der Küchenchef schreit die Angestellten *permanent* an.

16. Der Besitzer, der Geschäftsführer oder der Küchenchef macht sich über die bessere Hälfte eines Mitarbeiters lustig.

17. Wenn ein Kellner einen Fehler macht, bekommt das Küchenpersonal einen Machtrausch und sieht lieber zu, wie der Kellner sich windet, statt zu helfen. Der Kunde hat natürlich das Nachsehen.

18. Der Küchenchef weigert sich, eine Beilage gegen eine andere auszutauschen.

19. Sie fangen an, mehr zu trinken.

20. Das Restaurant gibt keine Schürzen oder Bestellblöcke aus.

21. Sie müssen dem Restaurantbetreiber einen Anteil der Kreditkartengebühr erstatten, wenn das Trinkgeld auch per Kreditkarte gegeben wurde.

22. Der Besitzer will am Trinkgeld beteiligt werden. (*Illegal!*)

23. Von Ihrem Gehaltsscheck wird Geld für die Verpflegung des Personals abgezogen, aber Sie werden nicht verpflegt.

24. Es gibt nicht genügend Teelöffel, also horten Sie sie in Ihrer Schürze, damit Sie welche für die Desserts haben.

25. Der Manager zwingt Sie, Ihre Taschen zu leeren, und sucht nach den Teelöffeln.

26. Es mangelt stets an Seife und Desinfektionsmitteln für die Hände.

27. Ihre Arbeitszeiten können sich ohne Vorwarnung ändern.

28. Der Manager ruft Sie ständig an, weil sie zusätzliche Schichten arbeiten sollen, und droht Ihnen mit Rausschmiss, wenn Sie nicht »aushelfen«.

29. Sie kommen zur Arbeit und finden heraus, dass Sie nicht bedienen dürfen. Niemand hat Sie angerufen und es Ihnen gesagt.

30. Das Management fordert Sie auf, auch im Krankheitsfall zu arbeiten. (Guten Abend, ich bin die Typhus-Mary und werde Sie heute Abend bedienen.)

31. Wenn Sie einen Kreditkartenbeleg verlieren, zieht der Besitzer

die Rechnungssumme von Ihrem Gehalt ab und gibt das Geld erst zurück, wenn das Kreditkartenunternehmen das Geld auf sein Konto überwiesen hat. Sie verlieren das Trinkgeld.

32. Wenn die Kasse nicht stimmt, müssen Sie die Differenz von Ihrem Geld bezahlen.

33. Das Management zwingt Sie, zu zahlen, wenn ein Kunde die Zeche prellt. (Ganz normal.)

34. Hilfskellner nehmen das unangebissene Brot aus dem Brotkorb und servieren es noch einmal.

35. Sie arbeiten eine Doppelschicht, und der Manager lacht, wenn Sie um eine Pause bitten.

36. Sie werden sieben Mal am Tag gefragt, ob Sie lesbisch oder schwul sind.

37. Der Gastwirt sagt Ihnen, Sie seien ein Teil der »Familie« und von Ihnen werde erwartet, dass Sie »über sich hinauswachsen«, damit die Gäste »mehr als zufrieden sind«. Nach ein paar Schichten merken Sie, sogar die Manson-Familie war kompetenter.

38. Das Restaurant ist dreckig.

39. Ständiger Wechsel von Kellnern, Hilfskellnern und Tellerwäschern. Das Lokal ist ein Fleischwolf, und Sie sind das Fleisch.

40. Der Koch, der den Salat zubereitet, benutzt keine Handschuhe.

41. Der Gesundheitsinspektor macht hinten ein Nickerchen.

42. Notausgänge sind immer blockiert durch Ersatzstühle, Tische oder andere Gerätschaften.

43. Der Besitzer ist zu geizig für einen angemessenen Weihnachtsbonus oder eine Party für das Personal.

44. Es gibt keinen Erste-Hilfe-Koffer.

45. Der Besitzer ist nie da, wenn Sie ihn brauchen, und immer da, wenn Sie ihn nicht gebrauchen können.

46. Im Restaurant gibt es ein Videoüberwachungssystem, mit

dem der Restaurantbetreiber seine voyeuristischen Neigungen auslebt.

47. An Ihrem ersten Tag sagen Ihnen alle Kellner, wie unausstehlich der Besitzer, das Küchenpersonal, die Hilfskellner und die anderen Kellner sind.
48. Die Kellner trinken sich heimlich während der Sonntagsbrunchschicht nüchtern.
49. Die Hostessen sagen den Kellnern, was sie zu tun haben.
50. Kellner reichen ihre Kündigung ein, indem sie mitten im Speisebereich an einem Samstagabend »Scheißhaus!« schreien.

Was ein Kellner immer bei sich tragen (oder in seiner Nähe aufbewahren) sollte

Billige Kugelschreiber

Jeder Kellner sollte mindestens drei dabeihaben, einen zum Unterschreiben von Rechnungen, einen, um Bestellungen aufzuschreiben, und den dritten, um ihn Kollegen zu borgen und niemals zurückzubekommen. Bringen Sie bloß keine schicken Stifte mit zur Arbeit. Die Gäste werden sie stehlen. Andere Möglichkeiten des Gebrauchs (nicht vollständig) sind:

- Zum Notieren der Telefonnummer eines süßen Mädels
- Als Beatmungsröhre bei einem Luftröhrenschnitt
- Als Waffe (Denken Sie an den Film *Die Bourne Identität*)

Korkenzieher

Bietet vielerlei Einsatzmöglichkeiten:

- Wein- und Bierflaschen öffnen
- Löcher in Olivenöldosen stanzen
- Kartons aufschneiden
- Fingernägel sauber machen

Tischbesen

Auch ein sehr nützliches Werkzeug:

• Fegt Krümel vom Tisch
• Zum Abkratzen von Hundescheiße oder Kaugummi von der Schuhsohle

Pfeffermühle

(Möchten Sie frisch gemahlenen Pfeffer? Wie ich diesen Satz hasse.)

Kaugummi

Ihr Atem ist frisch, und das vertuscht die Tatsache, dass Sie am Arbeitsplatz Alkohol trinken.

Drogen Ihrer Wahl

Kellner sind eine wandelnde Apotheke. Ich habe Kellner schon gesehen mit:

• Zigaretten
• Flachmännern
• Vicodan vom Zahnarzt
• Prozak (sollte ins Wasser gegeben werden)
• Crack
• Ibuprofen, Tylenol, Alleve, Oxycontin
• Marihuana
• Schokolade

Latexhandschuhe

Die meisten Kellner tragen keine, ich schon. Das ist so eine Angewohnheit von meiner Arbeit in der Nervenklinik. Man wusste nie, welchen Körperflüssigkeiten man ausgesetzt sein würde – Sie wissen schon, Blut, Erbrochenes, Samen, Urin, Kacke, Hirn-Rückenmarks-Flüssigkeit. Nun ja, das gilt auch in einem Restaurant.

Handy

Ich hasse sie, aber fast alle Kellner besitzen eins. Gut, um:

- Zu Hause anzurufen
- 112 anzurufen
- Ein Taxi zu rufen
- Einen Psychotherapeuten anzurufen
- Den Drogendealer anzurufen
- Um mit der Kamera Mitarbeiter beim Sex im Vorratsraum zu filmen

Block

Kann man benutzen, um:

- Bestellungen aufzuschreiben
- Die Telefonnummer des süßen Mädels zu notieren
- Nicht sehr wohlwollende Karikaturen von Gästen zu kritzeln

Streichhölzer

Zum:

- Anzünden von Kerzen auf einem Geburtstagskuchen
- Anzünden von Zigaretten/Zigarren
- Übertünchen des üblen Geruchs in der Angestelltentoilette
- Feuerlegen im Lokal. (Benutzen Sie in Bacardi getränkte Blöcke als Brandbeschleuniger)

Ausrüstung im Schließschrank

- Zusätzliche Betäubungsmittel
- Ersatzhemd und Krawatte (falls Sie mit Essen oder den bereits genannten Substanzen bekleckert werden sollten)
- Extrapaar Socken (hilft gegen Schweißfüße)
- Babypuder (wenn Sie den ganzen Tag herumlaufen, hilft das gegen Hautwolf)
- Hämorridensalbe (wenn Sie den ganzen Tag stehen, kriegen Sie Hämorriden)

- Pflaster
- Handdesinfektionsmittel (sollten Sie etwas Widerliches anfassen)
- Tücher
- Kondome (vielleicht haben Sie ja Glück mit dem süßen Mädel)
- Ersatzstifte, Tischbesen und Korkenzieher
- Kopien von allen Arbeitnehmergesetzen
- Kündigungsschreiben, ausgedruckt und unterschrieben. Datum wird bei Bedarf eingesetzt
- Feuerwaffe, wo es das Gesetz erlaubt

DANKSAGUNG

Mein Bruder hat mir meinen ersten Job in der Gastrobranche besorgt. Ich fürchte, ich muss ihm für alles, was danach passierte, die Schuld geben. Danke, Bruder! Sorry, dass ich dir im »Amici's« einen unerwarteten Schlag versetzt habe.

Ich bin Farley Chase, meinem Agenten bei der Waxman Literary Agency, zu Dank verpflichtet. Er hat mich davon überzeugt, dass dieses Buch machbar ist. Von ganzem Herzen danke ich meiner einfühlsamen Lektorin Emily Takoudes und dem Verleger Dan Halpern vom Ecco Verlag, die es möglich machten, dass dieses Buch Wirklichkeit wurde. Ich möchte darüber hinaus Eleanor Birne von John Murray für ihre redaktionellen Ratschläge danken und Emilys Assistent Greg Mortimer für seine Mitwirkung.

Ben Hammersley und Jason Kottke verdienen besondere Erwähnung. Laurie Pietsch bin ich zu unschätzbarem Dank verpflichtet für ihre Ermutigungen. Aber auch meinem technisch versierten Freund Charles Prothero, der mir geduldig alles erklärte, was ich über Computer wissen musste. Meinem Freund Andrew Barone danke ich für seine jahrelange, unerschütterliche Unterstützung.

Ein besonderer Dank geht an all jene, die je mit mir im »Bistro« zusammengearbeitet haben. An meine Kunden Barry und Clarice und Bon und Linda, danke noch einmal für eure Güte. (Und das Trinkgeld!) Ich danke auch Christy, Jen, Launa, Tara, Patrick, Liong, den Poker Boys, Carmen Giglio, DDS, Peter

Schessler, Dr. Michael Lynn und Richard und Tina für die Jahre der Freundschaft und der Unterstützung. Danke dir, Renee! Mein ewiger Dank gilt Richard Binkowsko und Harry Dawson, die mir die Macht der Wörter vermittelt haben. Danke dir, »Rizzo«, du hast mir gezeigt, wie man ein Jedi-Kellner wird. Mein tiefster Dank dem verstorbenen ehrenwerten Monsignore Theodore Humanitski für alles, was er mir beigebracht hat. »Eines Tages werden wir den Stern in unseren Händen halten und die dreifache Hymne des himmlischen Chores anstimmen.« Wir sehen uns, Ted.

Und schließlich! Ein gigantisches Dankeschön an all die wunderbaren Menschen, die in den letzten vier Jahren meinen Blog »Waiter Rant« gelesen und kommentiert haben. Danke für eure Unterstützung.

Dieses Buch ist für euch.